나를 완성하는
더 깊은 마음챙김

DEEPER MINDFULNESS

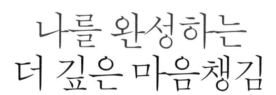

나를 완성하는
더 깊은 마음챙김

신경과학에 근거한 마음챙김 명상의 완결판

마크 윌리엄스·대니 펜맨 지음 ｜ **이재석** 옮김

불광출판사

추천사

이 책에서 마크 윌리엄스와 대니 펜맨은 우리가 삶으로부터 그리고 자신으로부터 달아날 수는 있어도 결코 완전히 벗어날 수는 없다는 사실을 분명하게 보여 준다. 이 책은 제목 값을 하는 책이다. 저자들은 삶에서 매우 중요한 추동력으로 작용하는 느낌과 그것을 느끼는 방식을 능숙하게 알려 준다. 뿐만 아니라 마음을 활용해 더 좋은 삶을 살 수 있도록 실용적이고 명료한 단계들을 제시한다. 깊은 지혜에 바탕을 두고 연민의 마음으로 쓴 책이다.

- **저드슨 브루어**, 브라운대학교 마음챙김 센터 연구 및 혁신 책임자

마음챙김의 과학도 성년기에 접어들었다. 이 책에서 마크 윌리엄스와 대니 펜맨은 신뢰할 수 있고 온기로 가득하며 영감을 주는 목소리로 이야기를 들려준다. 이 책은 쉽고 흥미로우며, 불교심리학과 현대심리학의 토대와 마음챙김 연구 및 수련의 우수 사례를 광범위하게 다루고 있다. 두 저자의 첫 책 『8주, 나를 비우는 시간』이 마음챙김 분야의 베스트셀러가 된 이유를 어렵지 않게 알 수 있다. 마음챙김을 더 깊이 탐구하고자 하는 이들에게 꼭 필요한 책이다.

- **윌렘 쿠이켄**, 옥스퍼드대학교 마음챙김 및 심리학 리트블라트 교수

흥미로운 이야기와 탄탄한 학문적 근거, 마음챙김이 가진 힘을 보여 주는 강력한 수련법이 멋지게 어우러진 책이다. 신선한 글쓰기와 함께 책에 수록된 명상법은 훌륭한 시너지 효과를 낸다. 트라우마와 명상을 가르치는 임상가로서 스트레스로 힘들어하는 모든 이에게 진심으로 이 책을 권한다. 내가 지금껏 기다려 온 책, 한번 집어 들면 손에서 놓기 어려운 책, 앞으로 수많은 사람에게 이로움을 줄 책이다.

- **데이비드 트렐리븐**, 『트라우마에 민감한 마음챙김』 저자

사샤와 루카에게
(대니)

엘리엇과 세바스찬에게
(마크)

차례

1장

생각의 우리에 갇힌 사람들

한 남자가 매일 아침 강아지 네 마리를 데리고 공원에 나왔다. 세 마리는 쏜살같이 달리고 행복하게 짖으며 기쁨에 겨워 꼬리를 흔들었지만, 다른 한 마리는 남자 곁에 달라붙은 채 작은 동그라미를 그리며 한자리를 계속 맴돌았다. 매일 개의 이상한 행동을 지켜보던 공원 관리인은 어느날 용기를 내어 주인에게 개의 행동에 대해 물었다.[1] 남자가 대답했다. "아, 이 녀석은 구조견이에요. 평생을 좁은 우리에 갇혀 살았죠. 녀석이 그리는 동그라미는 딱 그동안 녀석이 갇혀 지내던 우리의 크기예요."

우리 역시 얼마나 자주 이 개처럼 행동하는가. 자유롭지만 제한된 정신의 동그라미를 그리며 끊임없이 한자리를 맴돈다는 점에서 말이다. 우리는 마음껏 행복할 수 있지만 어둡고 반복되는 '생각의 우리'에 갇혀 지내지 않는가. 자신이나 세상과 평화롭게 지낼 수 있음에도 한편으로 불안과 스트레스, 불행, 번아웃의 덫에 갇히거나 거기에 빠져 살지 않는가. 우리는 자유롭다. 하지만 '좁은 우리에 갇힌 개'처럼 자유롭다.

우리 삶의 많은 부분이 이런 사소한 불행으로 인해 불필요하게 방해를 받는다. 우리는 마음 깊은 곳에서 알고 있다. 누구라도 행복하고 만족스럽게 살 수 있음에도 늘 어떤 일이 일어나 그렇게 살지 못하도록 우리를 멈춰 세운다는 것을. 삶은 손안에 있는 듯 보이지만, 또한 손가락 사이로 쉽게 빠져나가는 무엇이다.

괴로운 시간이 아무 이유 없이 다가오는 듯 보여도 실제로 그것은 우리 내면 깊은 곳에 자리한 심리적 역동에서 비롯한다. 신경과학자들은 심리적 과정이 어떤 식으로 우리의 생각, 느낌, 감정을 끌고 가는지 이해하기 시작했다. 또 이 심리적 과정이 종종 고장 나는 이유가 무엇인지, 이 과정이 삶의 진정한 잠재력을 실현하지 못하게 하고 어두운 그림자를 남기는 이유가 무엇인지도 알아냈다. 이 새로운 발견은 왜 마음챙김이 괴로움을 줄이는 데 효과적인지를 보여 준다. 더욱 중요한 점은 마음챙김이 괴로움을 줄이는 데 더 큰 효과가 있는 다른 방법으로 들어가는 문을 열어 준다는 사실이다. 마음챙김이 다른 것으로 대체된 것이 아니라 외연이 확장되어 그 밖의 차원까지 아우르게 된 것이다.

이 책은 이러한 신경과학의 새로운 발견을 활용하기 위한 목적이다. 이 책은 당신이 걱정에서 한발 물러나 불안, 스트레스, 불행, 번아웃, 우울을 다룰 수 있도록 도구를 쥐여 줄 것이다. 불쾌한 감정들이 사라지면 내면에 존재하는 고요한 공간을 재발견해 그곳에서 삶을 다시 일으켜 세울 수 있다.

우리가 당신에게 도움을 줄 수 있는 이유는 우리(그리고 옥스퍼드대학교와 전 세계 많은 기관의 동료들이)가 오랜 시간 불안, 스트레스, 우울, 번아웃의 치료법을 개발하는 데 공을 들였기 때문이다. 우리는 '마음챙김에 기반한 인지치료(Mindfulness-based Cognitive Therapy, MBCT)' 프로그램을 공동 개발했으며, 이 치료법은 지금껏 개발된 가장 효과적인 우울증 치료법 가운데 하나임이 임상적으로 증명되었다.[2] 이로부터 우리의 책 『8주, 나를 비우는 시간』이 탄생했다. 여기에 실린 마음챙김 프로그램은 케임브리지대학교를 비롯한 여러 기관의 임상 실험을 통해 불안, 스트레스, 우울에 효과적인 치료법으로 증명되었다. 전 세계 의사와 정신과 의사들이 각종 정신건강 질환 및 삶에 대한 전반적인 불행감·불만족에 대처하는 도구로서 이 프로그램을 환자들에게 처방하고 있다.

그러나 위 책에 소개된 수련법과 '마음챙김에 기반한 스트레스 완화(Mindfulness-based Stress Reduction, MBSR)' 수업 등에서 가르치는 기법들은 장기간의 더 유익한 여정으로 나아가는 첫걸음에 지나지 않는다. 이 수련법과 기법들은 행복하고 충만한 삶을 살아가기 위한 토대로서 많은 사람에게 큰 변화를 일으켰지만, 그들 중 다수가 이후에 수련을 더 향상해 여전히 해결되지 않은 채 남아 있는 자신의 문제를 풀 수 있는지 문의해 왔다.

우리의 답은 '그렇다'이다. 마음챙김을 다음 단계로 이끄는 방법, 즉 내면으로 더 깊이 들어가 잠재력을 온전히 실현하는 방법이 있다. 바로 마음챙김의 또 다른 영역인 웨다나(vedana), 즉 느낌 색조[feeling tone]를 관찰하는 것이다[마음챙김의 네 가지 토대인 사념처(四念處) 수행의 신수심법(身受心法) 가운데 수(受)를 말하며 보통 '느낌'으로 번역하나 실제로는 느낌에 깃든 즐겁고 불쾌하고 무덤덤한 느낌 색조를 가리킨다. 이하 '느낌 색조'로 옮겼다-옮긴이]. 느낌 색조 수련이 주는 유익함은 오랜 명상 경험을 쌓아야만 얻을 수 있는 게 아니다. 연구에 따르면 초보 수련자 역시 오랜 시간 수련한 사람과 마찬가지로 느낌 색조 수련의 유익함을 누릴 수 있다.

느낌 색조는 명상 수련에서 흔히 간과되는 부분이다. 그러나 이는 애초에 마음챙김의 네 가지 토대 중 하나이다. 마음챙김의 네 가지 토대는 몸과 호흡에 대한 마음챙김(신념처), 느낌과 감각(웨다나)에 대한 마음챙김(수념처), 마음 또는 의식에 대한 마음챙김(심념처), 살면서 경험하는 모든 현상의 끊임없이 변화하는 성질에 대한 마음챙김(법념처)이다. 서로 다른 일련의 수련을 통해 이 네 가지 측면을 각각 계발하는데, 이 수련들이 모여 몸과 마음에 다양한 효과를 불러일으킨다. 일반적으로 마음챙김 수업은 네 가지 마음챙김의 토대 가운데 첫 번째 차원에 초점을 맞춘다. 하지만 이 책은 느낌 색조를 알아차리는 명상으로 마음챙김의 네 가지 측면이 지닌 더 깊은 차원으로 들어가는 문을 열고자 한다. 이를 통해 당신은 '영혼'의 원천에 더 가까이 다가가게 될 것이다. 나아가 당신이 겪고 있는 어려움과 그것을 풀어 줄 해결책에도 한 걸음 더 다가서게 될 것이다.

고대 산스크리트어인 웨다나에 대한 만족스러운 번역어는 존재하지 않는다.³ 웨다나는 콕 집어 어떤 것이라고 정의하기 어려우며, 오직 실제 경험으로만 알 수 있는 의식의 성질이다. 그것은 '느낌'이며, 우리가 경험하는 세상과 마음챙김에 색을 더해 주는 배경 '색조'와 비슷하다. 이런 이유로 웨다나를 흔히 '느낌 색조'로 번역한다. 이 책에서도 '웨다나'의 번역어로 '느낌 색조'를 사용할 것이다. 하지만 웨다나는 단어와 정의로 규정할 수 있는 엄정한 개념이 아니다. 그것은 의식이 지닌 일종의 맛이나 풍미에 가깝다는 점을 기억해야 한다. 느낌 색조는 우리가 마음·몸·영혼에서 느끼는 무엇으로, 그것의 진정한 성질은 언제나 말로 드러내기 어렵다. 심지어 어떤 때는 도저히 언어로 표현하기가 불가능하다.

일반적으로 느낌 색조 명상은 간단한 호흡 및 신체 명상을 통해 먼저 마음을 고요하게 한 뒤, 다른 명상과 조금 다른 방식으로 자신의 경험에 주의를 기울이는 방식으로 진행된다. 이 명상에서는 무의식이 의식으로 전환되는 순간에 일어나는 느낌과 감각에 특별한 방식으로 주의를 집중한다. 무의식이 의식으로 전환되는 순간은 아주 잠깐이지만, 이는 삶에서 가장 중요한 순간일 수 있다. 왜냐하면 웨다나는 그 뒤에 일어나는 생각, 느낌, 감정의 방향을 결정하는 분기점이 되기 때문이다.

웨다나는 종종 미세하지만, 거기에 주의를 기울이면 마음·몸·영혼에서 뼛속까지 그것을 느낄 수 있다. 느낌 색조가 중요한 이유는 이것이 뒤따라오는 생각, 느낌, 감정의 궤적을 결정하기 때문이다. 만약 당신이 '즐거운' 느낌 색조를 느꼈다면 긍정적이고 역동적이며 (적어도 한동안은) 스스로 삶을 통제하고 있다고 느낄 것이다. 반대로 '불쾌한' 느낌 색조를 느꼈다면 약간은 우울하고 주눅이 들며 무기력하게 느낄 것이다. 이렇듯 느낌 색조 명상은 당신이 잘 의식하지 못하는 힘에 의해 삶이 이리저리 휘둘리는 방식을 알아보도록 (더 정확히 말해 '느끼도록') 가르쳐 준다. 느낌 색조는 최선의 이익을 누리도록 작용할 때도 있고 그러지 못할 때도 있다. 중요한 점은 이 힘을 직접 통제할 수 없다는 사실이다. 그렇다고 해서 이 힘의 영향에 의해 이리저리 휘둘리는 삶은 온전히 당신 것이라고 할 수 없다.

이 점을 더 분명히 이해하기 위해, 느낌 색조에 대한 감을 익히는 간단한 수련을 해 보자. 괜찮다면 지금 바로 주변을 잠깐 둘러보라. 방과 창문이 보일 수 있고, 기차나 버스의 실내 또는 거리와 들판, 숲이 보일 수도 있다. 눈이 여러 가지 사물에 가닿고, 귀에 여러 가지 소리가 와닿는 동안에 이들 각각의 사물과 소리가 즐거운지 불쾌한지 아니면 중립적인지 그 미세한 감각을 알아보라. 만약 집에 있다면 당신의 눈은 사랑하는 친구가 준 카드나 선물, 기념품에 닿을 수 있다. 이때 당신은 그에 대응해 즉각적으로 즐거운 느낌 색조가 따뜻하게 피어오름을 느낄 것이다. 아니면 치워야 한다고 생각했던 지저분한 접시가 눈에 들어올 수도 있고, 누군가에게 빌려 온 뒤 돌려줘야 하는 물건을 보게 될 수도 있다. 이때는 불쾌한 느낌 색조가 일어남을 볼 것이다. 만약 바깥에 있다면 나뭇잎 사이로 비치는 햇빛을 볼 수도 있고, 길가에 나뒹구는 지저분한 쓰레기봉투를 볼 수도 있다. 만약 그 순간을 포착할 수 있다면 즐겁고 불쾌한 느낌 색조가 퍼져 나감을 느낄 것이다.

그런데 오직 외부 세계의 사물만이 이런 영향을 미치는 건 아니다. 괴로운 통증이나 편안하고 평온한 몸속의 감각을 알아차릴 수도 있다. 이러한 신체 내부의 감각 역시 즐겁거나 불쾌하거나 중립적인 느낌 색조로 우리 마음에 새겨진다. 그리고 이렇게 즐겁거나 불쾌하거나 중립적인 느낌 색조가 일어난 뒤 곧이어 생각과 감정이 일어나고 사라짐을 볼 수 있다.

어떤 과정을 거쳐서 느낌 색조를 알게 되는지 이해할 필요는 없다. 우리는 느낌 색조를 '그냥' 안다. 우리 몸과 마음에는 즐거움에서 불쾌함에 이르는 다양한 스펙트럼의 느낌 색조를 읽어 내는 판독기가 존재한다. 그것은 직감에 가깝다. 즐겁거나 불쾌하거나 중립적인 느낌 색조에 대해 골똘히 생각하거나 애써 찾을 필요가 없다. 음식의 맛을 보는 것과 마찬가지다. 어떤 음식을 맛보면 우리는 그것이 어떤 맛인지 즉각적으로 안다. 상한 우유를 입에 대면 그에 관해 생각하지 않아도 그것이 불쾌하다는 것을 그냥 아는 것과 같은 이치다.

느낌 색조는 매우 중요한 의미를 갖는다. 예를 들어, 카페에 앉아 있다가 별다른 이유 없이 별안간 불행하다고 느꼈던 때를 떠올려 보라. 시계를 뒤로 돌려, 그때 불행감이 일어나는 과정에서 당신에게 어떤 일이 일어났는지 기억할 수 있는가? 아마 불행하다는 감정에 앞서 순간적으로 잠시 멈춤이 있었을 것이다. 그때 당신의 마음은 칼날 위에 놓인 듯 아슬아슬하게 균형을 유지하면서 앞으로 닥칠 상황이 즐거울지 불쾌할지 아니면 중립적일지 감지하고 있었다. 이때가 바로 웨다나, 즉 느낌 색조가 일어나는 순간이다.

웨다나는 곧이어 닥쳐올 순간에 당신이 세상을 어떻게 경험할지(즐겁게, 불쾌하게, 무관심하게) 결정하는 분기점이 된다. 중요한 건 웨다나가 일어난 뒤에 벌어지는 일이다. 이를 자동반사 충동[reactivity pulse]이라고 한다. 자동반사 충동이 작동하는 방식은 이렇다. 마음속에 즐거운 느낌 색조가 일어나면 그것이 사라질까 봐 전전긍긍하며 움켜쥐려 하는 게 극히 자연스러운 반응이다. 반면에 불쾌한 느낌 색조가 일어나면 그것이 지속될까 봐 염려하며 이를 없애고 밀어내고 싶어지는 것 또한 매우 자연스러운 반응이다. 만약 즐겁지도 불쾌하지도 않은 무덤덤한 느낌 색조가 일어나면 지루하게 느끼는 나머지 더 흥미로운 대상을 찾을 것이다. 이처럼 느낌 색조는 매우 원초적이며 그것이 일어나는 즉시 몸과 마음이 연쇄반응을 일으킨다. 이 연쇄반응으로 인해 다양한 감정과 갈망이 생겨난다.

당신은 즐거운 느낌 색조는 계속 붙잡으려 하고, 불쾌한 느낌 색조는 밀쳐 내려 하며, 무덤덤한 느낌 색조는 다른 것으로 대체하려 할 것이다. 이러한 자동반사 충동은 우리 마음이 느낌 색조에 대해 일으키는 자동반응이다. 느낌 색조가 무대를 마련하면 자동반사 충동이 배우와 의상을 선택하고 무대에서 상연할 연기의 대본을 쓴다. 그런데 자동반사 충동이 쓰고 연출하는 무대 장면은 자칫 당신의 하루를, 아니 그보다 훨씬 긴 기간을 손쉽게 망칠 수 있다.

우리가 겪는 거의 모든 감정적 고통은 느낌 색조에 대해 마음이 일으키는 자동반응, 즉 자동반사 충동에서 비롯한다. 그렇지만 자동반사 충동 자체가 문제는 아니다. 우리 안에 자동반사 충동이 존재한다는 사실과 그것의 근본 성질을 모르고 있다는 점이 더 근본적인 문제이다. 우리는 자동반사 충동이 일어난 사실을 알아차리지 못하고, 자동반사 충동의 방아쇠를 당긴 느낌 색조를 감지하지 못한다. 일어난 느낌 색조를 가만히 놓아두면 저절로 사라질 수 있다는 사실조차 모른다. 우리가 알아차리는 건 자동반사 충동 뒤에 따라오는 생각, 느낌, 감정이라는 연쇄반응뿐이다.

느낌 색조를 알아차리고 드러내는 법을 익히면 마음 밑바닥 상태를 인지할 수 있다. 그러면 예민함이나 지극히 자연스러운 편견과 반응에도 관대한 태도를 보일 수 있다. 느낌 색조를 자각하고 거기에 빛을 비추면 자동반응[react]이 아니라 의식적 대응[respond]에 필요한 마음의 공간이 생긴다. 이러한 마음 공간이 생겨나면 지금 이 순간 불안하고 괴롭고 화나고 우울하더라도, 그것이 삶 전체가 아님을 알 수 있다. 그저 또하나의 우울한 사건이 다가왔을 뿐임을 연민의 마음으로 받아들일 수 있다. 나아가 이후에 일어나는 일을 바꿀 수 있다. 그럼으로써 지금까지와 다른 미래를 선택할 수 있다.

다른 미래에 다가서는 방법은 간단하다. 마음의 바닥에서 흐르는 느낌 색조를 느끼면 된다. 그리고 느낌 색조에 이어 일어나는 자동반사 충동을 관찰하면 된다. 지금과 다른 상태가 되기를 갈망하는 마음이 문제임을 알면 된다. 불쾌함이 끝나기를 원하고, 즐거움이 지속되기를 갈망하며, 지루함이 끝나기를 바라는 게 문제라는 사실을 알면 된다. 다양한 고대 전통에서도 공통적으로 이에 관해 말하고 있다. 이제는 뇌과학도 여기에 동의하고 있다.

느낌 색조에 대한 알아차림을 계발해야 하는 이유

생각, 느낌, 기억, 감정이 아무리 불쾌하고 실제적이며 강렬한 경험이라 해도 그것 자체는 문제가 아니다. 예를 들어, 감정은 중요한 어떤 일에 지금 관심을 기울일 필요가 있음을 알려 주는 신호이다.

- 중요한 물건이나 사람을 잃었을 때 슬픔을 느낀다.
- 위협적인 일에 맞닥뜨렸을 때 두려움을 느낀다.
- 목표가 좌절되었을 때 분노를 느낀다.
- 장기 프로젝트가 문제 해결을 필요로 할 때 거기에 몰두한다.

여러 가지 면에서 진짜 문제는 마음 밑바닥에서 출렁이는 느낌 색조에 의해 촉발되는 자동반사 충동이다. 자동반사 충동이 매우 설득력 있는 이야기를 지어내는 나머지 우리는 생각, 느낌, 감정, 기억에 붙들린 채 거기서 쉽게 벗어나지 못한다. 자동반사 충동에 앞서 일어나는 느낌 색조를 감지하는 법을 익히면 지금껏 몰랐던 정보를 얻을 수 있다. 생각·느낌·감정·기억이 통제권을 가져서 거기에 얽혀 드는 순간, 즉 당신이 통제권을 잃어버리는 순간을 포착할 수 있다. 이 책에 소개한 프로그램으로 그 순간을 알아보고 오래된 해로운 습관에서 벗어나는 법을 익힐 것이다. 이를 통해 존재의 핵심에 있는 평온, 활력, 기쁨을 다시 발견할 것이다.

이 책이 어떻게 도움이 될 수 있을까?

우리의 이전 책 『8주, 나를 비우는 시간』은 많은 사람이 자주 찾는 책이 되었다. 사람들은 이 책으로 감정적·신체적 괴로움에서 벗어날 수 있었다고 말한다. 우리는 이 책에서 마음챙김이 가져다주는 이익을 가감 없이 소개하면서도 그 여정이 결코 쉽거나 수월하지 않다는 점을 미리 말했다. 더불어 독자들에게 지금 자신의 삶이 마음챙김 수련을 시작하기에 적절한 순간이라는 확신을 가져야 한다는 점과 실제로 마음챙김을 수련하려면 매일 일정 시간을 할애해야 한다는 점을 강조했다. 이런 부담에도 불구하고 수십만 명(어쩌면 수백만 명)의 사람이 이 책의 프로그램 혹은 그 프로그램에 기초한 마음챙김 수업을 끝마쳤다. 그들 중 많은 이가 명상이 삶에 미치는 영향에 큰 호기심을 느꼈으며, 자신의 명상 수련을 더 확장하고 심화하길 바랐다. 이 책을 읽는 당신도 그중 한 명일 것이다.

만약 『8주, 나를 비우는 시간』에 소개한 8주 프로그램이나 개인적인 명상·MBCT·MBSR 강좌를 넘어 수련을 더 확장하고 싶다면, 수련이 주는 이익을 더 확실히 하고 싶다면, 이 책이 그 시작을 위한 적절한 출발점이 되어 줄 것이다. 혹은 『8주, 나를 비우는 시간』이나 그 밖의 다른 강좌가 도움이 되긴 했지만 여전히 남아 있는 부정적이고 해로운 습관을 완전히 해소하기에 충분하지 않다는 생각이 들었을지 모른다. 나쁜 습관에서 벗어나는 자유를 잠시 맛보았지만 바쁘게 사는 와중에 잃어버려서 다시금 자유를 되찾고 싶을지도 모른다. 아니면 강좌와 책에서 배운 마음챙김 기술이 나와는 맞지 않아서 다른 방법을 시도하고 싶을 수도 있다. 이러한 경우에도 이 책이 도움을 줄 수 있다.

이 책에 딸린 명상 안내 음성에서 우리는 느낌 색조 프로그램을 소개한다. 이 프로그램은 단지 우리의 이전 책과 명상 수업의 속편이 아니다. 이것은 당신의 명상 수련을 새롭고 한층 유익한 방향으로 이끌어 줄 프로그램이다. 명상 경험이 전혀 없는 사람이라도 얼마든지 쉽게 따라 할 수 있으며, 초보 명상가와 숙련된 명상가 모두에게 똑같이 도움을 준다. 엄정한 과학적 근거와 수천 년의 지혜를 결합한 수련법을 찾는 사람이라면 누구에게나 도움이 될 것이다.

만약 이 새로운 명상 프로그램을 곧장 시작하고 싶다면 바로 4장으로 넘어가면 된다. 거기에 명상을 시작하기 전 숙지해야 할 내용과 전체 프로그램에 관한 개요를 정리해 두었으며, 이어지는 5~12장에서 주별 프로그램을 소개한다. 그러기보다 이 프로그램의 바탕이 되는 관점에 대해 먼저 알고 싶다면 2장과 3장을 차례로 읽어 보길 바란다. 느낌 색조를 알아차리는 수련도 다른 마음챙김 수련과 마찬가지로 각각의 명상법이 어떤 방식으로 작동하는지 이해할 때 더 큰 향상을 가져온다. 마음이 어떤 방식으로 작동하는지, 우리가 어떤 과정을 거쳐 불안·스트레스·우울·번아웃 등 수많은 문제로 고통받게 되는지에 관한 깊은 이해는 매우 유용할뿐더러 흥미롭기까지 하다. 2~3장을 차례로 읽든 곧바로 프로그램을 시작하든, 이를 통해 수련이 크게 향상될 것이다. 당신의 마음챙김 여정이 순조롭게 펼쳐지길 바란다.

아래 QR코드를 통해 5~12장에 나오는 수련 프로그램의 안내 음성을 내려받을 수 있다. 먼저 책에 나와 있는 명상 안내문을 읽은 다음 안내 음성에 따라 수련해 보길 권한다.

2장

왜 스스로를 탈진시킬까

조이는 멍하니 컴퓨터 화면을 들여다보고 있었다. 그녀는 온라인 소매 의류업체에서 운영하는 거대 물류센터의 팀장이다. 그녀는 물류센터에서 하는 일이 전혀 만족스럽지 않다고 솔직하게 말한다. 회사는 늘 완벽을 요구하는데, 이는 속도와 효율성이라는 또 다른 목표와 종종 충돌을 일으켰다. 사업이 빠르게 확장되면서 필요한 일을 해낼 직원 수가 부족해졌고, 그러다 보니 자기 업무 외에 다른 사람의 일까지 떠맡아야 했다. (조이만 제외하고) 모두가 이런 방식을 좋아했다. 조이는 늘 효율적으로 일을 처리했기에 동료들은 문제가 생길 때마다 스스로 해결하기보다 그녀에게 의지했다. 그런 일이 있을 때마다 조이는 자신을 중요한 존재라고 여겼다. 그러나 이제는 지칠 대로 지쳐서 쉽게 화를 낸다. 게다가 과부하가 걸린 컴퓨터처럼 한도 끝도 없이 업무를 미루는 일이 많아졌다. 팍팍대며 정신이 멍해지는 상태가 점점 심해졌다. 그녀는 속으로 생각했다. '이러면 안 되는데. 왜 직원들은 자꾸 말을 바꾸는 거야? 더 이상 따라갈

23

수 없어. 또 나야? 난 예전만큼 빠르지 못해. 똑똑하지도 못하고. 모든 게 너무 빨라졌어. 왜 난 항상 피곤할까? 내 삶이 사라진 것도 어쩌면 당연해. … 모든 걸 처리할 시간과 에너지가 내겐 없어. … 그러기엔 너무 지쳤어.'

조이는 회사에서 대량으로 제공하는 진한 커피를 한 모금 더 마셨다. 그때 전화벨이 울렸다. 오후 2시로 예정된 회의 일정을 다시 잡으라는 상사의 지시였다. 직원 여섯 명의 일정을 다시 조정하라고 했다. 그러던 중 컴퓨터 화면에 빨간 알림창이 떴는데, 창고 팀의 업무처리가 예정보다 늦어져서 배송할 물품을 고르고 포장할 직원이 더 필요하다고 했다. 조이는 안내 방송을 하려고 마이크에 손을 뻗었다. 그때 딸 메건의 초등학교 알림 벨이 울렸다. 아이가 고열이 있으니 일찍 데려가라는 메시지였다. 하지만 조이의 차는 고장이 나서 차고에 있었다. 그날 오후 늦게나 쓸 수 있었다. '오, 맙소사!' 조이는 숨죽여 탄식했다.

정신이 혼미해진 그녀는 창밖으로 창고 바닥을 내다보았다. 작은 로봇들이 레일 위를 분주히 돌아다니며 주문 상품을 골라 포장하고 있었다. 이제 로봇이 인간보다 일 처리를 더 잘한다는 생각이 들었다. 사람들이 로봇만큼 오랜 시간 작업에 집중할 수 있을까 싶었다. 그러다 문득 하룻밤 사이에 창고가 재편되어 거꾸로 인간 작업자가 로봇의 작업을 돕는 꼴이 되고 말았다는 사실이 떠올랐다. 조이의 마음은 더욱 가라앉았다. 미래에 대한 두려움이 삶의 큰 부분을 차지하면서 밤잠을 설치는 일이 많아졌다. '우리 아이들은 어떻게 살아야 할까. 좋은 일자리는커녕 직장을 구하기조차 힘들지 않을까. 집은 고사하고 아파트도 얻지 못할 거야. 모든 돈은 테크(기술) 재벌들의 손에 들어가고 우리는 식탁에서 부스러기나 몇 개 얻어먹겠지. 정상에 있는 사람들에게는 쥐꼬리만 한 것일 테지만.' 마침내 조이는 큰 잔으로 와인 두어 잔을 마셔야만 잠을 잘 수 있는 지경에 이르고 말았다.

조이의 이야기는 결코 특별하지 않다. 그녀는 과로에 시달리고 있으며 불안과 불행감이 삶을 지배하고 있다. 자신과 어린 자녀를 위해 충분한 시간과 에너지를 갖고 행복해지기를 간절히 바라지만 어떻게 해야 할지 모르고 있다. 임상적 의미에서 그녀는 불안, 스트레스, 우울증도 아니고 번아웃도 아니다. 하지만 활력이 넘치지 않고 진정으로 행복하지도 않다. 그녀는 삶을 살기보다 그저 연명하고 있을 뿐이다.

만약 조이에게 '급하고 스트레스를 받을 때' 마음에서 어떤 일이 일어나는지 물어보았다면 어땠을까? 바쁜 삶의 속도와 끝없는 업무량에 마음이 과부하를 받고 있음을 깨달았을 것이다. 겉으로는 효율적인 존재로 보였지만 끊임없는 활동으로 인해 그녀의 내면은 무너지고 있었다. 이는 놀라운 일이 아니다. 한 번에 너무 많은 일을 처리하려고 하면 눈에 보이지 않는 큰 대가를 치르게 된다. 간단한 연습을 통해 그 이유를 알아보자.

아래 동요의 첫 두 줄을 암송하는 데 걸리는 시간을 재어 본다.

매리에게는 어린 양이 한 마리 있어요.
양의 털은 눈처럼 하얗게 빛났어요.

이 두 문장을 말하는 데 시간이 얼마나 걸렸는가? 대략 4초 정도 걸렸다고 치자. 이제 1부터 11까지 수를 세면서 시간을 재어 본다. 앞서와 비슷한 정도일 것이다. 그렇다면 동요 두 줄을 암송한 다음 1에서 11까지 숫자를 센다면 아마 8초 정도가 걸릴 것이다. 이번에는 눈을 감고 동요 가사와 숫자를 번갈아 말할 때 걸리는 시간을 재어 본다. 즉 '메리에게는-1', '어린-2', '양이-3'처럼 해 본다. 시간이 얼마나 걸렸는가? 아마 8초보다 훨씬 긴 16초~20초쯤 걸렸을 것이다.

동요 가사와 숫자를 번갈아 가며 말할 때 추가로 걸리는 시간을 작업 전환 비용[switching cost]이라고 한다. 이때 시간이 더 걸리는 이유는 단어와 숫자가 번갈아 나오는 와중에 자신의 위치가 어디인지를 떠올리면서 방금 완결하지 못한 순서를 완성하려는 경향과 싸워야 하기 때문이다. 다시 말해 '어린'이라는 단어를 말하면 그다음에 '2'가 아니라 자동으로 '양이'를 말하고 싶어지기 때문이다. 작업 전환 비용은 대부분 복귀 억제[inhibition of return], 즉 마음이 이전 작업으로 돌아가지 않으려고 정신적으로 집중하는 데서 발생한다. 한 가지 작업을 하다 말고 다른 작업으로 넘어가길 몇 시간씩 연달아서 하면 시간과 정신 에너지가 크게 소모된다. 이런 멀티태스킹은 한 번에 여러 가지 일을 동시에 하는 것처럼 느껴지지만, 실제로는 한 작업에서 다른 작업으로 비효율적으로 이동하는 것에 불과하다. 그리고 작업이 복잡할수록 작업 전환은 더욱 비효율적으로 진행된다.

연구에 따르면[1] 중단 후 복잡한 작업에 다시 집중하려면 약 20분이 걸리며 때로는 더 오랜 시간이 걸릴 수도 있다. 심지어 작업 전환이 지속적으로 반복되면 더 은밀한 영향을 초래할 수 있다. 하루하루가 지나고 몇 주 몇 년이 지나다 보면 정신이 점점 피폐해질 수 있다. 집중력이 약해지고, 마음이 연못의 수면에서 튕겨 나가는 돌멩이처럼 작동하기 시작한다. 작업을 전환하는 능력은 좋아질지 몰라도 전환한 작업에 집중하는 효율은 떨어진다. 또 머리에 담을 수 있는 정보의 양이 점점 줄어들기 때문에 더 자주 작업을 전환해야 하는데, 이는 줄어든 공간을 차지하기 위해 여러 우선순위가 경쟁하면서 머리의 속도가 더욱 느려지게 됨을 의미한다.

작업 전환으로 치러야 하는 감정적 비용도 있다. 유한한 정신 에너지를 실제 업무가 아닌 전환이라는 힘겨운 작업에 쏟는 나머지 짜증이 나고 성질이 급해진다. 중단된 작업으로 다시 돌아가려면 실제로 화를 내야 할 것처럼 느껴지기도 한다. 이는 스트레스다. 이런 변화는 뇌에 고착되어 점점 더 쉽게 화를 내고 웃음으로부터 멀어지게 만든다. 문제는 직장에만 국한되지 않는다. 한때 가족을 돌보고 가정을 원활하게 운영하는 것은 그 자체로 중요한 일로 여겨졌다. 그러나 이제는 뒷전으로 밀리는 경우가 흔하다. 사회생활을 유지하기가 더 힘들어졌고 진정한 자유 시간을 갖는 것도 거의 불가능해 보인다. 간신히 자기만의 시간을 마련한다고 해도 상사의 이메일, 일정표의 알림, 소셜미디어와 경매 사이트의 알림으로 방해를 받는다. 시간을 확인하려고 핸드폰을 집어 들기만 해도 긴 알림, 배너와 피드 목록에 맞닥뜨린다. 각각의 알림은 우리 삶의 한순간을 빼앗아 간다. 문제는 알림을 무시하거나 억누르는 와중에 삶의 다음 순간도 빼앗기고 만다는 사실이다.

이 중 어느 것도 그 자체로는 문제가 아니다. 하지만 해야 할 일이 산더미처럼 쌓여 시간이 부족할 때는 이 모든 게 합쳐져 커다란 문제가 될 수 있다. 업무에 치이고 압도당하는 느낌이 커지고, 그러다 보면 정신

27

이 혼미해지고 번아웃에 이를 수 있다.[2] 이런 상태는 고통스럽고 지치지만, 이것만으로 임상 수준의 불안·스트레스·우울증으로 발전하지는 않는다. 임상 수준의 문제에 이르려면 추가적인 무언가가 더해져야 한다. 이를 얽힘[entanglement]이라고 한다. 아무리 노력해도 빠져나올 길이 보이지 않을 만큼 어려움에 갇히고 얽매인 상태, 지나치게 생각이 많아지고 우울해져서 부정적인 생각에 휩싸인 상태를 말한다. 그러나 이때도 '부정적인' 감정 자체는 문제가 아니다. 그것은 증상일 뿐이며, 어려움을 겪는 근본 원인은 감정들이 서로 얽혀 고통을 심화하고 장기화하는 데 있다. 각각의 감정은 다른 감정 안에 자리 잡으면서 그것을 강화한다. 감정들이 서로 얽혀 한 가지 슬픈 생각이 다른 슬픈 생각을 일으키고 그다음 생각이 또 다른 생각으로 이어진다. 이런 악순환이 반복되면 감정과 신체 에너지가 떨어지고, 자신에게 도움이 되고 활력을 주는 일을 하려는 동기마저 잃게 된다.

감정뿐 아니라 괴로운 생각도 마찬가지다. 불안한 생각은 더 많은 불안한 생각을 일으키며 스트레스는 또 다른 스트레스를 낳는다. 부정적인 생각의 소용돌이는 끈적끈적한 그물처럼 우리를 휘감아 불편한 감정을 불러일으킨다. 우리는 거기에 점점 얽혀 든다. 정신이 산만해지고, 시간이 부족해지며, 점점 더 일에 짓눌린다. 그러면 일을 멈추고 걱정을 멈추고 우울한 생각을 멈추기가 어려워진다. 얽힘의 상태는 종종 확실한 답이 없는, 부정적이며 열린 질문의 형태를 띤다. '오늘 내가 왜 이러지? 내가 무얼 잘못했지? 왜 나는 항상 이런 실수를 하는 걸까? 왜 정신을 못 차릴까? 행복해야 하는데 왜 행복하지 못하지?' 이런 질문은 열린 질문처럼 보이지만, 가만히 귀를 기울여 보면 정체를 알 수 있다. 바로 내면에 있는 비판가의 목소리다. '뭔가 잘못됐어, 넌 항상 실수를 해, 정신 차려, 넌 행복해야 해' 같은 소리 말이다.

　내면의 비판가는 보이지 않는 곳에서 우리를 쓰러트린다. 완벽을 요구하고, 어떤 대가를 치르더라도 더 열심히 노력하라고 명령한다. 나약함에 대해 경고하고, 미래를 걱정하고, 과거의 실패를 떠올리게 한다. 또 우리를 분명한 출구가 없는 생각에 가두고 거기에 얽히게 한다. 이런 부정적 상태에 과도한 힘이 실리면 그것을 멈추기가 어려워진다. 마음이 이리저리 흔들리고 통제 불능의 상태가 되어 불안감이 커진다. 심지어 화를 내고 공격적이 되어 주변 사람과 말다툼이나 몸싸움을 벌일 수도 있다. 마음의 동요가 지속되면 애쓰는 상태에 지쳐서 무력감을 느끼다가 이윽고 조용히 절망과 우울에 빠져든다.

　과도하게 얽힌 불안, 스트레스, 불행, 피로의 감정은 우리 존재의 핵심에 날카로운 고통의 매듭을 만들 수 있다. 이런 얽힘은 마음의 근본적인 특성에 의해 일어나며 느낌 색조와 자동반사 충동과 연관되어 있다. 새로운 연구는 얽힘 현상이 일어나는 과정을 잘 보여 주는데, 더욱 중요한 점은 얽힘 상태에서 벗어나는 탈출구를 제시하고 있다는 점이다.[3] 이것은 복잡하므로 다음과 같은 비유를 들어 설명하는 것이 좋겠다.

　책의 앞머리에서 말한, 공원을 산책하던 중 작은 원을 그리며 한자리를 맴돌던 개를 떠올려 보자. 당신은 이렇게 생각할 것이다. '그 개는 왜 주변의 널따란 공간을 알아보지 못할까?' 분명 개의 주변에는 얼마든지 공간이 있었지만 개는 보지 못했다. 갇혀 있다고 생각한 개는 그 생각으로부터 비롯한 행동 패턴에서 벗어나지 못했다. 이러한 인식이 개의 모든 행동에 영향을 미쳤다. 개는 출구가 눈앞에 있음에도 보지 못했다. 우리에게도 이런 일이 일어날 수 있다. 우리는 일상에 얽매여 자유를 향해 난 길을 찾지 못할 수 있다. 경미한 수준의 정신적 고통도 벗어날 수 없을 만큼 스스로를 소진시킬 수 있다. 그러나 이런 얽힘은 괴롭긴 해도 고통에서 벗어나기 위한 마음의 노력이다. 내면의 비판가가 당신을 공격할 때, 사실은 당신을 돕기 위해 최선을 다하고 있는 것이다. 그런데 이는 종종 비극적인 역효과를 낳는다. 왜 이런 일이 일어날까. 그것은 우리 마음이 서두르고 과로하며 압도당할 때 보이는 별난 특성 때문이다.

얽힘 상태의 근원에 무엇이 있는지 이해하려면 심리학과 신경과학의 새로운 연구 결과를 살펴볼 필요가 있다. 세부 내용은 아직 정확히 드러나지 않았지만, 우리가 세상을 인식하고 이해하는 방식이 지금까지 알던 것과 크게 다르다는 점은 분명하다. 그리고 이런 통찰은 생각, 느낌, 감정의 기원에 관한(그리고 수많은 정신건강 문제에 관한) 우리의 이해에 커다란 영향을 미칠 것이다. 이 새로운 발상을 마음챙김 수련에 통합할 수 있다면 마음챙김이 주는 이익을 크게 증진할 수 있다. 다만 이 발상들은 직관적으로 와닿지 않으므로 이해하기가 까다로울 수 있다. 지금부터 인내심을 가지고 차근차근 설명을 따라와 주길 바란다. 설명이 끝나면 모든 것이 완벽하게 이해되고, 이 원리를 실천에 옮김으로써 삶의 많은 고통이 사라질 것이다.

마음에 관한 새로운 심리학: 예측 처리 모형

현재 순간을 알아차리는 데는 상당한 정신 에너지가 필요하다. 여섯 감각기관(눈, 귀, 코, 혀, 몸, 의식)을 통해 매 순간 엄청난 양의 정보가 흘러들어오기 때문이다. 그 모든 정보를 조정하고 통합해야만 주변 세상을 의식

할 수 있고, 그에 따라 (현재 순간에) 실시간으로 필요한 결정을 내릴 수 있다. 이를 고려하면, 혼잡한 거리를 걸으면서 지나가는 자동차를 피하거나 날아오는 공을 잡는 것과 같은 사소한 일조차 결코 쉬운 일이 아닐 수 있다. 그러나 자연은 이런 문제를 해결할 수 있도록 미래를 예측하는 뇌를 우리에게 선사했다.

우리 뇌는 끊임없이 업데이트되는 주변 세상을 단순화해 인식한다. 우리가 '현재'라고 인식하는 것은 실은 마음(뇌)에서 만들어 낸 환영이다. 너무도 사실처럼 보이기에 우리는 그것을 '실재'로 착각한다. 이를 시뮬레이션(simulation)이라고 한다. 그리고 시뮬레이션을 할 수 있는 토대가 되는 심리적 과정을 예측 처리[predictive processing]라고 한다.[4] 감각기관으로부터 뇌에 전달되는 정보를 끊임없이 '예측해' 처리한다는 의미에서 붙인 이름이다. 이처럼 우리는 세상을 있는 그대로 보지 않는다. '세상은 이런 거야' 하고 마음이 생각하는 대로 본다. 들을 때도 이런 게 귀에 닿으리라 생각하는 마음에 따라 듣는다. 코, 혀, 몸, 의식 등 다른 감각기관도 마찬가지다. 마음은 우리가 무슨 냄새를 맡고, 맛보고, 느끼고, 생각할지 예측한다. 우리가 경험하는 건 실제 세상이 아니라 우리가 예측한 내용이다.

짐작하듯이 이는 매우 복잡한 과정이지만 간단한 예를 들어 설명할 수 있다. 만약 당신이 영국 정치에 관한 대화를 나누던 중에 상대가 "영국 의…[Houses of P…]"라는 말을 내뱉는다면, 당신은 그가 어떤 단어를 말하려는지 바로 알 것이다. 바로 '영국 의회[Parliament]'다. 이때 당신은 그 단어를 예측했다. 단어를 끝까지 귀 기울여 들을 필요가 없었다. 단어를 끝까지 듣는 대신 당신은 상대가 말하는 전체 문장의 의미를 파악하는 데 그 순간을 사용했다. 세상은 많은 부분 예측이 가능하다는 점에서, 이렇게 예측을 내리면 지각하고 반응하는 데 드는 노력이 대폭 줄어든다. 앞서 설명했듯이 우리는 하나의 감각이 아니라 모든 감각을 동원해 예측을 내린다. 심지어 동시에 예측을 내린다. 모습, 소리, 냄새, 맛, 촉각 등의 감각을 통합해 세상에 관한 전반적인 모형을 구축한다. 그리고 이 모형에서 외부 세계의 실제 '현실'과 다른 점이 발견되면 그것을 자신의 정신 모형에 통합하면서 매 순간 끊임없이 업데이트한다. 우리는 세상에 관한 자신의 정신 모형을 만들고 업데이트하면서(예측하고 그것을 현실과 비교·확인하면서) 세상을 살아간다. 그리고 확인한 결과 실수로 판명되는 경우에만 (예를 들어 커다란 가게 문손잡이를 밀어야 하는데 반대로 당겼다면) 감각기관을 통해 들어오는 '실제' 데이터 흐름에 주의를 기울이기 시작한다. 이렇게 해서 필요한 수정이 진행되고 그것은 다시 우리의 정신 모형에 통합된다. 마음은 동시에 여러 개의 정신 모형을 가동하며 각각의 정신 모형을 끊임없이 현실과 비교하고 확인한다. 그러면서 차이가 나는 부분을 감지한다. 이런 과정을 거치면서 그중 가장 정확한 정신 모형이 '승리'를 거두어 우리가 시뮬레이션하면서 실제로 경험하는 순간이 된다.

시뮬레이션의 각 순간은 시간이 지남에 따라 앞으로 나아가면서 이전 순간을 덮어쓴다. 하나의 정신 모형을 가동할 때마다 우리는 감각기관으로 들어오는 모든 데이터를 현재 가장 정확한 정신 모형 그리고 수많은 다른 모형과 비교한다. 그런 다음 다시 한번 가장 정확한 모형이 승리를 거두고, 이는 다음번 정신 모형을 가동하는 데 필요한 토대가 된다. 이렇게 각각의 정신 모형은 또 다른 모형을 탄생시키며 앞으로 나아간다. 그러면서 다른 모형과 조금씩 달라진다. 실제로 마음을 통해 들어오는 대부분의 정보는 일종의 자기 대화[self-talk]이다. 즉, 감각기관으로 들어오는 데이터를 가지고 내면에서 내리는 예측이다. 그중 가장 정확한 예측이 우리의 시뮬레이션 속으로 들어온다.

시뮬레이션으로서의 시각

우리 뇌에는 시각을 처리하는 몇몇 주요 부위가 있다. V1에서 V6까지가 그것이다. 이 부위들은 서로 정보를 주고받으며 우리의 시각 경험을 형성한다. 특히 V1은 일차 시각피질이라고 해서 눈으로 들어오는 정보가 맨 처음 기착하는 곳이다. 아마 당신은 V1에 들어오는 대부분의 정보가 오직 눈으로부터 온다고 생각할 것이다. 어쨌거나 보는 경험은 눈으로 하는 것이니 말이다. 그러나 이는 사실과 다르다. 더 많은 정보가 눈이 아닌 다른 뇌 부위로부터 V1에 들어온다. 일부 측정에 따르면, 뇌는 눈보다 10배나 많은 정보를 일차 시각피질에 보낸다.[5] 즉 눈을 감고 오렌지나 첫 키스 장면을 머릿속에 떠올릴 때, 뇌는 V1에 정보를 보내 당신이 그것을 '볼 수 있게' 한다. 마음의 눈이 시각 뇌를 사용해 이미지를 만들어 내는 것이다. 시각 중추를 향한 뇌의 이런 하향식 데이터 흐름은 당신이 보게 될 장면을 예측한 다음 그것을 눈으로 들어온 정보와 대조하는 데도 사용된다. 이 역시 눈이 눈앞의 장면을 있는 그대로 보는 것이 아니라 시각을 시뮬레이션하는 것이라고 할 수 있다. 당신은 세상을 그저 수동적으로 바라보지 않는다. 실제로 세상을 만들어 가고 있으며, 그렇게 만든 세상을 순간순간의 사실과 비교하며 살고 있다.

　시각만이 아니라 다른 감각도 모두 이런 방식으로 작동한
다. 여기서 끝이 아니다. 그것은 몸 상태, 생각과 느낌, 감정에
관한 정보와 결합해 전반적인 마음 상태를 만들어 낸다. 이렇
게 만들어진 마음 상태는 바다의 파도처럼 매 순간 일어났다
사라지면서 출렁인다.

　감각 정보를 처리하는 이 내부 모형은 신속할 뿐 아니라 매우 효율
적이다. 이 모형은 주변 세상을 파악하는 데 필요한 노력을 줄여 주고,
생각하고 창의적인 선택을 내리는 데 필요한 정신의 여유 공간을 만들
어 준다. 구체적으로 뇌는 감각기관에서 실제 받아들이는 정보와 받아
들일 거라고 예측하는 정보 사이의 차이점에만 주목한다. 그러면 마음
에 담아 두고 처리해야 하는 정보의 양이 대폭 줄어든다.

　또 다른 비유를 들어 보자. 유튜브나 넷플릭스 같은 영상 스트리밍
서비스는 초고화질(UHD) 영상을 매우 빠른 속도로 효율적으로 제공한
다. 스트리밍 서비스가 아주 효율적인 이유는 영상 데이터를 압축하는
데 고도의 효율성을 발휘하기 때문이다. 이는 개념상 우리 마음이 시뮬
레이션하는 방식과 유사하다. 과거에는 영상 장면 하나를 만드는 데 필
요한 모든 데이터를 방송사에서 1초에 50~60회씩 일일이 전송해야 했
다. 그런데 이런 방식으로는 색상과 음성의 질이 떨어지는 저해상도 화
면밖에 전송하지 못한다. 스트리밍 서비스는 이와 반대로 연속되는 영
화 장면 사이의 다른 부분만을 전송한다. 이렇게 할 수 있는 이유는 장면
사이의 서로 다른 부분이 크지 않기 때문이다. 빨간색 오픈 스포츠카가

사막의 도로를 질주하는 영화 장면을 떠올려 보라. 한 장면에서 다음 장면으로 넘어가면서 달라지는 부분은 도로를 달리는 자동차의 미미한 움직임뿐이다. 자동차의 모양과 색깔은 거의 똑같고, 하늘도 그대로이며, 사막의 풍경도 마찬가지다. 영화의 핵심 요소를 캐시(cache, 자주 접근하는 정보를 저장하는 초고속 기억 장치)에 저장해 두고 나중에 재사용하는 방식이다. 이를 통해 동일한 주파수 대역에서 스트리밍 서비스는 수백만 가지의 색상과 3D 음향을 포함한 실제에 훨씬 가까운 초고화질 영상을 내보낼 수 있다.

　뇌 또한 감각기관에서 받아들이는 정보와 자주 경험하는 생각, 느낌, 개념에 대해 이와 유사한 방식으로 작동한다는 사실이 밝혀졌다. 뇌에는 시뮬레이션할 때 재사용하기 위한 목적으로 주요 경험을 저장해 두는 '캐시'가 있다. 화창한 어느 날 동네 공원을 걷고 있다고 하자. 이전에 수도 없이 와 본 당신은 공원에 대해 잘 알고 있다. 나뭇잎 사이로 비치는 햇살을 본 적도 여러 번이며, 잔디의 모양과 냄새, 그네 타는 아이들의 소리, 개 짖는 소리, 멀리서 들려오는 자동차 소리 등 공원의 모든 것이 더없이 익숙하다. 발밑의 땅이 어떤 느낌인지, 햇볕이 피부에 닿는 느낌이 어떤지, 숨을 쉴 때마다 공기가 얼마나 신선한지 너무도 잘 알고 있다. 공원에 관한 모든 것을 알고 있는 당신은 머릿속에서 매우 정확하게 공원을 시뮬레이션할 수 있다. 따라서 당신이 알고 있는 정보와 실제 감각기관으로 들어오는 정보 사이에 약간의 차이가 있다 해도 마음은 그 차이를 메워 완벽한 경험을 구성할 수 있다. 실제 경험하는 것처럼 느끼기 위해 모든 것을 직접 감각할 필요는 없다. 공원에 관한 장기기억에 저장된 정보만으로도 충분하다. 이 정보를 간단히 캐시에 저장해 둔 다음, 필요에 따라 현실을 시뮬레이션하는 데 사용하면 된다. 거의 100퍼

센트의 정확도를 보이는 이 정보만 있다면 산책을 즐기는 데 아무런 문제가 없다.

그런데 캐시는 당신이 가 본 적이 있는 장소를 재구성하는 초고속 기억에만 머물지 않는다. 캐시에 저장해 둔 핵심 관념은 당신이 이제껏 가 본 적이 없는 새로운 장소와 경험을 시뮬레이션하는 데도 사용된다. 즉, 한 번도 가 본 적 없는 공원을 방문했을 때도 당신은 익숙한 동네 공원에 관한 저장 정보를 다시 사용한다. 이 경우에 당신은 가 본 적 없는 공원을 방문했지만, 실은 이전의 익숙한 공원을 경험하는 것과 다름이 없다. 이 방식은 당신이 마주치는 다른 모든 새로운 상황에서도 똑같이 적용된다. 경험한 적 없는 새로운 상황에 직면했을 때, 우리는 상황을 쓱 한번 훑어보고는 곧장 캐시에 저장해 둔 기억을 불러와 시뮬레이션을 준비한다. 이렇게 해서 '재빠르게 대강의 모형'을 구성한다. 그런 다음 감각기관에서 머리로 보내온 새로운 정보를 토대로 이 모형을 다듬고 업데이트한다. 실제로 새로운 공원을 방문하면 처음에는 익숙한 공원에 관한 시뮬레이션으로 시작하지만, 이후 새로운 정보가 들어오면서 당신은 둘의 차이점을 알아보기 시작하고 이는 전반적인 인지 모형에 통합된다.

단지 멋진 공원을 찾은 일만이 기억에 저장되는 건 아니다. 괴로운 생각, 느낌, 감정도 기억에 저장된다. 기억 저장소인 캐시는 강렬한 생각, 느낌, 감정과 더불어 최근에 겪은 가장 두드러진 경험을 저장하는 경향이 있기 때문이다. 그리고 안타깝게도 우리에게 가장 부담이 되는 두드러진 경험은 가장 괴로운 경험이기도 하다. 이는 우리가 시뮬레이션할 때 부정적인 경험을 다시 겪을 확률이 높다는 뜻이다. 우리는 긍정적이거나 중립적인 생각보다 불안하고 스트레스를 주는 불행한 생각을 떠올릴 확률이 훨씬 높다. 캐시에 업로드되어 일촉즉발의 상황을 불러올 가능성이 큰 생각은 다음과 같은 것들이다. '왜 모든 일이 이렇게 힘들까? 나는 지쳤어. 아무도 나를 도와주지 않아. 모두 내가 알아서 해 주길 기대해. 내가 당연한 존재로 받아들여지는 데 이젠 지쳤어.' 이것은 생각뿐 아니라 느낌과 감정, 언어적이고 신체적인 반응, 심지어 공격성에도 해당된다. 불안과 스트레스, 분노, 불행과 같은 어두운 무정형의 감정이 대기열의 맨 앞에서 우리를 기다리고 있다. 이 모든 것이 얽혀 있어 몇 가지 부정적인 생각만으로도 급격한 감정의 급류가 일어난다. 부정적인 생각은 다른 강력한 부정적인 감정을 유발하는데, 이런 감정이 지속되면 몸에서 신체적인 변화를 일으키기도 한다. 목과 어깨에 통증이 생기고 두통이 시작되며 불안한 마음이 질병으로 변할 수도 있다.

그렇다고 해서 당신이 겪는 고통이 과장되었다거나 거짓이라는 의미는 아니다. 또한 당신이 과잉 반응하고 있다거나 지나치게 예민하며 어떤 식으로든 '나약하다'라는 의미도 아니다. 당신이 슬프다고 느끼면 그것은 슬픈 것이다. 불안하거나 스트레스를 받거나 지치거나 화를 낸다면 그것은 당신이 실제로 그러한 고통을 겪고 있다는 뜻이다. 당신이 내리는 예측은 적어도 '당신에게는 진실'이다. 시뮬레이션이지만 현실이다.

이런 고통의 상태는 괴롭지만 희망의 상태이기도 하다. 왜냐하면 고통의 상태가 그리 견고하지 않음을, 반드시 현실이 아닐 수도 있음을, 또한 그것이 불변의 것이 아님을 알아볼 수 있기 때문이다. 고통의 아래에는 아주 순수하고 단순한 무엇이 존재한다. 바로 매 순간 일어나는 즐겁거나 불쾌하거나 중립적인 느낌 색조다. 느낌 색조는 당신이 생각하는 자신의 '본실'과 세상에 대한 경험 사이에 놓여 있으며 시시각각 변한다. 또한 당신이 경험하게 될 생각, 느낌, 감정, 신체적 감각과 그에 대한 반응을 이끈다. 당신이 긍정적이고 고양된 세계를 창조하거나, 어둡고 금지된 세계를 창조하거나, 그 중간의 세계를 만들도록 마음을 준비시키는 장본인이 바로 느낌 색조이다.

일단 한번 마음의 밑바닥에 흐르는 느낌 색조와 접촉하면 놀라운 일이 벌어진다. 느낌 색조에 주의를 기울이고 그것이 오르내릴 때 따뜻하게 반겨 주는 것만으로도 얽혀 있던 모든 느낌 색조가 저절로 풀리기 시작한다. 아무리 어두운 생각, 느낌, 감정이라도 녹아내린다. 머릿속이 맑아지고 더할 나위 없는 감각의 기쁨 속에서 세상을 직접 경험하는 자유를 얻는다.

'행동' 상태의 느낌 색조 vs '존재' 상태의 느낌 색조

우리는 이전 책 『8주, 나를 비우는 시간』에서 사람들이 겪는 많은 어려움이 '감정' 문제를 '논리'로 해결하려는 시도에서 비롯되었음을 설명했다. 이는 인간이 감정적 어려움을 해결하려 할 때 마음의 강력한 도구인 합리적·비판적 사고를 사용하기 때문이다. 우리는 마음의 '행동 모드[Doing mode]'를 사용해 감정 문제를 해결하려고 한다. 행동 모드는 합리적·논리적으로 세상에 접근해 문제에 관해 사고하고 해결하는 방식이다. 행동 모드는 인간이 가진 정신 도구 가운데 가장 유용하고 강력한 도구이다. 업무 일정을 조정하고, 복잡한 도시의 구석구석을 누비고, 물류 연결망을 조직하고, 전반적인 업무를 처리하는 등 문제 해결에 뛰어난 능력을 발휘한다. 행동 모드는 현재 우리가 위치한 곳과 가고자 하는 곳 사이의 거리를 점진적으로 좁히는 방식으로 작동한다. 문제를 조각조각 나눈 뒤 각 부분을 마음의 눈으로 (이번에도 정신 모형을 동원해) 해결하고, 그런 다음 이를 다시 분석해 원하는 목표에 얼마나 가까워졌는지 확인하는 방식이다.

그러나 감정에 관한 한 행동 모드의 접근방식은 오히려 역효과를 낸다. 왜냐하면 이 방식은 현재 느낌(불행하다는 느낌)과 바라는 느낌(행복해야 한다는 느낌) 사이의 간극에 초점을 맞출 것을 요구하기 때문이다. 간극에 초점을 맞추면 그것이 더 뚜렷해지고 커져서 마침내 우리를 완전히 집어삼킨다. 이런 식으로 감정적 어려움은 해결되어야 할 논리적 문제로 변질된다. 그러는 와중에 우리는 자신에게 가혹하고 비판적인 질문을 던진다. '나는 왜 이런 일도 제대로 못할까? 내가 왜 이러는 걸까? 무엇을 잘못한 걸까? 왜 항상 이런 실수를 저지를까?' 이런 가혹한 질문은 자신에게 해를 입힐 뿐 아니라 불만족을 설명할 수 있는 여러 가지 근거를 제시하도록 마음에 요구한다. 그러면 당신은 즉각 머릿속으로 일을 제대로 못하는 이유, 계속 실수하는 이유, 살면서 무엇을 잘못했는지에 관한 목록을 지어낸다. 이 과정에서 아주 긴 자기비판의 목록이 정신 모형에 자리 잡는다.

이와 같이 행동 모드를 사용하면 파괴적인 결과를 불러올 수 있다. 왜냐하면 감정은 변하지 않는 '고정된' 무엇이 아니어서 논리적이고 구체적인 방식으로는 '해결'할 수 없기 때문이다. 감정은 해결해야 할 문제가 아니라 느껴야 할 메시지다. 일단 메시지가 전달되면(우리가 그것을 느끼면) 메시지는 자기 역할을 다했으므로 봄날 아침의 안개처럼 사라진다. 이는 불안, 스트레스, 불행, 분노, 피로 등 우리가 매우 힘들어하는 대부분의 감정과 정서에도 적용된다. 행동 모드가 본질적으로 잘못된 건 아니지만, 감정 문제의 해결처럼 자신이 할 수 없는 영역에 발 벗고 나서면 문제를 일으킬 수 있다. 이런 이유로 행동 모드가 자신의 꼬리를 쫓기 시작하면 추동-행동[Driven-doing] 모드로 변질된다[우리는 이를 추동 모드(Driven mode)라고 부른다]. 이때 우리는 생각의 수렁에 빠진다. 머릿속에서 행하는 시뮬레이션에 갇히는 것이다. 마음의 저장소인 캐시와 예측 처리기가 매우 밀접히 결합되어 매번 똑같은 생각, 느낌, 감정만을 경험할 뿐이다. 추동 모드는 고통스러운 마음의 증상이다.

추동 모드의 신호

마음의 추동 모드에는 다음과 같은 7가지 주요 특성이 있다.

- **주의가 산만해진다.** 한 가지 일에 집중하지 못한 채 주변 사물과 자신의 생각, 기억, 공상에 이리저리 끌려다닌다.
- **판단적이 된다.** 마음과 싸움을 벌이고, 자신에 대해 비판적이고 불친절해지며, 다른 사람에 대한 관용이 줄어든다.
- **감정적으로 변한다.** 허겁지겁 사느라 감정의 임계점을 알아차리지 못한다. 그러다 예고 없이 감정이 무너져 내리는 경험을 한다.

- **균형이 깨진다.** 기분에 속수무책으로 휘둘린다. 부정적인 감정에 저항하면 오히려 그것이 더 커지고 악화되며, 긍정적인 기분을 더 얻으려 하면 손가락 사이로 빠져나가 버린다. 결국 앞으로 겪을 실망을 피하기 위해 기분을 무시하는 법을 배운다.
- **반응적이 된다.** 실행하지 않을 행동에 대해 끊임없이 준비한다. 머릿속으로 상상한 계획과 전략 때문에 신체 에너지가 소모되어 완전히 지친다.
- **회피한다.** 견딜 수 없을 만큼 힘겨운 기분 탓에 사소한 어려움조차 억누르거나 피하거나 거기서 도망치려 한다.
- **기쁨이 사라진다.** 집착에 온 신경을 쏟는 동안 마음이 다른 모든 것을 억누른다. 심지어 행복과 기쁨 같은 긍정적인 마음까지 억누른다. 일을 완수하거나 삶의 성취감을 누리기가 점점 어려워진다.

부정적인 생각, 느낌, 감정이 일어나는 것은 막을 수 없다. 하지만 그다음에 일어나는 일은 막을 수 있다. 즉, 부정적인 생각과 감정이 파도처럼 지속되는 악순환의 고리를 끊을 수 있다. 자기 자신 그리고 세상과 다른 방식으로 관계를 맺음으로써 그렇게 할 수 있다. 마음은 논리적인 문제 해결보다 훨씬 더 많은 일을 할 수 있다. 또한 당신은 자신이 생각하고 있다는 사실을 알아차릴 수 있다. 생각이 아니라 감각을 사용해 세상과 직접 연결되고, 현실을 왜곡하는 마음의 캐시를 필터로 삼지 않고도 세상을 경험할 수 있다. 이런 순수한 알아차림을 존재

모드[Being mode]라고 한다.

존재 모드를 통해 우리는 너무 많이 생각하고, 지나치게 분석하며, 과도하게 판단하는 자연스러운 마음의 성향에서 벗어날 수 있다. 오랜 세월에 걸쳐 사람들은 명상을 통해 존재 모드를 수련하는 법을 익혔다. 이 과정은 자기 경험의 원류로 거슬러 올라가 자신의 생각, 느낌, 감각을 알아차리는 순간에 더욱 향상된다. 웨다나, 즉 느낌 색조를 경험하는 순간이 바로 그때이다. 이는 궁극적으로 당신을 자유롭게 해 주는 명료함의 순간이다.

마음의 추동 모드는 괴로울 수 있지만, 이 추동 모드가 지닌 7가지 특성을 느낌 색조의 영역으로 들어가는 진입점으로 삼을 수 있다. 이 책의 수련 부분에서 이를 탐구하고 활용할 것이다.

3장

한 장면씩 포착하기

1877년 영국인 사진작가 에드워드 마이브리지가 논쟁의 중심에 섰다.[1] 당시 수 세기 동안 이어져 온 논쟁이 있었는데, 핵심은 말이 전속력으로 달리는 동안 네 발굽이 동시에 땅에서 떨어지는 순간이 존재하느냐는 것이었다. 이 논쟁을 해결하기 위해 캘리포니아 팔로알토의 경마장에 12대의 카메라를 정밀하게 배치한 뒤 각각의 카메라에 줄을 연결했다. 말이 지나가면 줄이 끊어지면서 각 카메라의 셔터를 누르게 되어 있었다. 사진이 현상되자 정답이 드러났다. 정말이었다. 말의 네 발굽이 동시에 공중에 뜨는 짧은 순간이 실제로 존재했던 것이다. 마이브리지는 신중하게 배치된 새로운 카메라 기술로 이전에 누구도 보지 못한 새로운 장면을 한 장면 한 장면씩 포착할 수 있었다.

이 책 또한 당신이 자신의 마음과 몸의 움직임에 대해 마이브리지와 유사한 접근법을 적용하도록 권한다. 현재 순간에 몸이 감지하는 것, 즉 실제로 보고 듣고 만지고 맛보고 냄새 맡는 것에 주의를 기울이도록 요청한다. 또한 그렇게 주의를 기울이는 동안 마음이 어떤 일을 하고 있는지 주의를 기울이도록 안내한다. 그 순간 당신의 마음은 특정 과제에 몰두하고 있는가? 아니면 생각과 기억, 계획과 공상, 걱정에 빠져 있는가? 특정 감각, 생각, 느낌, 감정이 처음 일어난 '바로 다음에는' 어떤 일이 벌어지는가? 이 모든 것을 한 장면 한 장면씩 볼 수 있다면 새로운 세계를 발견하는 것과 다르지 않을 것이다.

이는 앞서 말한 시뮬레이션을 통하지 않은 세계, 눈으로 직접 본 세계이다. 추상적이거나 어려운 관념이 아니다. 그리고 삶의 질이 여기에 달려 있다. 왜냐하면 이런 순간적인 통찰은 세상을 왜곡하는 자동반사 충동을 알리는 중요한 조기 경보이기 때문이다. 이 조기 경보 신호를 통해 우리는 괴로운 반응을 촉발하는 생각·느낌·감정을 감지하고, 그것이 있는 그대로 존재하도록 허용할 수 있다. 이 조기 경보는 생각·느낌·감정에 자동반사적으로 반응할 것인지 의식적으로 대응할 것인지를 선택할 수 있는 순간을 우리에게 선사한다. 그리고 앞 장에서 보았듯이 이들 각각의 순간에는 눈에 잘 띄지 않는 요소가 존재한다. 고대 인도와 거기에서 비롯한 전통에서는 이를 웨다나라고 불렀다.[2] 우리가 느낌 색조, 더 간단히 경험의 '느낌'으로 알고 있는 바로 그것이다.

느낌 색조는 어떤 대상이 즐거운지 불쾌한지 아니면 중립적인지를 가장 먼저 알아보는 감각이다. 이것은 깊은 슬픔이나 흥분, 초조한 걱정, 느긋한 이완과 같은 정서적 의미의 느낌이 아니다. 단순히 특정 경험이 즐거운지 불쾌한지를 느끼는 감각이다. 느낌 색조는 즉각적이고 자동적이다. 언어를 통하지 않는 단순한 직감이다. 느낌 색조가 일어나면 우리는 의식적으로 판단하거나 생각하지 않아도 곧장 안다. 느낌 색조는 단순하고 순수하다.

그러나 느낌 색조는 예측이 어렵다. 느낌 색조가 일어나기 전에 그것이 어떤 맛일지 미리 알 수 없다. 느낌 색조는 대상 자체에 존재하는 게 아니라 대상이 우리 몸과 마음에 접촉하는 순간에 일어나기 때문이다. 그 순간 몸과 마음의 상태 역시 느낌 색조에 적지 않은 영향을 미친다. 예를 들어 평소에는 초콜릿 케이크를 떠올리면 기분이 좋아지지만, 조금 전 과식을 했다면 초콜릿 케이크를 생각하는 것 자체가 불쾌하게 느껴질 것이다. 또는 정신없이 바쁜 와중에 메시지 수신 알림음이 울리면 불쾌한 방해 요소로 생각되지만, 마침 외로움을 느끼던 중이라면 같은 소리가 기분 좋은 느낌 색조로 느껴질 수 있다. 이처럼 매 순간 처한 상황과 기분이 끊임없이 바뀌기 때문에 특정 대상이 즐겁게 느껴질지 불쾌하게 느껴질지 예측하기란 매우 어렵다. 이를 아는 유일하고 확실한 방법은 '지금 이 순간'에 주의를 기울이는 것이다.

느낌 색조는 종종 빠르게 일어났다 사라져서 의도적으로 그에 대한 알아차림을 계발하지 않는 한 알아보기가 쉽지 않다. 그럼에도 느낌 색조를 알아차리는 것은 다음에 일어날 일을 변화시킬 수 있다는 점에서 매우 중요하다. 기분 좋은 느낌 색조가 일어나면 당신은 그와 비슷한 순간을 더 많이 경험하고 싶은 욕구를 일으킬 것이다. 반대로 불쾌한 느낌 색조가 일어나면 혐오감과 밀어내기, 저항감을 일으킬 것이다. 한편 중립적인 느낌 색조가 일어나면 지금 상태에서 벗어나고 싶을 것이다. 예를 들어, 이 책을 읽는 중에 지루해져서 어서 이 장을 끝나고 다음 장으로 넘어가고 싶을지 모른다. 이런 자동반사 충동은 매우 강력하고 빠르게 일어나기에 우리가 그것의 존재를 알기도 전에 생각의 흐름에 휩쓸려 버린다. 불쾌한 느낌 색조가 일어나는 순간을 알아차리지 못하면 그 순간이 우리를 부정적인 방향으로 끌고 가 몇 시간, 며칠 또는 그보다 오랜 시간 지속되기도 한다. 반면 즐거운 느낌 색조가 일어나면, 당신은 그것이 조금이라도 더 오래 지속되길 바라면서 그 순간을 붙잡으려 애쓰다가 결국 손가락 사이로 빠져나가는 것을 목격하기도 한다. 그러면 좌절감과 상실감이 파도처럼 밀려온다. 심지어 실존적 불안을 느낄 수도 있다. 이처럼 느낌 색조는 그것이 일어난 바로 다음 순간의 삶의 질을 결정하는 분기점이 된다.

느낌 색조는 바꾸거나 통제할 수 없다. 하지만 느낌 색조가 일어난 다음의 일은 통제할 수 있다. 자동반응성과 정서적 고통이 통제 불능에 이르기 전에 차단하는 검문소 역할을 하는 게 바로 깨어 있는 알아차림[mindful awareness]이다. 알아차림은 온갖 고통을 몰고 오는 자동반사 충동이 삶을 지배하지 않도록 막아 준다. 명상 지도자 조셉 골드스타인은 이렇게 말한다. "느낌 색조에 대한 마음챙김은 우리가 처한 조건화된 상태의 깊은 패턴을 드러내고 풀어 주는 마스터키 중 하나이다."[3]

이것은 잘 알려지지 않은 앎으로, 수천 년 동안 명상 수행에 영향을 준 지혜 전통의 일부이다. 지금껏 명시적으로 드러난 적이 거의 없으며 최근에야 중요성이 밝혀졌다. 이제 뇌과학은 모든 생명의 근원이 되는 느낌 색조라는 '첫인상'의 중요성을 알게 되었다. 식물은 햇볕이 있는 쪽으로 가지를 향하고 물이 있는 쪽으로 뿌리를 뻗는다. 마찬가지로 모든 생명체는 자신에게 유쾌한 것과 불쾌한 것을 구분하는 도구를 가지고 있으며 그것에 의존해 살아간다. 느낌 색조가 그것이다.

느낌 색조는 즉각적으로 일어난다. 그 바탕에는 진화 초기 생명체의 세포 하나하나에 새겨진 민감성이 자리 잡고 있다. 단세포생물조차 영양분과 독소에 민감하며 그 둘을 구분할 줄 안다.[4] 즐거운 것과 불쾌한 것을 구분하는 것이야말로 웨다나, 즉 느낌 색조가 지닌 본질적인 기능

46

이다. 모든 생명체는 웨다나를 통해 자신이 다가가야 할 대상(즐거운 것)과 멀리해야 할 대상(불쾌한 것)을 구분한다. 만약 즐겁지도 불쾌하지도 않은(중립적인) 대상이라면 그 자리에 가만히 있을 것이다. 이런 민감성이 없다면 생명체는 방향타가 없는 배를 탄 것과 같은 상황에 처하고 만다. 위험에서 멀어지지 못하고 우호적인 항구에 기항하지도 못할 것이다. 느낌 색조는 수많은 방식으로 생명체와 단순 기계를 구분하는 기준이 된다.

그런데 우리는 느낌 색조에 관해 인간만의 고유하고 특수한 어려움을 가지고 있다. 인간의 정신생활은 무척 복잡해서 그 안에서 길을 잃기 십상이다. 느낌 색조는 우리가 마음에 품는 수많은 생각, 기억, 계획에도 스며 있어 그것들이 마음에 들지 않을 때 우리는 마음으로부터 달아나려 한다. 문제는 마음에서 달아날 수는 있어도 결코 완전히 벗어날 수는 없다는 사실이다.

이것이 앨리스가 처한 곤경이었다. 앨리스는 오랫동안 정신적·육체적 고통에 시달려 왔다. 그녀는 도저히 그 고통에서 벗어날 수 없었다. 고통의 시작은 오래전 성장기의 어느 순간으로 거슬러 올라간다. 10대 시절 앨리스는 촉망받는 운동선수였다. 특히 높이뛰기에 소질이 있었는데, 이것이 오히려 불행한 결과를 초래하고 말았다. 성인이 되었을 때 만성 허리통증이 생긴 것이다. 자신의 허리통증이 무엇 때문인지 안다고 생각한 앨리스는 전문의에게 진찰을 받았다. 그녀는 의사에게 10대 시절 높이뛰기를 하다가 난 사고가 원인일 거라고 말했다.

"엄마는 위험하다며 내가 운동하는 걸 반대했어요. 그래서 아무도 모르게 시합에 나가려고 몰래 집에서 도망쳤죠. 나는 늘 반항적이었고, 얼마 남지 않은 카운티 선수권 대회에 나가려면 몰래 참가하는 수밖에는 다른 선택지가 없었어요. 결국 우승을 거머쥐었어요! 당연히 엄마도 그 사실을 알게 되었고요. 당시에는 높이뛰기 시합장 바닥이 전부 모래였어요. 비록 우승을 차지했지만 착지하는 중에 큰 부상을 입고 말았어요. 허리 미골을 다쳤고, 그 뒤로 계속 허리가 아팠어요. 가장 힘들었던 건 허리통증이 아니라 사고가 난 것에 대한 엄마의 꾸지람이었어요. 지금도 소리치는 엄마 목소리가 생생하게 떠올라요. '다쳐도 싸! 다 네 잘못이야! 꼴좋다. 스스로 인생을 망치고 있구나!' 허리가 아플 때마다 엄마의 꾸짖는 목소리가 들렸어요. 엄마 말이 옳았어요. 내 잘못이죠. 엄마 말을 듣지 않은 대가를 치른 거예요."

그런데 앨리스의 허리 촬영 사진을 살펴본 의사는 그녀의 미골에 전혀 문제가 없다는 사실을 알게 되었다. 그녀의 허리통증은 높이뛰기 사고와 관련이 없었다. 의사는 말했다. "당신은 자신을 지나치게 가혹하게 대하고 있어요. 그것 때문에 기분이 더 악화되는 것 같아요. 감정적으로 자신에게 벌을 내리고 있군요. 그래서 허리통증이 더 크게 느껴지는 게 아닌가 싶어요."

조금 극단적이긴 하지만, 앨리스의 사례는 우리가 말하고자 하는 문제의 핵심을 잘 보여 준다. 자기 자신에게 속삭이는 이야기로 인해 신체적·정신적 고통이 악화될 수 있다는 사실이다. 자신에 관해 지어낸 이야기 때문에 때로는 고통의 진짜 원인을 완전히 잘못 알기도 한다. 우리는 (높이뛰기 착지 중 미골에 입은 부상이 허리통증의 원인이라고 생각한 앨리스처럼) 고통의 원인을 하나로 특정해 지목하지만 실은 완전히 다른 원인 때문일 수도 있다. 이런 어긋난 상황이 발생하는 이유는 우리가 '이야기를 통해' 경험을 이해하기 때문이다. 우리는 이야기를 통해 자신의 경험에 의미를 부여한다. 이야기를 통해 구축한 정신 모형을 사용해 복잡한 세상에서 살아남고 살아가려고 한다. 여러 면에서 우리는 이야기를 지어내는 기계와 같다. 누구에게든 한두 가지 정보 조각만 쥐어 줘 보면 이를 알 수 있다. 순식간에 셰익스피어의 희곡만큼 설득력 있는 희비극을 지어낼 것이다.

물론 긍정적이고 영감을 주는 이야기를 짓는 데 시간을 쓴다면 나쁠 게 없다. 하지만 보통은 그러지 않는다. 사실 가장 눈에 띄는 정보, 우리의 정신 캐시에 저장된 대부분의 정보는 '부정적인' 것들이다. 우리는 자신을 고양하는 긍정적인 이야기와는 정반대의 이야기를 훨씬 자주 지어낸다. 할리우드의 모든 영화감독이 증언하듯이 가장 매력적인 이야기는 고통, 투쟁, 두려움, 공포, 비극, 상실이다. 그러나 행복을 훼손하는 주범은 이야기 자체가 아니다. 그에 대한 우리의 반응이다. 마음은 자신에게 일어난 사건과 그 사건을 소재로 지어내는 이야기에 쉽게 과잉 반응한다. 앨리스처럼 우리는 잘못된 일에 대해 화를 내며 자신과 상대를 비난한다. 이런 부정적인 생각은 분노에 찬 자기 정당화와 고통스러운 자책 사이를 오가며 강박적으로 같은 궤도를 맴돈다. 그러면서 문제가 되는 그 밖의 다른 생각들을 연쇄적으로 촉발한다. 한 가지 생각이 다음 생각을 불러오고 다음 생각이 또 다른 생각으로 꼬리를 물고 이어진다. 결국 분노, 걱정, 스트레스, 불행, 그리고 궁극적으로 완전한 탈진에 이른다. 이는 모두 추동 모드가 마음을 장악했다는 신호이다.

이런 식으로 과거의 영향이 현재까지 강하게 영향을 미쳐 장차 문제가 일어나기 더 쉬운 상태에 이르게 된다. 이때 마음이 깨어 있지 않으면 실제 일어난 사고를 빌미로 자신의 '실수'에 대해 끊임없이 스스로 벌을 내리게 된다. 학교에서의 낙제는 두려움·불안·스트레스를 심어 줄 수 있고, 부모의 질책은 심리적인 고통으로 가득한 세계를 만들 수 있다.

이 모든 것이 앨리스의 허리통증에 영향을 미치고 있음이 의사 눈에는 분명해 보였지만 정작 본인은 그 사실을 알지 못했다. 앨리스는 신체 통증만으로도 매우 불쾌했지만, 거기에 그치지 않고 죄책감·수치심·자신과 어머니에 대한 분노와 같은 통증과 관련된 강렬한 생각과 감정을 일으킴으로써 고통을 더했다. 이 생각과 감정들 또한 나름의 불쾌한 느낌 색조를 지니고 있었고, 그것이 기존의 고통과 얽혀 불쾌함을 더 크게 부풀렸다. 이 느낌 색조가 다음 순간으로 이어지면서 앨리스는 벗어나기 힘들다는 생각에 점점 사로잡혔다. 상상할 수 있는 것이라고는 고통과 괴로움으로 가득한 미래뿐이었다.

하지만 한 가닥 희망은 있었다. 앨리스의 허리통증은 그녀의 모든 '과거' 상처를 들추어 상황을 악화시켰지만, 사실 그녀의 고통을 지속시키는 주범은 '현재' 순간에 일어나는 느낌 색조였다. 이는 매우 중요한 통찰이기에 거듭 강조할 필요가 있다. 우리에게 문제를 일으키는 주범은 '과거'에 일어난 일이 아니라 '지금 이 순간' 일어나고 있는 일이다. 기억의 힘은 느낌 색조와 그 뒤에 일어나는 반응에 영향을 미치지만 오직 현재 순간에만 영향을 미친다. 여기에 중요한 의미가 있다. 우리는 매 순간 일어나는 느낌 색조를 바꿀 수 없지만 느낌 색조가 일어난 바로 다음의 반응은 잠정적으로 바꿀 수 있다. 고통이 반드시 미래로 이어질 필요는 없다. 우리는 고통이 아닌 다른 미래를 선택할 수 있다.

비유를 들어 보자. 학창 시절을 떠올려 보라. 종이에 쇳가루를 뿌린 뒤 종이 아래에서 자석을 이리저리 움직였던 실험을 기억하는가? 자석을 움직이면 종이 위 쇳가루가 마치 살아 있는 것처럼 춤을 춘다. 쇳가루가 그리는 패턴은 무척이나 흥미롭다. 그러다 자석을 떼면 쇳가루는 생기와 모양을 잃는다. 말하자면 종이 아래의 보이지 않는 자석 역할을 하는 것이 느낌 색조이다. 쇳가루가 모양을 이루게 하듯이, 느낌 색조에는 장단에 맞춰 우리 마음을 춤추게 하는 힘이 있다. 웨다나(느낌 색조)가 만들어 내는 느낌이 너무도 강렬한 나머지 우리는 표면(종이)에서 펼쳐지는 이야기에서 눈을 떼지 못한다. 정작 종이 아래에서 이야기를 만들어 내고 이야기를 살아 있게 하는 느낌 색조의 힘은 보지 못한다. 우리가 느끼는 불쾌감은 고통스러운 생각과 기억이 일으키는 부작용이 아니다. 오히려 그것은 고통스러운 생각과 기억에 생명력을 불어넣고 있다. 행사의 진행자, 주관자는 느낌 색조이다. 이 중요한 발견에 대해 다음 장에서 자세히 설명할 것이다. 다만 여기서는 시시각각 변하는 느낌 색조가 자연스럽고 자동적인 현상이라는 점을 아는 것으로 충분하다. 우리는 느낌 색조를 통제할 수 없다. 그러나 느낌 색조가 일어난 뒤의 일은 통제할 수 있다.

과거 내려놓기

진화를 통해 우리는 불쾌한 느낌 색조를 좋아하지 않도록 프로그래밍되었다. 따라서 불쾌한 느낌 색조가 일어나면 거기서 벗어나려는 충동인 저항을 일으키는 게 자연스러운 일이다. 다만 불쾌한 느낌 색조에서 벗어나려는 충동이 더 큰 불쾌감을 일으킨다는 점이 문제다. 이 하강 소용돌이가 우리가 지어내는 이야기에 피드백을 주면서 반추, 즉 같은 생각을 되새기고 곱씹는 상태를 지속시킨다.

당신은 친구, 가족, 치료사로부터 '과거를 내려놓으세요'

라는 말을 자주 들었을 것이다. 하지만 그들은 어떻게 과거를 내려놓아야 하는지 말해 주지 않았다. 과거를 내려놓는 열쇠는 느낌 색조라는 눈에 보이지 않는 힘을 이해하는 데 있다. 이것이 지금부터 우리가 몇 주에 걸쳐 함께 배워 볼 내용이다.

잠시 2장의 내용으로 돌아가 보자. 2장에서 세상에 대한 마음의 예측 처리 모형을 소개했다. 특히 불쾌한 느낌 색조로 고통의 물결이 일어나면 그것이 다음 순간으로 이어지기 쉽다는 점을 말했다. 우리 뇌는 '최대 고통'을 캐시에 저장한 뒤 다음 순간에 다시 사용하도록 준비한다. 즉, 다음 순간에 대한 경험은 뇌의 저장소인 캐시에 의해 추동된다. 그러다 보면 지난 순간의 강렬한 고통을 반복해서 재생하는 가상의 '동영상 반복 모드'에 갇히게 된다. 불쾌감이 파도처럼 일어나 연속 이미지가 만들어지면서 최대 고통과 괴로움을 생생하게 재현한다. 하지만 문제는 이보다 심각할 수 있다. 불쾌감으로 인해 혐오의 파도와 그에 따른 탈출 욕구가 일어나기 때문이다.[5] 이것이 고통을 더욱 가중한다. 마침내 마음 바닥에 자리 잡은 고통이 사라진다 해도 당신의 정신 모형은 상황이 변했다는 사실, 즉 지금은 탈출 욕구가 사라졌다는 사실을 인지하지 못한다. 현재 느낌과 감각이 이전 순간들이 미치는 영향을 극복할 만큼 강력하고 정확하지 않으면, 당신의 경험은 감각기관에 입력되는 실제 데이터가 아니라 머릿속에 구성한 정신 모형에 계속해서 의존한다.

이때 필요한 것이 마음챙김이다. 마음챙김은 마음의 기억 저장소를 새롭고 부드럽게 환기한다. 마음챙김으로 마음의 저장소를 환기하면,

52

예측하거나 두려워하는 세상의 모습이 아니라 있는 그대로의 세상을 볼 수 있다. 그러면 놀라운 일이 일어난다. 마음 밑바닥에 있는 느낌 색조를 알아보게 되는 것이다. 느낌 색조는 그것이 일어난 이후에 당신이 일으키는 모든 생각과 느낌과 감정을 이끌며, 당신이 보고 듣고 느끼고 맛보고 냄새 맡는 모든 것을 형성한다. 느낌 색조를 알아본 당신은 이제 선택의 폭이 훨씬 넓어졌다는 느낌을 받는다. 기분에 이리저리 휘둘리는 느낌이 줄어들고, 간식과 술 또는 휴대전화기 등 외부의 도움이나 주의를 산만하게 만드는 요소에서 편안함을 구하지 않는다.

삶의 많은 부분이 이전 순간에 일어난 일에 대한 반응으로 이뤄진다. 모든 느낌 색조 또한 마음의 캐시에 저장되어 당신이 구성하는 정신 모형에 영향을 미친다. 당신은 자신이 만든 정신 모형으로 매 순간 세상을 시뮬레이션하고, 자신이 구성한 정신 모형을 '실제 세상'으로 인식한다. 따라서 당신이 경험하는 삶의 불만족 뿌리에는 스스로 만든 정신 모형이 존재한다고 말할 수 있다. 그런데 정작 문제는 느낌 색조와 그에 대한 반응이 아니다. 느낌 색조가 존재한다는 사실, 그리고 느낌 색조의 근본 성질에 대해 알지 못하는 게 문제다. 당신이 인지하는 건 느낌 색조 뒤에 연쇄적으로 일어나는 생각·느낌·감정뿐이며, 느낌 색조 자체는 알아차리지 못한 채 지나쳐 버리고 만다.

느낌 색조를 알아볼 수 있다면 어떨까. 그러면 부정적인 생각, 느낌, 감정에서 벗어나는 출구를 찾을 수 있다. 느낌 색조를 감지하면 당신이 지닌 지극히 정상적인 편향을 너그럽게 받아들일 수 있다. 지금 이 순간 불안하고 스트레스받고 화가 나고 우울하더라도 더 나은 삶으로 방향을 틀 수 있음을 연민의 마음으로 받아들일 수 있다. 그렇게 한다면 아무리 괴로운 마음 상태라도 점차 내려놓는 법을 배울 수 있다. 그 순간 마법 같은 일이 일어난다. 삶에 평화와 기쁨이 다시 샘솟는다. 당신은 행사에 참석한 손님이 아니라 행사의 주관자가 된다.

느낌 색조는 어디에서 생겨나는가?

느낌 색조는 대개 내부수용감각[interoception, 체내에서 일어나는 자극이나 변화를 감지하는 감각−옮긴이]이라는 과정을 통해 생겨난다.[6] 내부수용감각은 매 순간 신체 내부에서 일어나는 일을 추적하는 일종의 계기판 역할을 한다. 신체의 에너지 수준, 호르몬 균형, pH(수소 이온 농도), 염분 및 미네랄 농도 등을 일정 상태로 유지하면서 신체가 내부 상태를 모니터링하도록 돕는다.[7] 이에 관해 지금도 과학자들이 세부 사항을 연구 중이지만, 신체가 내부의 모든 정보를 한데 엮어 배고픔과 목마름 등의 전반적인 느낌이나 특정 대상에 다가가거나 멀어지려는 욕구 등의 광범위한 충동을 형성한다는 점은 분명해 보인다. 내부수용감각이 만들어 내는 이 느낌들은 마음의 정신 모형에 영향을 미쳐 궁극적으로 우리가 그 모형을 통해 세상을 시뮬레이션하는 데 영향을 준다. 이 과정은 매우 복잡하고 미세한 피드백 연결고리의 지배를 받으며, 정신 모형과 시뮬레이션에서 보내는 정보가 내부수용감각 네트워크에 피드백되어 신체 반응을 준비하는 데 영향을 미친다.

우리가 잘 인식하지 못하지만 내부수용감각은 생명체에 꼭 필요한 역할을 한다. 첫째, 신체 내부 환경 유지에 밀접히 관여하므로 생명 유지에 필수적이다. 둘째, 신체의 자원을 관리하고 배분하도록 돕는다. 예를 들어 달리기를 할 때, 내부수용감각은 사람의 혈관을 확장하고 심박수를 높이고 에너지를 공급함으로써 신체가 달릴 준비를 하게 한다. 또한 내부수용감각 네트워크는 신체 상태를 지속적으로 기록하므로 신체가 가진 현재 자원에 대해서도 잘 알고 있다. 즉, 신체 자원의 예산을 책정하고 각 활동에 얼마나 많은 노력을 기울일지 정하는 일을 한다. 실제로 내부수용감각 네트워크는 자원이 필요한 경우를 대비해 늘 행동을 준비한다. 신체는 스스로 구성한 정신모형 및 그에 따른 시뮬레이션에 박자를 맞춰 행동을 준비한다. 내부수용감각 네트워크에서, 과거에 대한 후회든 미래에 대한 희망과 걱정이든 우리의 정신적 풍경은 현재의 절대적 사실로 다뤄지며 우리는 그에 따라 반응한다(자세한 내용은 9장 참조). 하나의 각본이 다른 각본으로, 다음에 또 다른 각본으로 대체되는 과정에서 몸과 마음은 순간적이나마 끊임없이 행동에 대비한다. 이 과정에서 우리는 자동반응성이 체화된 존재가 된다.

　몸과 마음의 내부 '날씨 패턴'이 시시각각 변함에 따라 그 순간의 느낌 색조도 함께 바뀐다. 예를 들어, 불안하거나 스트레스를 받으면 정신적 각본이 지닌 불쾌한 느낌으로 인해 불안과 스트레스를 회피하거나 그에 저항하는 느낌이 일어난다. 이런 경계 상태가 지속되면 탈진에 이를 수 있다. 신체가 끊임없이 행동에 대비해야 하기 때문이다. 이때 내부수용감각 네트워크는 신체 자원이 거의 고갈되었으므로 자원을 보존할 필요가 있음을 감지하고, 당장의 관심사가 아닌 일은 모두 밀어내고 평가절하한다. 그런데 이런 일이 너무 자주 발생하면 평소 즐기던 활동에 대한 느낌 색조마저 불쾌하게 변한다. 그러면 삶의 동기가 사라지고 탈진과 우울로 이어진다. 여기서부터 아래로 추락하는 소용돌이가 시작된다.

4장

명상 프로그램의 실제

이 책의 나머지 장에서는 명상 프로그램을 소개한다. 이번 장 뒤에 이어지는 여덟 개의 장은 주별 프로그램에 해당하며, 각 프로그램은 두 부분으로 구성된다. 하나는 하루에 10~20분 정도 소요되는 명상 수련이고 또 하나는 '일상의 마음챙김' 수련이다. 모든 주별 프로그램의 안내 음성은 1장 끝과 책 뒷부분의 '명상 안내 음성'에 수록한 QR코드를 통해 내려받을 수 있다. 또한 각 장에 자세한 명상 지침을 실었다. 프로그램을 시작할 때 명상 지침을 먼저 읽은 다음 안내 음성을 들으며 수련하면 도움이 될 것이다. 세세한 지침에 얽매이기보다 명상의 전반적인 분위기에 초점을 맞춰 보라. 많은 사람이 전체적으로 책을 읽은 뒤에 프로그램을 시작한다. 당신도 그런 경우라면 주별 프로그램을 시작하기 전에 각 장을 다시 한번 읽어 보길 권한다. 모든 프로그램은 오랜 세월 축적된 지혜에 바탕을 두고 있으며, 최신 과학으로 근거를 뒷받침하고 있다. 각 주의 프로그램을 시작할 때 이 부분을 마음에 새기면 도움이 될 것이다.

핵심 수련

주별 프로그램마다 다른 안내 음성을 사용할 것이다. 대부분의 안내 음성은 세 가지 길이로 10분, 20분, 30분짜리가 있다. 이렇게 하면 경우에 따라 적합한 분량의 명상을 선택할 수 있는 장점이 있다. 이를테면 아침과 저녁 각 1회씩 10분 명상을 할 수도 있고, 아니면 하루 1회 20분 명상을 할 수도 있다. 또 각 명상의 30분 버전을 매주 한 번씩 하는 것을 목표로 삼을 수도 있다. 집에 돌아온 후에 명상을 한다면 먼저 간단한 간식과 음료를 먹는 것이 좋다. 미미한 배고픔과 목마름이라도 수련에 방해가 될 수 있기 때문이다. 화장실도 미리 다녀온다. 이른 아침에 명상을 한다면 전날 조금 일찍 잠자리에 들어야 할 수도 있다. 그래야 잠을 줄여 가며 수련하거나 허둥지둥 수련하는 일을 막을 수 있다.

수련을 뒤로 미루는 일을 예방한다는 점에서 규칙성은 매우 중요하다. 처음에는 시간을 내기가 힘들다고 느껴질 수 있지만, 명상은 시간을 잡아먹기보다 오히려 벌어 준다. 무엇보다 중요한 일은 명상 수련에 전념하겠다고 스스로 다짐하는 것이다. 명상은 '실제' 수련을 필요로 한다. 명상이 많은 사람에게 도움이 된다고 판명되었지만 매일 꾸준히 시간을 투자할 때 큰 효과를 발휘한다는 점을 명심해야 한다. 명상 수련의 이로움을 온전히 내 것으로 만들기 위해서는 8주 과정을 끝마치는 데 전념해야 한다. 즉각적인 이로움이 생기지 않는 것처럼 보일 수도 있지만, 많은 참가자가 첫날 프로그램부터 편안함과 행복을 느꼈다고 말한다.

각 주의 첫째 둘째 날에 안내 음성을 따라 해 본 다음, 그 뒤부터 어떻게 수련할지 선택할 수 있다. 예를 들어 수련 시작부터 끝까지 계속 안내 음성을 들으며 수련할지, 아니면 그 주의 나머지 날에는 최소 지침 버전을 들으며 수련할지 선택할 수 있다. 주별 프로그램을 진행하면서 5분마다 종소리를 울리는 무음 트랙을 사용할 수도 있다. 물론 명상 수련에 익숙해지면 안내 음성이나 종소리 없이 완전히 혼자 수련할 수 있다. 무음 트랙을 듣든 혼자서 수련하든, 기억을 환기하기 위해 언제든 안내 음성으로 되돌아갈 수 있다. 실제로 경험 많은 명상가도 종종 안내 음성을 들으며 명상을 한다. 또한 많은 사람이 자신의 명상 체험을 기록하는 일이 명상의 이로움을 온전히 자기 것으로 만드는 데 도움이 된다고 말한다.

이 과정을 따라가면서 언제든지 수련을 내려놓을 수 있음을 아는 것도 중요하다. 가끔씩 자신에게 물어보라. '이 수련이 지금 나에게 필요한가?' 또는 '이 수련이 지금 나에게 도움이 되고 있는가?' 만약 그렇지 않다고 느낀다면 잠시 수련을 내려놓은 뒤, 계속할 수 있다고 느껴질 때 다시 수련으로 돌아오라.

일상의 마음챙김

앞서 말했듯이 프로그램을 구성하는 두 번째 부분은 '일상의 마음챙김'이다. 이것은 마음챙김을 일상생활의 자연스러운 일부로 삼는 간단한 수련이다. 일상의 마음챙김은 아침에 일어나 주변 세상에 의식적으로 주의를 기울이거나 음료와 식사, 간식을 먹을 때 거기에 깨어 있는 주의를 가져가는 것으로 구성된다. 이렇게 하면 마음챙김이 일상의 자연스러운 일부가 될 뿐 아니라, 지금껏 미묘하지만 강력한 영향을 미쳤던 부정적인 생각과 행동 습관에서 조금씩 벗어나는 데도 도움이 된다. 이로써 점차 새롭고 창의적인 사고방식으로 옮겨 갈 수 있다. 호기심과 가벼운 마음으로 실천해 보길 바란다.

일주일 중 6일은 명상을 한다. 어느 요일을 쉬든 상관없다. 그리고 일상의 마음챙김 과제는 각 장의 지침에 따라 해야 한다. 하루 이틀 명상을 빼먹었다고 해서 걱정하지 말라. 다른 날에 보충하면 된다. 그렇게 했다면 다음 주 프로그램으로 나아간다. 만약 일주일에 3일 이상 명상을 하지 못했다면 그 주 프로그램을 다시 시작할 것을 권한다. 이 명상은 반복을 통해 힘을 얻는다는 점에서 권장 일수를 채우기 위해 최선을 다할 필요가 있다. 사느라 바빠서 한동안 수련을 멈추는 게 드문 일은 아니다. 다만 몇 주 동안 완전히 수련을 멈춰야 한다면 처음부터 다시 프로그램을 시작하는 것이 좋다. 그러더라도 자신을 비난하지 말라.

처음 명상 프로그램을 시작할 때 몇 차례 부정 출발을 하거나 중간에 멈추는 것은 흔히 있는 일이다. 그럴 때 자신을 가혹하게 대하기보다 '마음챙김에 실패란 없다'라는 사실을 부드럽게 상기하라. 정말이다. 당신은 결코 마음챙김에 실패할 수 없다. 물론 프로그램을 완료하는 데 기대보다 오랜 시간이 걸릴 수는 있다. 그런 경우라면 할 수 있다고 느낄 때 다시 고삐를 잡으면 된다. 계속해서 부정 출발을 하거나 삶에서 명상이 자리 잡는 데 오랜 시간이 걸린다고 해도 그것 자체가 소중한 교훈이 될 수 있다. 생각만큼 향상이 이뤄지지 않는다고 느껴져도 (또는 충분히 노력하지 않는 자신을 발견한다 해도) 자신을 비난하는 일은 피해야 한다. 연민의 마음으로 자신을 대하며 스스로의 삶에 대한 이해를 키우는 것 또한 본 프로그램에서 의도하는 중요한 교훈이다. 이것 역시 나름의 방식으로 용기와 회복력을 길러 줄 것이다.

핵심 프로그램을 마치는 데는 총 8주가 걸린다. 어쩌면 정식 프로그램을 모두 마친 뒤에도 계속해서 명상을 하고 싶을지 모른다. 그런 사람들을 위해 이 책의 마지막 장에 느낌 색조에 대한 알아차림을 생활화하는 방법을 정리해 두었다.

주별 프로그램 개요

이 책의 목적은 모든 알아차림의 순간에 함께 일어나는 느낌 색조를 살펴봄으로써 마음챙김 수련을 심화하는 것이다. 느낌 색조를 탐색하는 작업은 모든 마음챙김 수련에서 중요하게 다뤄야 하는 근본 주제임에도 불구하고, 지금껏 대부분 암묵적이거나 눈에 보이지 않게 숨겨져 있었다. 이 책의 프로그램은 이를 드러내고자 한다.

첫 2주는 전체 과정의 주춧돌 역할을 한다. 만약 처음 마음챙김을 접한다면 첫 2주에서 전체 프로그램을 진행하는 데 필요한 핵심 기술을 배울 수 있다. 만약 어느 정도 명상 경험이 있다면 이후에 소개할 느낌 색조 수련에 필요한 조금 다른 기술을 배울 수 있을 것이다. 당신이 이 수련 기술에 익숙하다 해도 실제로 연습해 보면 얻는 게 많을 것이다. 이 기술들은 지금껏 강조하지 않았던 마음챙김의 측면, 즉 느낌 색조가 어떻게 생각·느낌·감정·행동을 이끄는지 하나씩 드러내 보여 주는 데 초점을 맞추기 때문이다.

- **1주 차에는** 현재 순간에 '주의집중의 닻'을 내리는 다양한 방식을 살펴본다. 주의집중의 닻이란, 마음이 특정 대상에

서 벗어나 다른 곳으로 떠돌 때 다시 주의를 집중할 수 있는 대상을 말한다. 전통적인 마음챙김에서는 주로 호흡을 주의집중의 닻으로 삼는다. 호흡 감각을 놓치지 않고 따라가면서 매 순간 그것이 어떻게 변하는지 관찰하는 건 마음챙김의 핵심 기술 중 하나이다. 간혹 호흡을 주의집중의 닻으로 삼기 어려워하는 사람도 있다. 이들에게는 발이나 손의 감각, 앉거나 누웠을 때 바닥에 닿는 지점에서 느껴지는 매 순간 변화하는 감각에 주의를 기울이는 방법을 권한다.

- **2주 차에는** 마음이 방황할 때 어떻게 대응해야 하는지 살펴본다. 어느 정도 마음챙김 수련을 해 본 사람은 마음이 방황할 때 마치 잘못을 저지르다 들킨 것처럼 즉각 호흡으로 돌아오려고 한다. 그러나 이때 해야 할 일은 마음이 방황하고 있음을 깨닫는 것이다. 마음이 방황하고 있음을 깨닫는 순간이 곧 마음챙김의 순간이다. 2주 차에는 의도적으로 잠시 멈춰서, 집중이 흐트러졌음을 알아차리고 쉽지 않은 작업을 하고 있는 자신에게 감사함으로써 지금 이 순간에 머무는 힘을 기른다. 이런 긍정적 강화는 웰빙을 증진할 뿐 아니라 장기적으로 매우 효과적이다.

이렇게 기초를 쌓았다면, 이후 3주간은 연속되는 세 단계를 거치며 느낌 색조를 살펴볼 것이다. 첫째, 마음이 방황할 때마다, 둘째, 마음챙김 걷기를 하면서, 셋째, 날숨을 내쉬는 동안 느낌 색조를 탐구한다. 3주에 걸쳐 느낌 색조 알아차리기의 핵심 기술을 하나씩 익혀 갈 것이다. 느낌 색조 알아차리기는 삶을 변화시킬 수 있다. 3~5주 차에는 붙잡기 어렵고 계속해서 변화하는 느낌 색조의 본질을 알아보는 법을 배운다. 또 우리의 생각, 느낌, 행동의 많은 부분이 합리적 사고만큼이나 느낌 색조에 크게 의존하고 있음을 배울 것이다. 실제적이고 본능적인 방식으로 이를 배우고 나면 다시금 자기 삶에 대한 통제력을 회복하게 된다.

- **3주 차에는** 느낌 색조를 탐구한다. 마음이 방황할 때(혹은 마음이 방황하고 있음을 알았을 때)와 신체감각을 알아차리는 순간, 느낌 색조에 집중하는 것으로 이 과정을 시작한다. 이를 통해 주의가 산만해지는 건 큰 문제가 아님에도 마음이 그것을 폭풍으로 증폭시켜 급박함을 불러일으킨다는 사실을 알게 될 것이다. 삶의 질을 떨어뜨리는 주범은 바로 이런 급박감이다. 3주 차에서 이 과정이 실제로 어떻게 발생하는지 살펴볼 것이다. 또 우리 마음이 즐거운 대상은 붙잡으려고 갈망하고, 불쾌한 대상은 밀쳐 내려 하며, 무덤덤한 대상은 놓치는 경향이 있음을 배울 것이다. 이것이 우리가 겪는 수많은 괴로움의 근원이다. 과학적인 도구를 이용해 이를 확실히 증명할 수도 있지만, 진심으로 믿으려면 스스로 뼛속 깊이 그것을 느껴야 한다.

- **4주 차에는** 지금까지 배운 것을 활용해 삶의 질을 떨어뜨리는 갈망의 소용돌이에 빠지지 않는 법을 배운다. 느낌 색조

를 관찰하면서 있는 그대로 놓아두는 것이야말로 마음을 안정시키고 삶의 질을 높이는 가장 강력한 방법 중 하나이다. 4주 차에는 매일 느낌 색조가 일어나고 사라질 때마다 그것을 있는 그대로 받아들이는 연습을 한다. 즐거운 느낌 색조가 일어나면 '즐거운 느낌 색조'라고 인식한 다음 '이 느낌 색조를 좋아해도 괜찮아'라고 자신에게 부드럽게 말해 준다. 불쾌한 느낌 색조가 일어나면 '불쾌한 느낌 색조'라고 인식한 다음 '이 느낌 색조를 좋아하지 않아도 괜찮아'라고 역시 부드럽게 자신에게 말해 준다. 이런 간단한 행위만으로도 죄책감, 갈망, 괴로움 등 시끄럽고 끈질긴 내면의 목소리가 연기처럼 사라지는 것을 지켜볼 수 있다.

• **5주 차에는** 마치 법의학자처럼 느낌 색조가 종종 생명을 지닌 듯 보이는 현상을 자세히 살펴보면서 수련을 확장해 본다. 느낌 색조는 순간순간 일어났다 사라진다. 5주 차 명상에서는 마음이 불필요하거나 결코 하지 않을 행동에 대비해 분주히 자동반응하느라 지나쳐 버린 삶의 일면을 명료하게 바라봄으로써 관점을 향상할 것이다. 우리는 분주함 때문에 삶의 작은 것들을 알아보지 못하는 경우가 너무도 많다. 사실 이 '작은' 것들은 결코 '작지' 않다. 그것은 행복하고 의미 있는 삶을 이루는 토대이다. 따라서 5주 차에는 마음이 지나치게 분주해지고 들뜨는 순간을 알아보고, 힘들고 어려운 시기에도 존재하는 작고 즐거운 것들로 눈을 돌리는 법을 연습할 것이다. 이런 관점은 어려움이 닥쳤을 때

마음이 '만약에'라는 끝없는 상상에 기반해 만들어 내는 불안, 스트레스, 불행을 예방하는 데 도움이 된다.

3~5주 차에는 그 밖의 다른 수련법도 소개한다. 이를 통해 지금까지 배운 것을 더 확실히 다질 수 있다. 그중에는 우리 삶을 마법처럼 만들어 주는 작은 일들에 대한 '감사 수련'이 있다. 또 하루를 지내면서 느낀 전반적인 느낌 색조를 하루가 끝나는 시점에 돌아보거나 그날 하루의 주요 주제를 다시 떠올려 보는 수련도 있다.

- **6주 차에는** 지금까지 배운 소중한 지혜를 일상의 삶으로 확장하는 연습을 한다. 계속해서 당신을 괴롭히지만 눈에 보이지 않아 어떤 영향을 주는지 알아보기 힘든 일들, 다른 것으로 가장해 있지만 실은 당신의 기분과 삶의 질을 갉아먹고 당신을 탈진하게 만드는 일들에 어떻게 대처해야 하는지 배워 본다.

- **7주 차에는** 미루는 습관에 대해 살펴본다. 삶의 질을 향상하는 일을 더 많이 하고 삶의 질을 떨어뜨리는 일을 줄이려면 어떻게 해야 하는지 알아본다.

- **8주 차에는** 지금까지 배운 것을 지속하고 명상 수련을 더욱 향상하기 위해 어떤 계획을 세워야 할지 알아본다.

명상의 시간과 장소에 관하여

종종 명상 시간을 따로 마련하기 어려울 때가 있다. 분명히 그럴 것이다. 우리는 분주한 삶을 살고 있으며 처리해야 할 일이 무척이나 많다. 만약 여유 시간이 있다면 당신은 그 시간을 명상이 아닌 다른 일에 쓰고 있을 것이다. 그러니 명상할 시간을 '따로' 마련해야 한다. 장기적으로 보면 명상에 쓴 시간을 돌려받을 수 있다. 왜냐하면 명상 수련을 꾸준히 하면 삶을 간소화할 수 있기 때문이다. 만약 수련에 대한 이 정도의 전념을 여전히 어렵다고 느낀다면 자신에게 부드럽게 물어보라. '나는 하루 중 걱정하고 미루며 쓸데없는 습관에 빠져 지내는 데 얼마나 많은 시간을 쓰고 있지? 그 시간의 일부만이라도 명상 수련에 쓰겠다고 나 자신과 약속할 수 없을까?'

어떤 사람은 명상 프로그램이 자기 내면에 함몰되는 일처럼 보일까 봐 시작을 머뭇거린다. 만약 그런 경우라면 명상 프로그램을 마음에 필요한 피트니스 프로그램으로 생각하면 어떨까. 사람들은 피트니스 센터에서 일주일에 여러 시간을 달리며 운동한다. 마음을 위해서도 매일 조금의 시간을 내어 그렇게 해 보면 어떨까?

명상하는 장소

쾌적하고 평화로운 장소에서 명상하는 것이 가장 좋다. 집 안에 조용한 곳이 있으면 그곳에서 해도 좋다. 침실은 졸음을 불러오므로 피하는 게 좋지만 침실이 가장 조용하고 고요한 공간이라면 그곳에서 해도 괜찮다. 명상하는 동안 방해받지 않고 싶다고 가족들에게 알리는 것도 필요하다. 어떤 사람은 이를 불편해하는데, 주변 사람들이 마음챙김하는 자신을 이상하게 볼까 봐 걱정하기 때문이다. 그러나 실제로 친구와 가족들은 당신이 삶을 더 낫게 만드는 시간을 찾고 있다는 사실에 기뻐할 것이다.

명상을 하는 데 필요한 장비는 무엇일까? 안내 음성을 듣기 위한 휴대전화기나 컴퓨터(TV나 헤드셋, 하이파이 장치로 스트리밍해도 된다), 자리에 앉을 의자와 다리를 따뜻하게 해 줄 담요 정도면 된다. 휴대전화기로 안내 음성을 듣는다면 알림을 끄거나 무음으로 전환하고 수신 전화는 음성 사서함으로 돌린다.

명상하는 방법

대부분의 사람이 등받이가 곧은 의자에 앉는 것이 명상하기에 좋다고 생각한다. 그러나 명상 방석이나 낮은 명상 의자에 앉아도 좋다. 바닥에 앉기가 힘들다면 깔개나 매트 위에 누워서 명상할 수도 있다.

앉을 때는 척추를 의자 등받이에서 2~3센티미터 떨어뜨려 허리힘으로 상체를 똑바로 세우되 뻣뻣하지 않은 자세를 취한다. 의자 앞쪽으로 조금 당겨 앉거나 아래에 작은 방석을 깔아 골반이 무릎보다 약간 높게 위치하도록 하면 이 자세를 취하는 데 도움이 된다. 이렇게 하면 허리가 자연스러운 곡선을 그리면서 가슴이 열리는 느낌을 준다. 또한 깨어 있음과 맑은 정신을 유지하는 데도 도움이 된다. 발은 골반 너비로 벌려 바닥에 평평하게 놓는다. 그러면 힘과 안정감을 느낄 수 있다. 손은 무릎이나 허벅지 위에 편안하게 놓아둔다.

가장 좋은 명상 자세는 근육이 긴장하지 않는 동시에 깨어 있고 편안한 정신 상태를 유도하는 자세다. 어떤 자세를 취하든 억지로 힘들고 불편한 자세를 취해서는 아무것도 얻을 수 없음을 기억하라. 반드시 가부좌를 틀고 바닥에 앉아야 하는 것도 아니다. 신문과 잡지에서 가부좌 자세로 명상하는 사람의 사진을 자주 보는데 실제로는 그럴 필요가 없다. 가부좌를 틀고 명상하는 사람도 있지만 익숙하지 않은 경우라면 매우 불편할 수 있다. 가부좌 자세로 앉는다고 해서 명상 수행을 잘하는 게 아니다. 그저 동양에서 전통적으로 그렇게 앉아 온 방식일 뿐이다.

명상을 하다가 중간에 자세를 바꿔야 할 수도 있다. 다시 말하지만 그래도 괜찮다. 몸을 조금씩 움직이는 건 정상적인 일이며, 숙련된 명상가도 때로 움직일 필요가 있다. 명상 중에 몸의 자세를 바꾸는 것 또한 명상 수련의 일부로 삼으면 된다. 온전한 알아차림을 지니고 몸을 움직이면서 자세를 바꾼다. 그러면서 몸을 움직이기 전과 움직이는 동안, 움직이고 난 뒤의 느낌 색조가 어떻게 달라지는지 느껴 본다.

언제 명상을 시작할까?

잠시 눈을 감고 심호흡을 한 뒤에 지금 바로 시작하면 어떨까?

1주 차: 나의 중심 찾기

조시는 모히토(칵테일 술)를 한입 더 들이켰다. 30분 사이에 벌써 세 번째 잔이다. 조시는 음악에 맞춰 몸을 움직이면서 친구 아파트의 거실을 바라보았다. 그곳은 밝은색 술잔을 허공에 흔들며 노래하고 춤추는 사람들로 가득했다. 토요일 밤의 파티 분위기가 흥청망청 무르익고 있었다. 조시는 그런 분위기가 마음에 들었다. 그때 키가 큰 낯선 남자가 다시 다가와 대화를 시도했다. 조금 전에는 거절했지만 이번에는 미소로 화답했다. 남자는 파티의 소음을 이기고 자신의 목소리가 들리도록 조시 쪽으로 바짝 몸을 기울였다. 조시가 남자의 말을 겨우 알아들으려는 순간, 다른 목소리가 파티의 소음을 비집고 들려왔다. "조시가 이탈리아에서 온 미친 히치하이커 이야기를 꺼냈어." 자신의 이름이 귀에 들어오자 조시는 방 건너편 대화에 초집중했다. 별안간 방에 적막이 드리운 듯 단어 하나하나가 또렷이 들렸다.

　누구나 시끄러운 곳에서 자기 이름이 들리면 순간적으로 초집중

69

상태가 된다. 이른바 '칵테일파티 효과(칵테일파티에서 여러 사람이 한꺼번에 이야기하고 있어도 자신이 관심을 갖는 내용에만 주의를 기울여 듣는 것-옮긴이)'를 경험하는 것이다. 심지어 자기 이름이 불리기 전 몇 마디만으로 직감하기도 한다. 그럴 때는 시간이 몇 초 거꾸로 흘러 놓쳤던 현실을 별안간 파악하곤 한다. 그런데 어떤 의미에서 이는 '실제로' 일어나는 일이다.

칵테일파티 효과는 우리 마음이 감각기관으로 들어온 무질서한 데이터를 한데 모아 그 의미를 해석하는 놀라운 능력을 지녔기 때문에 일어난다. 마음은 감각기관으로 들어온 데이터를 바탕으로 현실에 관한 다양한 모형을 업데이트하는데, 그중 가장 적합한 현실 모형이 우리의 실제 경험이 된다(30~38쪽 참조). 다만 마음이 하나의 현실 모형에서 다른 모형으로 '트랙이 튈' 때만 우리는 이 과정을 알아보고 칵테일파티 효과를 경험한다. 이 효과는 매우 강력하며 때로는 섬뜩하기도 하다.

이렇게 하나의 현실 모형에서 다른 모형으로 마음의 트랙이 튀는 과정에서 가장 중요한 일은 주변 세상을 모니터링하고 주요 정보를 찾아내 현재의 전체적인 현실 모형을 업데이트하는 (또는 완전히 다른 트랙으로 갈아타는) 것이다. 뇌는 매 순간 감각기관으로 들어오는 실제 데이터와 머리로 내리는 예측을 비교해 '서프라이즈', 즉 예측 오류를 찾아낸다. 그리고 예측 오류가 탐지되면 이를 일으킨 원인(앞의 경우, 자신의 이름이 포함된 누군가의 목소리)으로 주의를 향한 뒤 기존의 현실 모형을 업데이트해야 하는지 확인한다. 대부분의 경우에는 약간의 조정으로 마무리되지만, 불확실성이 남아 조치가 필요하다면 지금과 다른 새로운 일이나 서프라이즈로 주의를 향해야 한다. 모든 동물은 주변 시야에 들어오는 움직임에 민감한데, 그것은 주변에 포식자가 존재할 가능성이 있기 때문이다. 인간도 다르지 않다. 인간의 뇌는 진화를 거치며 수많은 '주의산만 요인'을 탐지하도록 하드웨어에 내장되었다. 주의산만 요인을 볼 것인가 보지 않을 것인가는 우리의 선택이 아니다. 술집 벽에 걸린 깜빡이는 TV 화면에 자꾸만 정신이 팔리는 건 당신 탓이 아니다. 그것은 당신의 영장류 조상 탓이다.

우리는 TV뿐 아니라 그 밖의 다른 주의산만 요인에도 끌려 그것을 마음의 소프트웨어에 새기곤 한다. 혼잡한 파티장에서 들려오는 당신의 이름도 그런 예 가운데 하나이다. 관심을 끄는 대화도 마찬가지다. 당신이 이사와 자동차 구매, 휴가를 계획하고 있다면 도처에서 그와 관련된 정보가 눈에 들어올 테고, 그 주제에 관한 이야기에 열심히 주의를 기울일 것이다. 그러나 대개 잠깐 정신을 집중하다가도 조금 뒤에 평소의 생각으로 다시 돌아온다. 주변 세상을 놓치지 않고 따라가는 마음의 놀라운 능력에 경탄하면서 말이다.

실제로 한 가지에만 집중한 채 다른 것을 모두 무시하려 해도 마음은 중요한 어떤 것에 주의를 기울여야 할 경우에 대비해 주변 세상을 끊임없이 모니터링한다. 그런데 칵테일파티에서 들려오는 당신의 이름처럼 아주 분명한 방식으로만 주의가 전환되는 것은 아니다. 주의는 우리가 잘 인지하지 못하는 채로 다른 대상으로 향하기도 한다. 이런 은밀한 주의 전환은 칵테일파티에서 불리는 당신의 이름에 주의를 향한 경우보다 장기적으로 더 큰 영향을 미친다.

이것이 작동하는 방식은 이렇다. (온전히) 주의를 기울이지 않으면, 당신은 '예측 오류'가 계속 쌓이는 것을 알아보지 못한다. 예측 오류를 알아봐야 하는 이유는 예측 오류를 통해 실제 세계와 접촉하면서 자기만의 단절된 시뮬레이션 안에 살지 않을 수 있기 때문이다. 예측 오류는 사소하지만 짜릿한 놀라움이다. 그것은 우리를 충일한 의식으로 다시 데려가며 호기심의 불꽃을 일으킨다. 예측 오류는 삶의 기쁨을 안기는 원천이다. 황홀한 마법을 선사하며 삶을 살 만한 가치가 있는 것으로 만든다.

'우리가 포착해야 하는 메시지는 오류에 있다.' 언뜻 이해되지 않는 이 관점에 대해 잠시 살펴보자. 당신은 막 좋아하는 음식을 먹으려는 참이다. 그때 마음은 이 음식이 어떤 맛이고 입속에서 어떻게 느껴질지 예측한다. 그 예측은 꽤 정확한 시뮬레이션일 것이다. 그럼에도 아직 실제 현실은 아니다. 음식을 먹으며 각각의 맛에 온전히 주의를 기울이면 당신이 실제 경험하는 맛은 조금 전 생각으로 시뮬레이션한 것과 차이가 날 수 있다. 즉, 시뮬레이션에 오류가 있을 수 있다. 우리는 평소 이것을 알아보지 못한 채 지나치는 경우가 많다. 지금 당신은 시뮬레이션이 아니라 실제로 음식을 맛보고 있다. 실제로 먹고 있는 음식의 맛은 시뮬레이션을 돌리며 예측한 것보다 훨씬 뛰어날 수도 있다. 음식에서 미세한 풍미와 향, 식감을 경험하고 음미할 수 있다. 이것은 흉내가 아니라 절대적인 현실이다. 그렇지만 온전히 주의를 기울이지 않으면 알 수 없다. 그 밖의 수많은 대상도 마찬가지다. 피부에 닿는 햇볕의 느낌, 갓 구운 신선한 빵의 냄새, 사랑하는 이의 미소, 포옹과 키스, 공원에서 뛰노는 아이들의 웃음소리가 모두 그렇다. 우리가 온전히 주의를 기울이지 못한 채 지나치는 것들의 목록에는 끝이 없다.

다행히도 이런 지나침은 불가피한 일이 아니다. 우리는 특별한 방식으로 주의를 기울이는 법을 배울 수 있다. 주변 세상과 다시 연결하는 방식으로 말이다. 그렇게 하면 놀라운 일이 벌어진다. 세상을 참된 모습으로 볼 수 있고 마법과 신비, 경이로 가득한 세상이 눈에 들어온다. 이것이 이 책의 8주 과정이 선사하는 선물이다. 그저 불안과 스트레스, 우울, 탈진이 사라진 상태만이 아니다. 그 이상을 가져다준다. 삶을 되찾는 기회를 선사하고, 이로써 살아 있음이라는 단순하고 아름다운 기쁨을 당신에게 안겨 줄 것이다.

다시 삶과 연결하기

삶을 되찾는 첫 단계는 자기도 모르게 마음이 다른 곳에 휩쓸리는 때를 알아차리는 것이다. 이를 위해 먼저 해 볼 연습은 한 번에 한 가지 대상에 주의를 집중한 뒤 이 '주의의 집중광선'을 당신이 원하는 다른 대상으로 조금씩 옮겨 보는 것이다. 처음에는 쉽지 않아도 부드럽게 끈기를 가지고 연습하다 보면 주의의 집중광선이 지금 어디를 향하고 있는지, 당신이 정한 집중 대상에서 벗어나는 때가 언제인지 알아볼 수 있다. 그리고 원래 의도한 대상으로 다시 가져올 수 있다는 사실도 알게 될 것이다. 주의의 집중광선이 작동하는 방식을 지켜보고, 선택한 주의집중의 대상에서 벗어날 때마다 되가져오는 마음 훈련을 해 보자. 그러려면 우선 하루 중 일정 시간을 따로 마련할 필요가 있다.

　이 연습을 위해서는 주의를 머물 일정한 대상이 필요하다. 마음은 물가에 떠 있는 배와 같아서 밀물과 썰물에 떠내려가지 않도록 한곳에 정박시킬 닻이 필요하다. 전통적인 명상에서는 주의를 매어 두는 닻으로 호흡을 사용한다. 일부 명상가는 호흡만으로 충분하지만, 많은 명상가에게 (또는 마음이 지나치게 산만하거나 분주한 사람에게는) 호흡만으로 충분하지 않을 수 있다. 사람들은 종종 주의집중의 대상으로 부드럽게 들어오고 나가는 호흡보다 더 강력하고 쉽게 관찰되는 감각을 필요로 한다.

호흡 외에 다른 선택지가 필요한 것이다. 만약 당신이 숨을 쉬는 데 어려움이 있거나 주의산만이 심하다면 더욱 그러하다.

지금껏 호흡이 주의집중 대상으로 충분했다면 걱정할 필요 없다. 이 과정의 후반부에 우리는 호흡을 활용할 것이다. 다만 첫 주에는 주의집중의 닻으로 호흡 외에 다른 대상을 탐색해 볼 것이다. 발과 손의 느낌, 몸이 바닥에 닿는 느낌, 소리 등 외부 대상이 그것이다. 이로써 각각의 주의집중 대상이 갖는 서로 다른 성질을 경험할 수 있다. 만약 이미 마음챙김 수련을 하고 있다면 (특히 『8주, 나를 비우는 시간』을 읽었거나 그에 기초한 수업에 참가한 적이 있다면) 이 방법을 이미 알고 있다고 생각할 것이다. 그러나 이번 프로그램에는 미묘하지만 중요한 차이점이 있다. 가장 큰 차이는 웨다나, 즉 느낌 색조에 초점을 맞추는 법을 배운다는 점이다. 이전과 다른 명상법을 수련하면서 지금까지와 다른 알아차림의 색조에 초점을 맞춰 볼 것이다. 이렇게 함으로써 명상 경험과 이해가 더욱 깊어질 것이다. 이것이 지금부터 8주간 우리가 공유하고자 하는 내용의 핵심이다. 이 수련은 동양의 고대 전통과 현대 심리학 및 뇌과학에서 얻은 새로운 통찰의 보고가 되었으며, 명상에 대한 우리의 이해에 큰 변화를 가져왔다. 당신에게도 그런 일이 일어나길 바란다.

마음챙김이 해로울 수 있다?

이것은 중요한 질문이다. '부작용 없는 치료는 효과가 없다'라는 심리학의 오랜 격언이 있다. 실제로 심리치료를 받은 사람의 3~10%는 치료를 받기 전보다 상태가 악화된다고 한다.[1] 변화를 일으키는 활성 성분이 때로는 유쾌하지 않게 느껴질 수 있다. 신문 칼럼니스트 올리버 버크먼은 이렇게 표현했다. "벽에 못을 박으려면 벽을 뚫을 만큼 망치를 세게 쳐야 한다. 그러다 엄지손가락을 다치는 건 어쩔 수 없는 일이다."

우리의 경험으로 볼 때, 명상을 해서 상태가 나빠지는 건 크게 두 가지 경우이다. 첫째, 명상 중에 힘들었거나 충격적인 과거의 기억이 떠올라 압도당하는 경우다. 이때는 그것을 알아차리고 눈을 뜬 뒤 마음을 다시 안정시켜야 한다. 잠시 명상을 멈춰야 할 수도 있다. 두 번째는 마음챙김 수련을 너무 많이 하는 경우다. 하루에 몇 시간씩 수련하다가 무너지는 경우다. 이때도 같은 조언이 적용된다. 잠시 명상을 내려놓고, 필요하다면 명상 지도자의 도움을 받아야 한다.

마음챙김은 체력 단련과 비슷하다. 몸이 준비되지 않은 상태에서 무리하게 운동하면 부상을 입는다. 예방 조치를 빠짐없이 취했거나 경험이 많은 사람도 운동 중에 부상을 입을 수 있다. 그렇다고 체력 단련과 운동이 몸에 해롭다고 결론 내리지는 않을 것이다. 대신 운동 페이스를 조절할 것이다. 마음챙김 명상도 마찬가지다.

명상 중 어려움이 닥쳤을 때

명상으로 힘든 감정을 얼마간 다스리고 있다고 여겼지만, 문득 커다란 슬픔과 불안에 빠지거나 화를 내는 자신을 볼 수도 있다. 이는 매우 고통스러운 경험이다. 명상 때문에 상황이 더 악화되었다고 느끼는 사람도 있다. 그들은 힘겨운 기분과 그에 따른 기억, 공상, 계획, 걱정이 불현듯 떠올라 마음을 마구 공격한다고 느낀다. 이런 일은 누구에게나 일어날 수 있지만, 과거에 힘들고 충격적인 사건을 겪은 사람이라면 그럴 가능성이 더 크다. 이런 감정은 떠오르자마자 사라질 수도 있고 마음을 떠나지 않은 채 계속 머무를 수도 있다. 명상 1주 차에 들어가기 전에 명상과 일상생활에서 이러한 어려움이 닥쳤을 때 어떻게 해야 하는지 알아둘 필요가 있다.

- 첫째, 혼란스러운 세상을 사는 데 필요한 것, 편안함과 현존과 친절로 살기 위해 필요한 것이 사람마다 다르다는 점을 기억해야 한다. 또 같은 사람이라도 시기마다 다른 방식으로 대처하기도 한다. 이 책은 이러한 시기에 도움이 되는 다양한 방법을 제시할 것이다. 당신에게 가장 도움이 되는 방법이 무엇인지 스스로 찾아보기 바란다.

- 둘째, 자신에게 알맞은 속도로 해 나가는 것이 중요하다. 마음챙김 수련은 경험의 어느 부분도 빼놓지 않고 온전히 알아차리는 것이다. 마음챙김은 지금껏 잊고 지내던 일상의 아름다움과 즐거움에 눈뜨게 하지만 힘겨운 생각과 느낌, 감정, 충동과도 가까이 접촉하게 한다. 그러므로 이런 순간에 현명하게 대응하는 일은 모든 마음챙김 프로그램에서 매우 중요한 부분이다. 우리는 있는 그대로 놓아두고 허용하는 시간이 필요하다는 점을 종종

잊는다. 그 시간을 서둘러 지나치거나 없는 듯 외면해서는 안 된다. 필요하다면 마음챙김 강좌를 자신에게 맞추어 잠시 멈춘 뒤에 다시 시작해도 좋다는 것을 기억하라. 진정한 치유와 배움은 종종 수련을 멈춘 뒤 다음 수련을 시작하기 전 고요한 순간에 일어난다. 그러니 멈춘 시간이 시간 낭비였다거나 당신이 수련을 포기했다고 여길 필요는 없다. 잠시 멈추는 법을 배우는 것은 그 자체로 소중한 교훈이 될 수 있다. 이때 주의해야 할 몇 가지 사항과 도움이 될 만한 팁을 아래에 소개한다.[2]

갑작스러운 폭풍

어려움은 명상하는 동안만이 아니라 하루 중 낮과 밤 언제든 일어날 수 있으며, 종종 우리를 압도할 정도로 강하다. 그럴 때는 자신을 부드럽게 대할 수 있는지 살펴본다. 어려움이 일어나는 순간, 몇 차례 숨을 깊이 들이쉬고 내쉬며 발에 주의를 집중해 본다(아래 상자 참조[3]). 발에 주의를 집중하면서 발과 발아래의 바닥이 닿는 감각을 가만히 느껴 본다. 이렇게 하면 마음의 든든한 중심을 찾을 수 있고, 다음번에 어떻게 해야 할지 적절한 선택을 내리는 데 도움이 된다.

6초 스트레스 해소법: 발바닥 명상[4]

- 어깨너비로 발을 벌린 채 서서 천천히 길게 숨을 들이마신다.
- 천천히 자연스럽게 숨을 내쉬면서 발바닥으로 주의를 가져 간다.

- 파도처럼 밀려왔다 밀려가는, 발바닥에서 느껴지는 다양한 감각에 주의를 기울여 본다. 발뒤꿈치와 발가락 아래 동그란 부분에서 압박감이 느껴지거나 발 전체가 전반적으로 아프거나 따끔거릴 수 있다. 발가락 사이에서 따뜻함이나 차가움, 촉촉함이 느껴질 수도 있다. 심지어 아무 느낌이 없을 수도 있다. 어떤 느낌이든 미리 예단하지 않고 있는 그대로 느껴 본다.

이 연습은 한 차례 호흡하는 동안(약 6초) 할 수도 있지만, 여러 차례 호흡하면서 반복하면 더욱 효과적이다.

이렇게 단순한 방법이 어떻게 이토록 큰 효과를 내는 것일까?

방황하는 마음에서 주의를 거두어 발 등의 신체감각으로 주의를 향하면 마음을 채우는 '내용'이 바뀔 뿐 아니라 마음의 전체 '모드'도 변화한다. 즉, 생각 모드에서 감각 모드로 (또는 추동 모드에서 존재 모드로) 바뀌는 것이다. 추동 모드는 문제 해결에 탁월한 역량을 발휘한다. 그러니 추동 모드를 비난하지 말자. 다만 추동 모드는 주로 정신적 시간 여행을 통해 문제 해결을 시도한다. 시인 R. S. 토머스의 표현을 빌리면 '따라잡을 수 없는 미래를 향해 서둘러 달려가고 … 지나간 과거를 머릿속에서 붙잡는' 식이다.⁵ 만약 당신이 이런 생각의 고리에 갇혀 있다면, 더 많이 생각한다고 해서 생각의 고리가 멈춰지지 않는다는 사실을 알 것이다. 오히려 나쁜 기억과 위험한 미래가 머릿속에 더 많이 떠오를 것이다. 이는 불안, 스트레스, 불행을 불러일으키고 에너지를 소진시킨다. 대신 추동 모드에서 벗어나면 문제에서도 벗어날 수 있다. 감각에 집중하면 추동 모드에서 벗어날 수 있는데, 감각은 오직 현재 순간에만 일어나기 때문이다.

힘겨운 시기에 존재 모드로 들어가는 또 다른 방법이 있다. 주의의 '줌 렌즈'를 몸 전체로 확장해 몸의 감각에 주의를 기울이면서 호흡을 배경으로 하는 더 넓은 공간으로 어려움을 품어 안는 것이다. 이때 몸에서 주변 사물로 주의를 돌리는 것도 괜찮다. 의도적으로 주변을 둘러보며 의자, 카펫, 그림 등 눈에 보이는 물건에 이름을 붙여 본다. 아니면 주변에서 들려오는 소리에 집중할 수도 있다.

명상할 때 일어나는 어려움

명상을 하다 보면 화가 날 때가 있는데, 특히 최근에 문제를 겪었거나 과거의 상처가 떠오를 때 그렇다. 이런 문제는 명상 자체에 의해 다시 활성화될 가능성이 있다. 어쨌든 당신이 명상을 통해 얻고자 했던 편안한 이완과는 다른 경험이다. 이럴 때는 자신에게 선택권이 있다는 사실을 기억하는 것이 좋다. 이를 악문 채 극도의 정신적·육체적 불편함을 견디며 명상을 계속할 필요는 없다. 명상의 목적은 '마음을 단단하게' 만드는 것이 아니다. 그렇게 되면 삶과 단절되어 온전히 살아 있다고 느끼지 못하며 삶을 포용할 수 없다. 명상의 진정한 목적은 자신을 괴롭히는 문제에 능숙하고 부드럽게 대처하도록 마음을 훈련하는 것이다.

명상 중 어려움이 일어날 때는 자신이 가진 '의지'와 '능력'을 구분해 보는 것이 도움이 된다.[6] 그러면 어려움에 좀 더 머물면서 문제를 해결할지 그러지 않을지 스스로 선택할 수 있다. 더불어 문제 해결의 의지가 있다고 해도 그것이 자신에게 친절한 방법인지 스스로에게 부드럽게 물어볼 필요가 있다. '지금 나에게 문제를 해결할 능력과 힘이 있을까?' 너무 피곤하거나 마음이 힘들다면 해결 능력이 생길 때까지 어려움을 잠시 치워 두는 것도 괜찮다. 완전히 제쳐 두는 게 내키지 않는다면 그 어려움에 얼마나 가까이 다가갈 것인지 선택할 수도 있다. 어려움의 가장자리에 가만히 머물 수도 있고 조금 떨어져 바라볼 수도 있다. 아니면 알아차림을 몸 전체로 넓혀 어려움을 더 넓은 공간에 품어 안을 수도 있다. 예를 들어, 5회 또는 10회 호흡처럼 시간제한을 둔 상태에서 어려움에 머물러 볼 수 있다.

명상에 익숙해지면서 다양한 주의집중의 닻(발, 바닥에 닿는 몸의 감각, 손, 호흡)을 사용하는 법에도 점차 익숙해질 것이다. 명상 중에 어려움이 생기면 처음에 목표한 수련을 잠시 떠나 여러 가지 주의집중의 닻에 머물러도 좋다. 처음의 대상을 놓치거나 주의가 자꾸 딴 곳으로 달아나 다시 집중해야 할 때면, 다양한 주의집중의 닻에 주의를 머물 수 있다. 주의집중의 닻을 자유롭게 이동해 보거나 서로 결합할 수도 있다. 선택한 닻에 능숙하게 집중할 수 있게 되었다면 자신에게 이렇게 물어본다. '앞으로 겪을지 모르는 어려움의 한가운데서도 이 주의집중의 닻에서 느껴지는 감각에 머물러 보면 어떨까?' 자신을 부드럽게 대해야 한다. 서두를 필요는 없다. 용감해지려고 쓴웃음을 지으며 고통을 견디려 하지 말라. 자신을 너무 세게 몰아붙이지 말라. 단순하게 살펴보라. 그러면서 지금 겪고 있는 어려움에 여유를 줄 수 있는지 보라. 어려움과 함께 호흡하라. 그것이 지금 당신 곁에 있음을 알면서도 서둘러 해결하려고 덤비지 말라. 주의집중의 닻에 주의를 머무는 게 불편하다면, 눈을 뜨고 주변에 보이는 어떤 사물이든 눈에 담아 본다.

어려움이 너무 힘겹게 느껴진다면 몸에 귀를 기울이면서 이렇게 물어본다. '지금 이 순간 나의 몸과 마음이 어떻게 느끼고 있지? 무엇이 느껴지지? 지금 나에게 가장 도움이 되는 건 무엇일까?' 그러면서 길고 천천히 숨을 들이쉬고 내쉰다. 자신에게 가장 도움이 된다고 생각되는 것부터 시작한다. 휴식을 취할 수도 있고, 눈을 뜰 수도 있고, 주의를 다시 닻으로 돌릴 수도 있다. 그리고 언제든 이전 과정에서 익힌 명상 연습을 다시 해 볼 수 있다. 만약 당신의 삶이 지금과 다른 접근 방식을 요구한다면 기꺼이 그리로 나아갈 준비를 한다.

명상을 연습하는 중에 어떤 일이 일어나든 기억해야 할 점이 있다. 당신이 어려움을 겪는 동안 완전히 혼자라고 느낄지 몰라도 실은 그렇지 않다는 사실이다. 수많은 사람이 당신과 비슷한 어려움을 겪고 있으며 당신에게 도움을 주고 싶어 한다. 너무 힘들다면 잠시 멈추어 인터넷이나 오프라인에서 비슷한 생각을 가진 사람들에게 도움을 청하라. 경험이 풍부한 명상 지도자의 조언도 도움이 된다. 명상이 너무 힘들면 언제든 자격을 갖춘 의료 전문가나 심리치료 전문가에게 도움을 청하라 (284쪽 '참고자료' 참조). 이렇게 다양한 선택지를 살펴봄으로써 삶의 기복에 현명하게 대처하는 새롭고 유연한 방법을 찾을 수 있다. 유연함을 갖춘다고 해서 지금껏 배운 명상 수련을 잃어버리는 건 아니다. 오히려 자신과 주변 사람에게 도움이 되는 방법을 더 많이 보탤 수 있다.

이상과 같은 이유로 이 책의 새로운 프로그램에서는 마음을 안정시키고 마음의 중심을 잡는 법을 먼저 배워 본다. 이를 통해 순간순간 펼쳐지는 경험을 탐색하는 유리한 지점, 즉 '딛고 설 수 있는 발판'이 마련될 것이다.

1주차 수련

- **나의 중심 찾기 명상** – 하루 두 번 10분씩(명상 1.1) 또는 하루 한 번 20분씩 수련한다(명상 1.2). 익숙해지면 최소 지침 버전(명상 1.4) 이나 5분마다 종소리를 울리는 타이밍 트랙(1.5)을 사용한다.

- **나의 중심 찾기 명상**(30분) – 이번 주에 최소 하루는 30분 버전 (명상 1.3)이나 최소 지침 버전 또는 종소리를 사용해 30분 동안 명상한다.

- **일상의 마음챙김 수련: 매일 아침 깨어나는 순간, 나의 중심 찾기** – 88쪽 상자의 지침을 참조하라. 처음 며칠 동안은 안내 음 성(명상 1.6)을 들으면서 해 본다.

나의 중심 찾기 명상

준비

1. 이 명상은 매트나 카펫에 누워서 할 수도 있고 자리에 앉아 서 할 수도 있다. 누워서 한다면 다리를 겹치지 않고 양발을 서로 떨어뜨린다. 양팔은 몸에서 살짝 떨어뜨린다. 앉아서 한다면 등받이가 곧고 단단한 의자에 앉거나 쿠션이나 명

상 의자를 사용한다. 의자에 앉을 때는 다리를 꼬지 않고 발을 바닥에 평평하게 둔다. 의자의 좌석에 쿠션을 깔아 엉덩이가 무릎보다 조금 더 높이 오도록 한다. 이렇게 하면 몸이 안정감을 느낄 수 있다.

2. 어깨에 힘을 빼고 표정을 부드럽게 한다. 앉아서 하든 누워서 하든 편안하게 눈을 감는다. 눈을 뜨고 한다면 시선을 살짝 아래로 향한다. 눈을 뜨고 해도 상관없다. 이때는 가까이 있는 사물에 부드럽게 시선이 머물도록 한다.

몸과 마음의 현재 상태에 대한 알아차림

3. 지금 이 순간 진정으로 깨어 있고 집중하려는 의도에 가장 도움이 되는 자세를 찾아본다. 필요하다면 자유롭게 자세를 조정한다.

4. 앉아 있거나 누워 있는 자신의 몸 전체를 알아차리면서, 지금 내가 어떤 상태인지 자각해 본다. 지금 내 몸의 '날씨 패턴'은 어떠한가? 불안한가, 평온한가? 깨어 있는가, 아니면 피곤한가? 어떤 것이든 지금 여기에 있는 그대로 존재하도록 놓아둔다.

발

5. 준비가 되었다면, 주의를 모아 한쪽 발로 가져간다. 그때 일어나는 어떤 감각이라도 관찰한다. 먼저 바닥이나 매트 또는 지면에 닿은 발의 감각을 관찰한다. 어떤 감각이 느껴지는가? 발가락, 발바닥, 발등, 발뒤꿈치에서 따끔거림, 진동,

압박감 또는 열감이나 차가움이 느껴질 수 있다.

6. 준비가 되었다면, 이제 다른 쪽 발로 주의를 향한다. 최선을 다해 지금 이 순간 일어나고 사라지는 모든 감각에 마음을 열어 본다. 어떤 감각이 두드러지게 나타나는지, 또 어떤 감각이 의식의 배경에 어렴풋이 존재하는지 잠시 관찰한다. 특별한 현상이 일어나기를 기대하지 않는다. 아무 감각도 느껴지지 않는다면 그저 아무것도 느껴지지 않는다고 안다.

7. 마음이 계속 이곳저곳으로 방황하면 부드럽게 주의를 발로 다시 가져온다.

몸이 바닥에 닿는 느낌

8. 이제 발에서 의도적으로 주의를 거두어 바닥과 닿아 있는 몸의 감각으로 주의를 가져간다. 앉아 있다면 엉덩이가 닿는 감각에 주의를 가져간다. 눌림, 따끔거림 등이 느껴질 수 있다. 지금 여기에 존재하는 무엇이든 관찰한다. 누워 있다면 아랫다리, 엉덩이, 등, 어깨, 머리 등 바닥에 닿은 몇몇 접촉 지점이 있을 것이다. 각각의 접촉 지점에서 느껴지는 다양한 감각에 주의를 가져간다. 다른 곳으로 주의가 달아날 때마다 부드럽게 해당 부위로 주의를 되가져온다.

손

9. 바닥에 닿아 있는 감각을 내려놓고 양손으로 주의를 가져온다. 손가락과 손바닥, 손등에서 느껴지는 감각을 관찰해 본다. 아니면 손이 지금 어떤 대상이든 그것과 닿아 있는 접

촉 감각을 관찰해 본다. 손과 닿아 있는 접촉 감각이 알아차
림의 중앙 무대에 오도록 한다.

호흡

10. 준비가 되었다면, 이제 손의 감각을 내려놓고 호흡의 감각
    으로 주의를 가져간다. 숨을 쉴 때 숨이 가장 잘 느껴지는
    지점을 하나 선택한다. 코끝이나 콧구멍일 수도 있고, 목구
    멍이나 가슴일 수도 있다. 아니면 아랫배나 배꼽 주변에서
    호흡의 감각을 가장 분명하게 느낄 수도 있다. 그중 한 지
    점을 택해 주의를 머문다. 매번 숨을 쉴 때마다 그 부위에
    서 무엇이 관찰되는지 지켜본다. 들숨과 함께 숨이 일어나
    고, 날숨과 함께 숨이 꺼지는 것을 본다. 들숨과 날숨 사이
    의 빈 지점도 본다. 어떤 식으로도 호흡을 조절하지 말고,
    숨이 자연스럽게 쉬어지도록 놓아둔다. 호흡 외에 다른 대
    상으로 주의가 달아나면 다시 호흡으로 주의를 가져온다.

주의집중의 닻 선택하기

11. 계속해서 호흡에 주의를 머물지, 아니면 발·엉덩이·손 또
    는 몸과 바닥의 접촉 지점에 주의를 가져갈지 선택한다.

12. '옳거나 틀린' 방법은 없다. 어떤 방법이 지금 이 순간 주의
    를 모으는 데 가장 좋은지, 지금 이 순간 마음의 중심을 잡
    는 데 가장 도움이 되는지 살펴본다. 그런 다음 선택한 주
    의집중의 대상으로 주의를 가져가 그곳에 온전히 주의를
    머문다. 한 지점에 머물면서 최선을 다해 지금 여기에서 일

어나는 모든 감각에 의식을 연다. 그곳이 당신이 주의를 머물 중심이자 주의를 내릴 닻이다.

13. 때로 마음은 방금 정한 주의집중의 지점에 머물지 않고 다른 곳으로 달아날 것이다. 그때마다 그것은 당신의 잘못이 아님을 기억하라. 주의가 다른 곳으로 달아날 때마다 그것을 관찰하는 것 자체가 수련이다. 정해 둔 주의집중의 대상에서 마음이 달아날 때마다 '마음이 달아났음'을 알아차리면 주의집중의 닻을 새롭게 발견하는 기회가 된다. 발·엉덩이·손·호흡 등 지금 느껴지는 대상이 무엇이든 상관없이, 그것은 당신의 마음이 머물 중심을 재발견할 수 있는 또 한 번의 기회이다. 정해 둔 시간 동안 수련을 계속하라.

마무리

14. 이제 수련을 마무리하면서 이렇게 떠올려 본다. 오늘 하루를 어떻게 보냈건, 하루 중 어떤 즐겁고 불쾌한 일을 겪었든 상관없이, 지금 바닥에 닿아 있는 발의 감각, 의자에 닿은 엉덩이의 감각, 손 또는 호흡의 감각을 알아차릴 수 있는가? 그렇게 한다면 커다란 변화가 일어날 수 있다. 이런 식으로 마음이 머물 중심을 발견하면 여유와 선택, 평온의 감각이 일어날 것이다.

토리는 자신만의 주의집중의 닻을 선택할 수 있다는 점이 좋았다. 전에도 여러 번 명상을 해 봤지만 언제나 호흡에 집중했다. 그러던 중 호흡 외에 발이나 몸이 바닥에 닿는 접촉면, 손 등 여러 가지 주의집중의 선택지가 있다는 명상 지도자의 말을 듣고는 자신에게 가장 적합한 대상은 발이라고 생각했다. 하지만 실제로 명상이 진행되는 과정에서 그녀는 손에 주의를 가져가면 마음을 한곳에 머물기가 훨씬 더 수월하다는 걸 알았다. 손에 주의를 가져가자 미소 짓고 있는 자신을 발견할 수 있었다. "막상 해 보니 처음에 예상했던 것과 완전히 달랐어요. 사소한 것일 수 있지만, 나 자신이 앞으로 일어날 일에 대해 늘 고정된 생각을 한다는 걸 알았어요. 그게 늘 정확한 건 아닌데도 말이죠."

토리의 발견은 사소한 것일 수 있지만 중요한 메시지를 담고 있다. 2장에서 살펴봤듯이 마음의 기본 옵션은 과거에 일어난 일을 토대로 다음 순간에 일어날 일을 예측하는 것이다. 이 방식은 대부분의 경우에 꽤 잘 작동하지만, 그로 인해 토리처럼 앞으로 일어날 일에 관한 고정된 생각을 가지기 쉽다. 우리의 실제 경험이 예측과 크게 다르지 않다면 현실에 주의를 기울일 동기가 줄어들고, 그에 따라 현실(실재)에 온전히 주의를 기울이지 않게 된다. 이를 깨달은 토리는 매일의 명상 수련을 새로운 실험으로 삼기로 했다. 명상 수련에서 무엇을 보게 될지 예단하지 않기로 한 것이다.

"실제로 명상을 하면서 내가 정한 주의집중의 닻이 하루하루 자연스럽게 바뀌는 걸 보았어요. 전에는 이걸 몰랐어요. 그리고 조금 이상하게 느껴졌어요. 어떤 날은 주의가 안정적으로 닻에 머물다가도 다음 날은 그렇지 않았거든요. 그래서 주의집중의 닻을 매일 바꿔 보았죠. 그러자 각각의 닻이 매번 새롭고 또렷한 신호로 다가왔어요. 이 명상의 초기 단계에서 나는 되도록 간단하고 쉬운 닻을 원했던 터라 깔끔하고 강한 신호가 나에게 더 잘 맞았어요."

댄도 마찬가지였다. "내가 가장 선호하는 주의집중의 닻은 바닥에 닿아 있는 발이라고 늘 생각했어요. 바닥에 닿은 발의 감각이 잘 느껴졌거든요. 그러다 손으로 주의를 보내 봤어요. 그러자 정말 살아 있는 듯 손이 따끔거리는 게 느껴졌어요. 그 밖에도 손에는 무척 다양한 감각이 일어나고 있었어요. 한 손이 다른 손 위에 포개져 있는 가벼운 느낌이 좋았죠. 마치 몸이 나에게 고마움을 전하는 것 같았어요. 전에는 이걸 알아본 적이 없었어요. 눈물이 날 뻔했죠. 뜻밖의 경험이었어요. 그런데 다음 날은 달랐어요. 마음이 한곳에 머물지 않고 이곳저곳 돌아다녔어요. 마치 발과 손이 서로 주의집중의 닻이 되려고 다투는 것 같았죠. 결국 나는 호흡을 의식의 배경에 둔 채 발을 주의집중의 닻으로 선택했어요. 그러자 마음이 아주 편안해졌어요."

일상의 마음챙김 수련:
매일 아침 깨어나는 순간, 나의 중심 찾기

아침에 잠에서 깨어나는 순간은 많은 사람에게 취약한 순간일 수 있다. 몇 초, 몇 분간 잠이 덜 깬 몽롱한 상태가 지속되기도 한다. 이 상태는 우울증에 따라오는 축 처진 상태와 비슷한 느낌이어서 과거의 불쾌한 생각과 감정을 다시 불러일으키기도 한다. 하지만 아침에 잠에서 깨어나는 순간이 취약한 시간이라는 점을 알면, 지금 자신에게 어떤 일이 일어나는지 알아보는 데 도움이 된다. 추가적인 도움이 필요하다면 이번 주 2~3일 동안 아침에 해 볼 수 있는 간단한 명상(명상 1.6)을 따라 해

보기 바란다. 그런 다음, 남은 한 주 동안 혼자서 수련해 본다.

이 수련은 아침에 침대에서 나오기 전 몸의 느낌에 주의를 기울이도록 초대한다. 무거움, 불편함, 피로감, 가벼움, 활기 등 몸에서 일어나는 어떤 신체감각이라도 관찰한다. 시간이 지나면서 그 감각들이 어떻게 변하는지, 당신이 그 감각에 어떻게 반응하는지도 관찰해 본다. 당신은 잠을 잘 잤다고 (혹은 못 잤다고) 판단을 내리고 있는가, 아니면 오늘 하루를 어떻게 보낼까를 마음에 떠올리고 있는가? 일어나는 생각과 느낌을 없애려고 할 필요는 없다. 단지 일어나는 생각과 느낌, 그리고 그에 대한 자신의 반응을 부드럽게 연민의 마음으로 관찰한다. 이제 깨어 있는 마음으로 몇 차례 숨을 쉬고 거기에 알아차림을 가져가면서 이 간단한 수련을 마무리한다.

토리와 댄의 경험에서 놀라운 점은 그들이 마음챙김 초보자가 아니라 오랫동안 명상을 해 왔다는 점이다. 데비 역시 10년 동안 꾸준히 명상을 해 왔으며, 그녀에게는 호흡이 가장 자연스러운 닻처럼 느껴졌다. 무엇보다 호흡에 익숙했고, 적어도 처음에는 방황하는 마음을 안정시키는 데 도움이 되었다. 그러나 일주일이 지나고 명상 안내 음성에 익숙해지면서 데비는 자신의 발과 앉은 자리, 손의 감각을 더 쉽게 알아차렸다. 그렇게 다음 일주일 동안은 그녀의 발이 마음을 집중시키는 새롭고 신뢰할 만한 우군이 되었다. "지금껏 호흡을 주의집중의 닻으로 삼았는데 이제 발로 바뀌었어요. 정말 멋진 발견이었어요."

데비가 알게 된 또 하나의 사실이 있다. "발과 손, 바닥에 닿은 느낌을 느끼자 일상생활에서 기분이 흔들릴 때마다 마음의 중심을 잡는 데 도움이 되었어요. 무심코 소셜미디어를 스크롤할 때, 남편과 아이들에게 버럭 화를 낼 때, 일을 계속 미룰 때 말이죠. 이 오랜 습관이 통제권을 쥐면 나와 가족에게 피해가 간다는 걸 알고 있었어요. 그런데도 이런 일이 너무 자주 일어났어요. 마치 내 영혼의 한가운데에 커다란 구멍이 파여서 한 번 빠지면 헤어날 수 없을 것만 같았죠. 다행히 '나의 중심 찾기' 수련을 통해 몸으로 다시 돌아올 수 있었어요. 오랫동안 명상을 해 왔지만 이번 명상은 달랐어요. 나에게 더 너그러워졌어요. 내 속도에 맞춰 할 수 있었거든요. 호흡만이 아니라 다양한 주의집중의 닻을 사용해 보는 것도 큰 도움이 되었어요. 특히 머릿속으로 생각을 굴리며 끝없이 이어진 생각의 고속도로를 달리느라 벌어진 단절감을 떨쳐 내는 데 도움이 되었어요. 이 명상으로 생각의 고속도로에서 빠져나오는 '출구'를 찾았어요."

'나의 중심 찾기' 수련은 8주 과정이 끝날 무렵에도 데비가 계속해서 다시 찾은 명상이었다. "다양한 주의집중의 닻을 실험하는 능력이 큰 도움이 되었어요. 몸 안에서 단단하고 든든한 현존감을 찾을 수 있었죠. 그곳은 마음이 시끄럽게 떠들지 않는 장소였어요. 아침에 일어날 때나 낮에 움직일 때 몸의 각 부위가 마치 오랜 친구처럼 친숙하게 느껴졌어요. 특히 바쁘게 하루를 보낼 때면 주의집중의 닻이 선사하는 현존감 덕분에 안전하다는 느낌을 받을 수 있죠. 여전히 생각의 늪에 빠질 때가 있지만, 이제는 그걸 더 쉽게 알아보고 밝은 빛으로 끌어낼 수 있어요."

데비가 경험한 유익함은 점점 커져 갔다. "이제 매일 수련에서 발과 엉덩이, 손이라는 새로운 주의집중의 닻을 사용해요. 특히 몸이 바닥에 닿는 느낌을 많이 사용하죠. 그러면 신체적인 방식으로 수련을 안정시키고 명상 의자에 더 깊숙이 앉을 수 있어서 좋아요. 또 하루 중 여러 번 나 자신을 체크하는 데도 도움이 되고요. 이 방법을 사용하면 상황이 정신없이 돌아갈 때 마음을 안정시키고 마음의 중심을 잡을 수 있어요."

이번 주의 명상 수련을 시작하면서, 본 프로그램의 목적이 모든 생각과 문제를 없애는 게 아님을 떠올려 보라. 마음의 존재 모드는 당신을 지금 상태에 이르게 한 쫓기는 느낌과 지친 느낌, 압도당하는 느낌을 없애거나 해결하려 하지 않는다. 대신 분주한 마음과 혼란스러운 감정을 따뜻하고 섬세한 현존감으로 부드럽게 품어 안는다. 마음의 존재 모드에서 우리는 괴로운 감정이 실은 마음이 나를 보호하기 위해 최선을 다하는 과정에서 일어나는 자연스러운 반응임을 분명하게 알아본다. 마음은 괴로운 감정이 우리를 보호하는 유일한 방법이라고 여긴다. 그러나 그 방법은 종종 역효과를 부른다. 마음챙김은 이를 분명하게 보게 한다. 마음챙김은 우리 마음이 어떻게 괴로운 감정에 얽혀 드는지, 더 중요하게는 그때 우리가 무엇을 할 수 있는지를 보여 준다. 그 순간 할 수 있는 최선의 행동은 종종 '아무것도 하지 않는 것'이다. 아무것도 하지 않고 그저 자리에 앉아 주변을 알아차림으로써 마음에 얽힌 매듭이 저절로 풀어지도록 내버려두는 것이다.

6장

2주 차: 잠시 멈추기

젊은 부부는 들떠 있었다. 그럴 만도 했다. 부부는 브리스틀 해협(영국 잉글랜드 남서부에 있는 해협)이 바라보이는 둔 계곡 엑스무어 근처의 튼튼하고 오래된 농가로 막 이사한 참이었다. 두 사람은 이 집을 보금자리로 삼으려고 했는데, 그러자면 많은 작업이 필요했다. 집안 장식은 어렵지 않았다. 부부는 디자인에 취미가 있었고 아직 겨울 저녁은 한참 남아 있었다. 그러다 봄이 오자 정원을 만들어야 했다. 돌과 잡초, 가시덤불로 덮인 황무지 땅이었지만 부부는 화단과 채소밭의 위치를 정한 다음 땅을 파기 시작했다. 문제없이 흙을 파던 중 꽃을 심을 자리에서 커다란 돌과 맞닥뜨렸다. 거대하고 단단한 점판암 덩어리였다. 바윗덩어리를 옮기려면 두 사람이 함께 힘을 써야 했다. 두 사람은 바위 주변과 밑의 흙을 파내 바윗덩어리를 옮길 요량이었다. 쇠로 된 지렛대를 밀어 넣으며 열심히 흙을 팠지만 단단하게 박힌 바위는 꿈쩍도 하지 않았다. 마침내 부부는 이 바윗덩어리가 집과 자신들이 서 있는 거대 암반의 일부라는 사실을 알게 되었다. 남편은 굴착기와 불도저가 필요하다며 한숨을 지었지만 아내의 생각은 달랐다. "야생화로 가득한 바위 정원을 꾸며 보면 어때요?"

자신을 '더 낫게' 바꾸려는 시도는 꿈쩍도 하지 않는 바윗덩어리를 파내려는 것과 같다. 우리는 명상을 충분히 오래, 열심히 하면 마음에 들지 않는 자신의 일부를 '없앨' 수 있다고 여긴다. 그러나 우리가 바꾸고 싶은 부분이 간단히 치울 수 있는 돌멩이가 아니라 산과 황무지에 자리 잡은 거대 암반이라면? 없애고 싶은 '결점'이 불편하기는 해도 그것이 우리 마음의 깊고 근원적인 일부라면? 그리고 그 일부가 마음 저 밑바닥에서 우리를 위해 좋은 일을 하고 있다면? 혼란스러운 세상에서 우리가 잘 살아가도록 최선을 다해 노력하고 있다면? 우리가 생각하는 자신의 결점은 대부분 이와 비슷하다. 실패 또는 심지어 성격 결함으로 여기는 것이 어떤 의미에서는 우리 정신의 중요한 기반이기도 한 것이다.

그중 우리가 특히 성가시게 느끼는 '실패'는 방황하는 마음, 즉 명상 중에 가만히 있지 못하고 쉽게 산만해지는 마음이다. 하지만 마음의 방황은 결함이 아니라 마음이 가진 중요한 특징이다. 그것은 끊임없이 변화하는 세상에 적응하며 문제없이 살아가도록 우리의 본능에 미세 조정되어 있는 기능이다. 정신의 산만함은 누구나 바라는 신속함과 창의성, 적응력을 갖도록 도움을 준다. 정신의 산만함은 한쪽으로는 혼돈, 다른 쪽으로는 고착화 사이에서 균형 잡힌 줄타기를 하게 한다.

역설적이게도 정신의 산만함은 동시에 발생하는 여러 사건을 놓치지 않으면서 하나의 사건에 의식적으로 집중하는 마음의 능력에서 비롯한다. 뇌는 세상에 대한 여러 가지 모형을 구성하는데, 감각기관으로 새로운 정보가 들어올 때마다 기존의 모형을 새로 고친다. 그중 가장 우세한 모형이 승리를 거두어 우리의 실제 경험이 된다. 마음이 의식의 중앙 무대에서 일어나는 일에 집중할 때도 마음의 다른 구석에서는 주변에서 일어나는 일을 함께 인지하고 있다. 즉, 마음은 인식의 주변부에 나타나는 현상이나 자신의 세계 모형과 맞지 않는 불확실한 일에 쉽게 끌리도록 만들어져 있다. 앞서 술집의 깜박이는 TV 화면이나 사람들로 붐비는 방에서 들리는 자신의 이름을 예로 들었다. 이런 예상치 않은 일이 일어날 때마다 우리는 그곳으로 주의를 향해 (주의가 산만해져서) 불확실한 상황에 집중하면서 그것을 더 명료하게 파악하려고 한다.

정신의 산만함은 물리적인 외부 세계만이 아니라 내면의 삶에서도 일어난다. 외부 세계에서 입력되는 데이터와 마찬가지로 내면의 데이터에도 동일한 과정과 알고리즘이 적용된다. 이 과정은 우리가 인식하든 못하든 끊임없이 일어나고 있다. 우리 마음은 늘 의식의 이면에서 활동하고 있다. 언제나 불확실성과 불일치, 모호한 부분, 자신의 정신 모형과 맞지 않거나 이해되지 않는 부분을 찾아내고 있다. 그래서 과거를 돌아보고 미래를 계획하며 여러 가지 '만약의 시나리오'를 지어내는 데 많은 시간을 쓴다. 마음이 그리는 시나리오의 목록은 끝이 없다. 우리는 끊임없이 미래를 향해 있다.

이런 생각과 계획은 대부분 모호하고 불확실한 성격을 지녔다. 특히 하려고 했으나 아직 끝내지 못한 행동과 관련된 불확실성은 우리 인식을 끌어당기는 강력한 자석 역할을 한다. 예를 들어, 열어 둔 서류보관함이나 끄지 않은 텔레비전처럼 마무리 짓지 못한 일들에 우리는 본능적으로 주의를 향한다. 이런 주의분산 과정이 제대로 작동할 때 우리는 무언가를 '다시 떠올린다[re-mind]'. 어떤 의미에서는 주의가 '납치당해야 한다'라고 말할 수 있다. 왜냐하면 주의가 납치당함으로써 내가 시공간의 어디에 있는지 다시 떠올릴 수 있기 때문이다. 산만해진 주의 덕분에 우리는 삶을 꾸리고, 계획을 실행하며, 시간 약속을 지킬 수 있다. 제시간에 약을 먹고 완료해야 하는 프로젝트를 마무리 지을 수 있다. 이상하게 들릴지 몰라도 우리가 삶을 무리 없이 꾸려 가고 자신을 합리적·이성적으로 이해할 수 있는 것도 주의산만 덕분이다. 만약 친구나 가족 중에 치매에 걸린 사람이 있다면, 그들의 마음이 '다시 떠올리기'를 적절히 하지 못해 세상 속 자신의 위치에 대한 감각을 (심지어 자신의 정체성을) 잃어버리는 걸 보았을 것이다. 그리고 그것이 얼마나 끔찍한 일인지도 잘 알 것이다.

그렇지 않은 우리는 산만해진 마음이 우리를 데려가는 장소가 마음에 들지 않는다고 해도 그 근저에서 작동하는 마음의 과정에 감사할 수 있다. 왜냐하면 산만한 마음은 매일 매 순간 우리를 위해 중요한 역할을 수행하고 있기 때문이다. 다만 주의산만은 오늘날과 같은 초연결, 초고속 세상에서 너무나 자주 우리를 무너뜨린다. 지금보다 훨씬 단순한 세상에 살았던 석기시대 조상에게는 주의산만이 적절한 기능을 발휘했지만 21세기에 그것은 저주가 되어 버렸다. 이것이 주의를 매어 두는 닻이 그토록 중요한 (지난주에 우리가 주의집중의 닻을 집중적으로 살펴본) 이유이다. 주의집중의 닻을 사용해 '주의력 근육'을 튼튼히 함으로써 우리는 수시로 다가오는 불안, 스트레스, 절망의 폭풍을 견딜 수 있다.

불안, 스트레스, 절망이라는 폭풍의 강도를 줄이는 방법이 존재한다면 어떨까? 마음챙김으로 그렇게 할 수 있다. 마음챙김을 통해 우리를 위협하고 압도하는 것들을 대하는 태도와 그것과의 관계를 변화시킬 수 있다. 그런 관계를 구축하는 것이 이번 주에 탐구하려는 주제이다.

만약 방황하는 마음이 마음챙김의 적이 아니라 우군이라면 어떨까? 피트니스 센터에 등록하고 운동을 하러 간 첫날, 센터에 운동기구가 하나도 없다면 어떨까? 자전거도, 크로스 트레이너(팔과 다리를 앞뒤로 움직이는 운동기구)도, 웨이트 기구도, 러닝머신도 없이 텅 비어 있다면? 괜한 등록비만 낭비했다며 속았다고 여길 것이다. 비싼 운동기구의 사용법이나 각각의 기구가 신체 어느 부위에 효과가 있는지는 몰라도, 있어야 할 운동기구들이 모두 어디로 갔는지 무척 의아할 것이다.

이제 당신의 마음을 '정신의 피트니스 센터'라고 생각해 보자. 당신의 마음이 아무것도 없이 텅 비어 있다면 어떨까? 마치 그것은 운동기구 하나 없는 피트니스 센터에 들어가는 것과 같다. 텅 빈 마음에는 수련의 도구가 하나도 갖춰져 있지 않다. 그러나 고맙게도 당신이 명상할 때면 각종 수련 장비가 어김없이 등장한다. 생각, 이미지, 기억, 계획, 긴 할 일 목록, 메시지 확인 충동, 공상, 몽상, 걱정 등이 그것이다.

마음챙김 훈련은 이것들을 깔끔하게 없애는 방법이 아니다. 마음챙김 수련에는 오히려 이런 마음의 활동이 필요하다. 가혹한 자기비판 없이, 매 순간 의도적으로 주의를 기울이는 기술을 익히려면 익힘의 대상이 필요하다. 끊임없이 다른 곳으로 떠도는 마음 말이다. 한곳에 머물지 못한 채 이곳저곳으로 떠도는 마음은 당신에게 꼭 필요하다. 그것은 주변을 계속해서 맴돌며 당신이 몰랐던 온갖 집안 물건을 가져오는 강아지와 비슷하다. 이런 상황이 익숙하게 들린다면 마음 훈련에 필요한 것을 이미 갖추고 있는 셈이다. 마음의 활동을 멈추기 위해 이를 악물고 덤빌 필요는 없다. 명상 지도자 헬렌 마의 말이다. "아무것도 바꿀 필요가 없습니다. 단지 스위치를 켜고 마음이 그리는 패턴을 분명하게 보면 됩니다."

디폴트모드 네트워크

2011년 『8주, 나를 비우는 시간』이 출간된 뒤, 신경과학 분야에 어느 정도 혁명적인 변화가 있었다. 그와 함께 명상이 놀라운 효과를 내는 기제에 관한 우리의 이해에도 변화가 생겼다.

비교적 최근까지는 뇌와 신경계가 그저 주변에서 전달되는 자극에 반응할 뿐이라는 게 일반적인 생각이었다. 즉, 자극을 받아 행동에 들어가기 전까지 신경은 하는 일이 별로 없다고 생각했다. 과학자들은 fMRI 등의 정교한 장비를 수십 년간 사용해 왔음에도 신경 수동성에 관한 가정을 그대로 유지했다. 그 이유는 각종 실험의 주 관심사가 '자극이 주어졌을 때' 뇌의 처리 과정을 알아보는 것이었기 때문이다. 아무 일도 일어나지 않을 때, 즉 자극이 없는 동안 뇌를 스캔해 보겠다는 생각은 누구도 하지 않았다. 아마 당신이 실험 주관자라도 값비싼 영상 장비를 대여해 사람들을 장비에 연결한 채 결과 영상이 저절로 나타나기를 팔짱 끼고 기다리지는 않을 것이다. 대신 실험 참가자들에게 기억이나 주의력과 관련된 특정 과제를 수행하도록 지시할 것이다. 다른 실험군과 대조하려는 목적의 통제 과제도 수행하게 할 것이다.

그런데 이후 연구자들은 흥미로운 현상을 발견했다. 과제와 과제 사이, 즉 실험 참가자들이 아무 일도 하지 않고 쉬는 동안에도 그들의 뇌가 활발하게 움직이고 있었던 것이다. 참가자들은 이른바 '디폴트모드'로 들어가고 있었다. 디폴트모드는 컴퓨터와 텔레비전의 수면 모드와는 달리 고도의 활동성을 보인다. 당신이 쉬고 있을 때도 뇌는 끊임없이 활동 뇌파를 일으킨다. 이것을 '디폴트모드 네트워크'라고 한다.

디폴트모드 네트워크는 그보다 강한 집중이 필요한 과제가 주어지지 않는 한 쉴 새 없이 작동한다. 그러다 강한 집중이 필요한 과제가 주어지면 다른 신경 네트워크(과제 네트워크 또는 실행 네트워크)가 작동한다. 지금까지 대부분의 신경과학자는 과제 네트워크에 관심을 두었는데, 최근에야 디폴트모드 네트워크가 지닌 중요성을 깨닫기 시작했다. 뇌는 심장, 폐, 간 등 신체 주요 기관처럼 끊임없이 작동하고 있는 것으로 밝혀졌다. 신경과학자 리사 펠드먼 배럿은 『감정은 어떻게 만들어지는가?』라는 책에서 '인간 뇌의 860억 개 뉴런은 언제든 작동할 준비를 한 채 결코 잠자는 법이 없다'라고 말한다.'

지칠 줄 모르고 끊임없이 활동하는 디폴트모드 네트워크는 대체 무슨 일을 하고 있는 것일까? 펠드먼 배럿에 따르면, 간단히 말해 디폴트모드 네트워크는 예측하는 일을 하고 있다. 주변에서 나타나는 일정한 패턴을 찾고, 시뮬레이션(모의 실험)을 통해 그 패턴을 완성한다. 또 멀고 가까운 과거의 정보를 토대로 세상에 대한 정신 모형을 구축한 뒤 어떤 행동을 취할 것인지 결정을 내린다. 상상, 계획, 정신적 추론, 실제 일어난 일, 일어났을 수도 있는 일[이를 반(反)사실(counterfactuals)이라고 한다]에 관한 기억을 총동원해 미래를 계획하고 문제를 해결한다. 이 정신 모형은 다시 마음의 전체적인 모형, 즉 실재에 관해 우리가 만드는 모형에 피드백을 주어 우리의 생각, 감정, 감각,

행동을 이끈다.

　연구자들은 생각을 곱씹거나 걱정에 빠져 있을 때 디폴트모드 네트워크가 고도의 활동성을 보인다는 사실을 발견했다. 반추와 걱정에는 상상력이 필요하기 때문이다. 반추나 걱정에 빠져 있을 때는 과제 네트워크가 제대로 작동하지 않는다. 이런 이유로 우리는 지난주에 발, 바닥에 닿은 신체감각, 손, 호흡 등 다양한 주의집중의 닻을 사용해 마음의 중심을 잡는 연습을 해 보았다. 일정한 주의집중의 닻에 머물면 과제가 생겨 자연스럽게 디폴트모드 네트워크가 중단된다. 이제 그다음 단계를 밟을 차례다. 즉, 디폴트모드 네트워크의 활동에 대해 지금까지와 다른 관계를 만들어 보는 것이다. 매일의 수련이라는 실험실에서 잠시 의도적으로 삶을 멈춰 디폴트모드가 당신을 어디로 데려가는지 알아보고, 이를 통해 자신의 마음에 대한 인정·감사·경외감을 새롭게 느껴 볼 것이다.

　방황하는 마음과 그것이 일으키는 난폭하고 종잡을 수 없는 폭풍, 그것과의 관계를 변화시키고 싶은가? 그렇다면 우선 정해진 주의집중의 닻에서 마음이 떠나 있음을 처음으로 알아차리는 순간을 살펴야 한다. 닻에서 마음이 떠나는 순간, 의식적으로 잠시 멈춰 마음이 지금 어디로 떠났는지 분명하게 보아야 한다. 그러면 마음의 작동에 익숙해지면서 마음의 패턴과 그것이 반복해서 돌아가는 지점을 알아볼 수 있다. 또 잠깐이지만 그 순간에 마음이 당신을 위해 하고 있는 일에 고마움과 경이감을 느낄 수 있다. 이렇게 할 수 있다면 자기 자신과 맺는 관계에도 변화가 일어날 것이다. 쉽게 말해 절망을 친절로 바꿀 수 있다. 이 방법을 통해 두 가지를 얻을 수 있다. 첫째, 마음의 작동으로부터 한발 물러나 그것을 명료하게 바라보는 훈련을 통해 자신의 마음을 계발할 수 있다. 둘째, 자신의 마음에 친절의 감각을 가져가는 법을 배움으로써 따뜻한 가슴을 계발할 수 있다.

만약 당신이 경험 많은 명상가라면 의도적으로 잠시 멈추는 일이 어렵게 느껴질지 모른다. 왜냐하면 마음이 정해진 주의집중의 대상에서 벗어나는 순간, 당신은 곧장 그것을 처음의 대상으로 가져오는 데 매우 익숙할 것이기 때문이다. 이 과정은 매우 빨리, 자동적으로 일어나므로 깨뜨리기 어려운 습관이다. 만약 당신이 호흡으로 재빨리 돌아오는 기술을 오랜 기간 닦았다면, 이처럼 의도적으로 잠시 멈추는 일이 명상 수련을 퇴보시키거나 당신을 생각의 흐름에 끌려가게 만든다고 느낄지도 모른다. 나아가 그동안 닦은 기본적인 명상 기술을 잃어버리는 게 아닌가 걱정할 수도 있다. 그러나 개의치 말라. 당신의 기본적인 명상 기술은 나중에 필요할 때 얼마든지 다시 사용할 수 있다. 본질적으로 이번 주의 수련은 기존 선택지를 포기하는 것이 아니라 새로운 선택지를 탐색해 보는 게 목적이다. 이번 주에는 마음이 산만해지는 순간을 알아볼 뿐 아니라 산란해진 마음이 무엇을 하고 있는지(계획, 공상, 기억, 걱정 등) 알아보기 위해 잠시 멈춤을 활용하는 법을 배울 것이다. 이로써 자신의 마음에 고마움을 느끼는 순간을 점차 키워 갈 수 있다.

2주 차 수련

- **잠시 멈추기 명상** – 5일 동안 하루 한 번 20분씩(명상 2.2) 또는 하루 두 번 10분씩(명상 2.1) 진행한다. 명상 지침에 익숙해지면 최소 지침 명상(명상 2.4)을 하거나 5분마다 울리는 종소리에 맞춰 그날의 수련 시간을 자유롭게 정한다.

- **잠시 멈추기 명상**(30분) – 이번 주에 적어도 하루는 자신에게 가장 적합한 안내 음성(명상 2.3)을 들으며 30분간 앉아 본다.

- **일상의 마음챙김 수련: 하루를 지내는 동안 잠시 멈추기** – 자세한 지침은 115쪽 참조.

잠시 멈추기 명상

이 명상은 현재 순간에 중심을 잡은 채로, 마음이 방황하는 순간에 지금까지와 다른 관계를 맺도록 돕기 위해 만들어졌다.

준비

1. 매트나 깔개에 누워서 할 수도 있고, 등받이가 딱딱하고 곧은 의자에 앉아서 할 수도 있다. 온전히 깨어 있는 자세, 현

재에 존재하려는 의도에 가장 도움이 되는 자세를 취한다. 눈은 가볍게 감거나, 뜬다면 시선을 지긋이 아래로 향한다.

간단한 바디 스캔

2. 준비가 되었다면, 주의를 모아 발로 가져간다. 발에서 느껴지는 어떤 감각이라도 관찰한다. 발가락, 발바닥과 발 안쪽, 발뒤꿈치, 발등에 주의를 둔 채 나타나는 어떤 감각이라도 그것을 온전히 관찰한다. 발의 감각이 어떻게 일어나고 사라지는지, 매 순간 어떻게 바뀌는지 관찰한다. 발의 감각을 느끼는 데 '정답'은 없다는 점을 상기하면서 즐겁든 불쾌하든 호기심과 따뜻한 관심으로 발의 감각을 살펴본다.

3. 이제 천천히 아랫다리, 무릎, 넓적다리로 주의를 넓혀 본다. 그런 다음 양다리를 모두 알아차려 본다. 이어서 의자나 방석에 닿은 몸의 감각을 알아차린다. 몸이 닿는 지점에 존재하는 어떤 신체감각이라도 관찰한다.

4. 다시 한번 주의를 넓혀 이번에는 골반과 엉덩이로 올라온다. 그런 다음 허리와 아랫배, 더 올라와 상체·가슴·쇄골·등·어깨뼈까지 올라온다. 상체에서 느껴지는 어떤 신체감각이라도 모두 관찰한다.

5. 준비가 되었다면, 다시 한번 주의를 넓혀 이번에는 왼손과 왼팔을 알아차려 본다. 그런 다음 오른손과 오른팔을 알아차린다. 이어서 양어깨를 알아차린다. 목, 얼굴, 머리를 차례로 알아차린 뒤 마지막으로 몸 전체를 알아차려 본다.

6. 몸에 일어나는 어떤 감각이라도 온전히 그대로 존재하도록

허용한다. 지금 이 순간, 몸이 지금 여기에 있는 그대로 존재하도록 내려놓는다.

주의집중의 닻 선택하기

7. 준비가 되었다면, 이제 들어오고 나가는 호흡 감각 등 당신이 주의를 가장 쉽게 머물 수 있는 특정 신체 부위에 주의를 모아 본다. 바닥에 닿은 발의 감각이나 의자에 앉은 몸의 감각, 손이 닿아 있는 지점에 주의를 모을 수도 있다. 어느 곳을 택하든 지금 존재하는 감각을 순간순간 있는 그대로, 최선을 다해 느껴 본다.

잠시 멈추기: 마음을 모아 친구 되기

8. 머지않아 마음이 주의집중의 닻을 떠나 생각, 계획, 기억, 몽상으로 떠도는 것을 볼 것이다. 그러더라도 자신을 비난할 필요는 없다. 호흡으로 서둘러 돌아갈 필요도 없다. 대신 의도적으로 잠시 멈추어 마음이 어디로 방황하는지 분명하게 알아본다. 예를 들어 속으로 이렇게 말해 본다. '생각하고 있구나. 생각한다는 건 이런 거지.' 또는 '이번엔 걱정이구나. 걱정은 이런 거구나.' 또는 '이번엔 계획하고 있네? 계획한다는 건 이런 거지.'[2]

9. 마음이 이토록 다양한 일을 해낸다는 사실에 놀라면서 그것에 친절함을 가져갈 수 있는지 알아본다. 마음이 자기 나름대로 최선을 다하고 있다는 데 잠시 고마움을 느껴 본다.

10. 이제 다시 주의를 처음의 대상으로 부드럽게 가져온다. 잠

시 마음의 중심을 잡으면서, 주의집중의 닻으로 주의를 가져온다. 지금 몸의 감각에 다시 주의집중의 닻을 내린다.

11. 마음이 방황할 때 주의를 닻으로 되가져오는 것, 이것이 바로 명상임을 다시 한번 상기한다. 방황하는 마음을 계속해서 주의집중의 닻으로 되가져오는 과정을 통해 인내심과 연민심을 키우는 것, 이것이 바로 지금 당신이 하고 있는 수련임을 떠올린다.

마무리

12. 어떤 일이 일어나든 몸과 호흡을 사용해 언제라도 잠시 멈출 수 있음을 기억한다. 몸과 호흡은 하루가 순간순간 펼쳐지는 한가운데서도 당신에게 고요와 평화의 지점을 선사할 것이다.

당신은 마음의 피트니스 센터에서 어떤 시간을 보냈는가? 유용한 장비가 가득한 그곳에서, 그 모든 아름다운 혼돈 속에서 방황하는 마음을 탐색할 수 있었는가? 아니면 좌절과 낙담만을 경험했는가? 향상은커녕 시작도 못 한 채 모호한 불편감을 느꼈는가? 시작은 했지만, 마음이 방황함을 깨닫고 의식적으로 멈춰 마음과 몸으로 주의를 기울이기도 전에 또 다른 대상으로 마음이 달아났는가? 앞으로도 계속해서 마음은 달아나고 또 달아날 것이다. 이는 지극히 정상적인 일이다. 마음은 원래 방황하게 되어 있다. 말 그대로 마음은 '마음대로' 움직이는 듯하다. 어쩌면 당신은 고요하고 깨끗한 마음을 계발하지 못한 자신을 비난했을지 모른다. 이런 비난 또한 정상이다. 마음은 당신이 더 노력하도록 최선을 다해 독려하는 중이다.

엘라의 경험은 그녀를 놀라게 했다. "늘 그랬듯이 마음은 방황했고, 언제나처럼 나는 자신을 비난하기 시작했어요. 그러다 멈췄어요. 가차 없이 주의집중의 닻으로 마음을 되돌리기보다 잠시 마음을 멈춰 보았죠. 내면의 비판가가 행동에 돌입하려는 순간, 내 안의 또 다른 작은 목소리가 마음속으로 들어와 조용히 물었어요. '지금껏 네 머릿속의 재판관이 너에게 무죄 판결을 내린 적이 한 번이라도 있었니?' 답은 단호하게 '아니오'였어요. 단 한 번도 나를 무죄로 판결한 적이 없었죠. 내면의 비판가는 항상 완벽을 요구하면서 뒤에서 나를 괴롭혔어요. 내가 무얼 하든 비난을 퍼부을 준비를 하고 있었죠. 나는 내면의 비판가가 마음속에서 거의 독립적인 기능으로 늘 작동해 왔다는 사실을 깨달았어요. 그건 내게 완전히 새로운 출발이었어요. 그동안 많은 명상 지도자로부터 마음의 방황에서 돌아올 때 판단하지 말아야 한다는 말을 들었지만 전혀 와닿지 않았어요. 늘 다시 판단에 빠지는 게 나의 기본 습관이었죠. 그런데 잠시 멈추기 명상으로 판단과 반대되는 행동을 실제로 연습할 수 있었어요. 잠시 멈춰서 감사의 마음을 일으켰을 뿐 아니라 주의집중의 대상으로 돌아갈 때도 더 느긋하게 할 수 있었어요. 주 초반에 어려움을 겪었던 터라 최소 지침 수련만 하고 발과 다리는 건너뛰기로 했어요(다리에 통증이 심했거든요). 그러자 이번 주 좌선을 할 때 더 고요하게 앉아 있을 수 있었어요. 최소 지침에 따라 명상한 다음, 호흡에 대한 집중으로 쉽게 돌아갈 수 있었어요. 긴 침묵이 부담스러웠던 내게 이 방법이 해결책이 되었죠. 이런 식으로 명상을 하다 보니 마음의 방황을 알아차렸을 때 서두르지 말라는 말의 의미가 더 잘 와닿았어요.

평소 자기 비난으로 가득 차 있었지만 잠시 멈추는 것만으로도 나 자신을 연민의 마음으로 용서할 수 있었어요. 짧은 침묵과 용서의 순간으로 마음은 진정으로 편안해졌고, 부드럽게 마음을 다독여 다시 호흡에 집중할 수 있었어요."

지금 엘라에게 무슨 일이 일어나고 있는 것일까? 특정 방식으로 움직이도록 강요하지 않고 감사로써 대하면 마음은 저절로 안정된다. 멈춤과 감사는 마음의 관점을 변화시킨다. 방황하는 마음이라는 '문제'를 해결하려고 서두르지 않으면 마음에 여유 공간이 생겨나고 판단이 줄어든다. 그러면 우리 마음은 자신을 상대로 불필요한 전투를 벌이지 않는다. 이것이 마음을 명료하게 하고 집중시킬 때 얻을 수 있는 진정한 이로움이다.

잠시 멈추어 느끼는 수련의 이로움

실험에 따르면, 마음챙김을 수련하는 사람은 집중력과 주의력이 더 뛰어나고 산만함이 더 적은 것으로 나타났다.[3] 명상 훈련은 감각기관으로 들어오는 정보를 필터링하고 최적화하는 데 중요한 역할을 하는 뇌의 리듬을 향상한다.[4] 명상 기술을 일상생활에 도입하면 스트레스, 우울증 및 극도의 피로에 시달리는 사람에게 큰 변화를 가져올 수 있다. 우울증 환자가 우울증에 수반되는 주의력 및 기억력 문제를 극복하는 데도 도움이 된다.[5] 우울증 환자들은 주의분산 자극을 걸러 내는 데 종종 어려움을 겪는다.[6] 그들은 주의분산 자극에서 벗어나고[7], 중요하고 긴급한 문제와 부적절하고 덜 긴급한 문제('신호'와 '소음')를 구분하는 데 어려움을 겪는다.[8] 마음챙김은 이러한 문제에 대처하는 새로운 기술을 가르친다.

뇌의 전대상피질[ACC]이라는 부위는 과제를 모니터링하고 일을 계획대로 진행하는 역할을 한다. ACC는 감정과 관련된 뇌 부위(변연계), 작업의 인지적 통제와 관련된 부위(전전두엽피질)와 모두 연결되어 있다. 한 연구에서 숙련된 명상가들에게 뇌 스캐너를 장착한 상태로 집중 명상을 하도록 요청했다. 참가자들은 마음이 방황하는 것을 느낄 때마다 버튼을 눌렀다. 연구 결과, 마음이 방황하고 있음을 인식하는 순간 ACC의 활동이 증가하는 것으로 나타났다.[9]

명상 중에 마음이 방황하기 시작하면 ACC는 이를 감지하고 실행 제어 네트워크에 정보를 전달해 다시 주의를 집중하게 하는 중요한 역할을 한다. 연구에 따르면, 명상하는 법을 익힌 뒤에 참가자들의 ACC 기능이 향상된 것으로 나타났다.[10] ACC의 기능이 향상되었다는 건 마음의 방황을 더 일찍 알아차리고 비판적 태도 없이 자연스럽게 상황을 조정할 수 있게 되었다는 의미이다.

마음챙김 수련은 한 번에 하나의 대상에 집중하게 한다. 또 마음이 산만해졌을 때 능숙하게 대처하는 데도 도움이 된다. 이처럼 마음의 방황은 운동기구와 같으며, 산만함을 더 많이 일으키는 자기 비난이 아닌 친절과 감사로 마음과 관계 맺는 법을 배울 수 있는 기회이다.

하지만 애나의 경우처럼 이는 말처럼 쉽지 않다. "마음에 대해 경이 감을 느끼기가 어려웠어요. 보통 명상 수업에서는 이렇게 말해요. '괜찮아요. 마음은 원래 그런 거예요. 부드러우면서도 단호하게 다시 호흡으로 돌아가세요.' 그런데 이번 명상에서는 잠시 멈춰 나를 위해 일하고 있는 마음에 경이로움을 느낀 뒤 다시 호흡으로 돌아오라고 했죠. 이게 너무 어려웠어요. 나중에야 알게 된 사실은, 내가 이전 명상 수련의 관념을 그대로 지닌 채 새로운 명상 정신에 충실하지 않았다는 거였어요. 그제야 나는 낡은 관념을 부드럽게 내려놓았어요. 더불어 그동안 내가 '단호하게'라는 말을 잘못 해석했다는 것도 알았어요(사실 이 표현은 이번 명상 지침에 나오지도 않았어요). 나는 그것을 '단단히' 또는 '꽉'으로 이해하고 있었어요. 힘껏 껴안는 포옹처럼 말이죠. 그러다 '단호하게'라는 표현이 따뜻하고 사랑스럽게 지켜 주는 포옹, 즉 확고하면서도 부드러운 힘일 수 있다는 걸 알았어요. 그것을 깨닫자 '단호하게'라는 생각을 내려놓고 대신 더 큰 사랑과 배려, 연민의 태도를 가질 수 있었죠. 그 뒤로는 걱정이 사라졌어요."

때로는 명상이 잘되고 있는 것처럼 보여도 어느 순간 불쾌한 기억과 느낌이 불현듯 떠오를 수 있다. 마치 마음속 스위치가 갑자기 켜지거나 신경과 근육에 갑작스러운 자극이 가해져 몸과 마음에 날카로운 통증을 보내는 것과 같다. 제스에게 이런 일이 일어났다. 명상 수련 중에 문득 과거의 불쾌한 기억이 떠올라 죄책감이 들었다. "이토록 끔찍한 기억이 떠오르는데, 어떻게 감사와 경이로움을 느낄 수 있을까요?"

명상 2주 차에 심에게도 같은 일이 벌어졌다. 명상을 하던 중이 아니라 거리를 걷다가 가게 창에 비친 자신의 모습을 본 순간이었다. "속으로 이런 생각이 들었어요. '참 한심해. 멋있어 보이려고 용을 쓰지만

108

전혀 그렇지 않잖아. 알면서 왜 이렇게 애를 쓰고 있지?' 십대 시절 느꼈던 수많은 감정이 떠올랐어요. 아이들이 나를 놀려 댈 때였죠. 이런 기분이 들면 도저히 감사의 마음을 낼 수 없어요. 속이 무너져 내리고 세상에서 쓸모없는 존재가 된 것만 같아요."

제스와 심이 겪은 상황에서, 마음은 자신에게 사납게 소리 지르면서 정작 스스로를 돕고 있다고 여긴다. 물론 누군가에게 소리 지르는 걸 납득할 수 있는 상황이 있다. 예를 들어, 차가 쌩쌩 달리는 도로에 뛰어든 아이가 있다면 누구라도 소리를 지를 것이다. 아마 당신도 이 아이와 비슷한 상황에 처해 본 경험이 있을 것이다. 자라면서 부모, 교사, 동료들이 당신에게 화를 낸 적이 있을 것이다. 이런 일을 당하면 실패에 대한 본능적인 두려움으로 인해 습관적으로 가혹한 자기 비난을 일으킨다. 이는 내면에서 자신을 향해 고함을 지르는 현상으로 나타난다. 그러나 대부분의 경우 자신을 향한 고함은 역효과를 일으킨다. 주의의 범위를 좁혀 효과적으로 행동할 수 없게 만들고, 창의력이 줄어들며, 무엇보다 자신이 무가치한 존재라고 느끼게 한다. 여기에는 어떠한 이로움도 없다. 그럼에도 우리는 제스나 심처럼 자기 비난이라는 방법을 계속해서 고수한다.

이런 순간에 자기 마음에 경이로움과 감사를 일으키라는 조언이 비현실적으로 들릴지 모른다. 그렇다면 대신 그 순간 마음에서 일어나고 있는 다급함에 약간의 연민과 친절을 가져가 보라. 속으로 이렇게 말해 본다. '지금 상태가 마음에 들지 않아도 괜찮아. 지금 당장 뭔가를 할 필요는 없어.' 이에 대해서는 4주 차와 5주 차에 더 자세히 살펴보겠다.

마음챙김이 지능을 향상시킨다?

GRE(Graduate Record Examination)는 미국 대학원 입학에 필요한 표준화된 시험이다. 심리학자 마이클 므라젝, 조나단 스쿨러와 동료들은 마음챙김 수련이 GRE 언어추론 성적에 미치는 영향을 연구했다.[1] 그들은 학생들에게 하루 45분씩, 한 주에 4회, 총 2주간 마음챙김을 수련하도록 했다. 매 마음챙김 수업에서 학생들은 10~20분간 주의를 집중하는 연습을 했다. 단, 일어나는 생각을 억누르지 않고 자연스럽게 놓아두게 했다. 학생들은 수업 외 시간에도 하루 10분씩 마음챙김 수련을 했다.

연구자들은 이 학생들의 GRE 점수를, 매일 같은 시간 명상 대신 영양학 공부를 하면서 한 주간 집에서 먹은 음식의 양을 기록하도록 무작위로 배정한 다른 학생들의 점수와 비교했다. 또 연구에 참여한 모든 학생에게 작업 기억력을 평가하는 심리 테스트를 받게 했다. 이 테스트에는 마음의 방황(주어진 과제와 무관한 생각)을 측정하는 항목도 포함되었다.

비교 결과, 마음챙김을 수련한 그룹이 영양학을 공부한 그룹에 비해 GRE 점수가 16% 더 높게 나왔다. 연구진은 마음챙김 그룹의 점수가 더 높았던 이유가 명상 수련으로 마음의 방황이 줄었기 때문이라는 점을 알게 되었다(특히 명상을 배우기 전에 정신이 쉽게 산만해졌던 학생들의 점수가 크게 향상되었다). 이처럼 마음챙김 수련이 성적에 뚜렷한 효과를 낸 것은 어려운 문제를 만났을 때 학생들이 거기에 막혀 끙끙대지 않고 다음 문항으로 넘어갈 수 있었기 때문이다. 이로써 학생들은 다음 문항에 집중할 수 있는 정신적 역량을 확보했다. 마음챙김이 당신을 더 똑똑한 사람으로 만들어 주지는 못하지만, 당신이 가진 지능을 더욱 빛나게 만들어 줄 수는 있다.

이 모든 것에는 더 깊은 측면이 있다. 제스와 심은 마음에서 일어나는 일을 자세히 살펴보았다. 그러자 거기에 두 가지 측면이 있음을 깨달았다. 하나는 불현듯 떠오르는 불쾌한 기억이라는 최초의 산만한 생각이었고, 또 하나는 그 기억에 대한 자신의 반응이었다. 제스가 말했다. "마음에 일어나는 폭풍을 처음 알아차렸을 때, 그것을 더 자세히 들여다보았어요. 문득 명상 선생님의 말이 떠올랐어요. 선생님은 우리가 마음에 떠오르는 기억을 통제할 수는 없지만 그다음에 일어나는 일은 통제할 수 있다고 말했어요. 이것을 떠올리자 첫 기억에 대한 내 반응이 분명하게 보였어요. 그 순간 자동반응하지 않고 의식적으로 대응할 수 있음을 알게 되었죠. 실제로 그렇게 했어요. 내 안의 비판가가 일어나는 순간에, 마음에 감사와 경이로움을 느끼려는 나를 공격하는 순간에, 의식적으로 심호흡을 하고는 비난 속으로 편안히 이완해 들어갔어요. 속으로 나에게 이렇게 말했어요. '네가 나를 지켜 주려고 하는구나. 고마워.' 내 안의 비판가가 과거의 고통스러운 사건을 떠올려 마음이 행동에 들어가게 하고 있음을, 즉 마음이 방패를 들어 나를 지키려고 노력하는 중이라는 걸 알았어요. 모든 게 나를 위해서였죠. '너무도 친절하구나.' 이런 생각이 들었어요. 이렇게 마음의 방황을 알아보고 고통스러웠던 지난 과거를 떠올리자, 내 안의 비판가는 할 일을 다했다는 듯 잠잠해졌어요. 완

111

전히 입을 다물었죠. 정말 신기했어요. 나아가 내 안의 비판가에게 연민의 마음을 일으킬 수 있었어요. 그 후로 내 안의 비판가가 날뛰기 시작할 때면 그의 걱정을 알아봐 주고는 하던 명상을 계속했어요. 내게 일어난 가장 큰 변화는 일상생활에 이런 태도를 적용할 수 있었다는 거예요. 비판가가 나타날 때마다 나는 마음의 방황과 그의 걱정을 단순하게 알아봐 주었어요. 그러면 마음의 방황이 잦아들었죠. 나 자신이나 주변 사람과 전쟁을 벌이는 데 하루를 허비하기보다 조화로운 삶을 살기 시작했어요. 물론 아직도 전쟁을 벌이긴 해요. 하지만 횟수가 줄었고 덜 악의적이며 전투를 벌이는 시간도 훨씬 짧아졌어요."

미라는 조금 다른 방식으로 접근했다. "내가 주관하는 위원회가 상당히 많아요. 회의를 진행하다 보면 쉽게 화를 내면서 만사에 비판적인 사람들이 있죠. 늘 회의를 방해하는 그들 때문에 위원회가 본 사안에 집중하기 어려운 경우가 많아요. 그들이 회의 분위기를 장악하면 다른 사람들은 눈치만 보거든요. 나는 그들이 회의에 오지 않았으면 했어요. 그들과 함께하는 건 조금도 유쾌하지 않았으니까요. 그러다 이렇게 말하는 법을 배웠어요. '대단히 감사합니다. 이제 다른 분이 말씀해 주시겠어요?' 그래도 계속해서 말하려는 그들에게 나는 이렇게 말해요. '감사합니다. 말씀은 충분히 들었습니다. 다른 분께서 발언해 주시죠.' 이런 방법으로 문제가 해결되었어요. 마침내 나는 위원회 구성원 대부분이 공정함을 원한다는 걸 알았어요. 모든 사람의 발언을 똑같이 들어야 한다는 거죠. 목소리 큰 사람이 발언을 마치면 평소 말이 적었던 사람이 발언권을 얻는 식으로, 회의는 본래 의도에 맞게 진행되었어요. 이제 '머릿속의 위원회'가 산만해져 내면의 비판가가 주도권을 쥘 때, 나는 부드럽지만 단호하게 이렇게 말해요. '고마워, 네 의견은 충분히 들었어. 이제 다른 발언도 들어 보자. 어때?' 그러면 내면의 비판가는 김이 빠져 버리고 대신 나지막하고 친절한 목소리가 들려와요. 정말 신기한 일이에요."

드넓은

- 카베리 파텔

그대,
언제나 할 일 너무 많은 그대
가야 할 곳이 너무 많은 그대
그대 마음은 선풍기 날개처럼
빠르게 돌아가네
언제나 허둥지둥 허겁지겁
한시도 가만있지 못하네

네가 지쳤다는 걸 알아
네 잘못이 아니라는 것도
잠시도 쉬지 않는 뇌의 소음은
벌떼처럼 너를 위협하지
네가 눈을 감으면 쏘아 버리겠다고

벌떼들은 이렇게 말하지
'이거 안 했구나'
'저것도 준비해야지'
'그렇게 하면 안 돼'

네가 눈을 감으면 어떻게 될까
네가 없다고 세상이 무너질까

아니면 네 마음이
활짝 열린 하늘이 될까
머릿속 가득한 생각이
일출에 사라지는 구름이 될까
다만 그것을 지켜보고 미소 지을까

애나는 이 시가 마음에 들었다. 자기 이야기처럼 들렸고 미래에 대한 희망을 주었기 때문이다. 애나는 1주 차에 명상이 잘되지 않았고 2주차 초반에도 마찬가지였다. 그러다 마침내 변화가 찾아왔다.

"속으로 생각했어요. '너무 애쓰면서 불도저처럼 밀어붙이려 했구나. 명상이 효과가 있어야 한다고 말이야.' 하지만 그렇게 해도 내가 찾던 걸 얻지 못했어요. 여전히 팩팩거리며 스트레스만 쌓였죠. 그러다 내가 마음챙김 수련의 정신을 제대로 실천하지 않고 있다는 걸 알았어요. 명상 지침을 글자 그대로 따르고는 있었지만 본연의 가치를 실제로 구현하지 못하고 있었던 거죠. 한번 실험해 볼 가치가 있다는 생각이 들었어요. 수련 중에 마음이 방황할 때면, 잠시 멈춰서 지금 마음이 하고 있는 일에 경이로움을 느끼고 다시 마음의 중심을 잡았어요. 마음챙김 수련의 정신에 유념하면서 이번 주 내내 그렇게 해 보겠다고 결심했어요. 자주는 아니었지만 예전 경험을 통해 자신에게 관대함, 연민, 친절의 마음을 냄으로써 삶을 변화시킬 수 있다는 걸 이미 알고 있었거든요. 하지만 정말이지 끔찍한 기억이 떠오를 때는 친절의 마음을 내기가 쉽지 않

114

았어요. 그래도 조금씩 변화가 생겼어요. 언제라도 멈출 수 있음을 알게 된 게 큰 도움이 되었죠. 마음이 힘든 기억을 떠올리는 데는 그럴 만한 이유가 있어서라는 걸 깨달았어요. 그러자 관점이 바뀌었어요. 기억들을 키울 필요도, 상황을 악화시킬 필요도 없음을 알게 된 거예요. 기억들이 내 삶을 장악하도록 놓아둘 필요가 없었어요. 그것들이 나를 규정할 필요도 없었죠. 맞아요. 끔찍한 일들은 실제로 나에게 일어난 일이에요. 내 삶의 일부죠. 하지만 작은 부분일 뿐 결코 나의 전부는 아니에요. 마침내 2주 차 마지막에 깊은 축복감을 느끼는 순간이 찾아왔어요. 오랫동안 느껴 보지 못한 평온의 감각이었어요. 나는 정말로 '현존하고' 있었어요. 한 번도 느껴 보지 못한 현존감이었죠. 아주 놀라웠어요. 수련의 이로움을 분명하게 느꼈고, 할 수 있는 한 '나는 나쁜 사람'이라는 자기 비난을 내려놓는 훈련을 앞으로도 계속하겠다고 결심했어요. 그런데 2주 차 끝 무렵에 다시 자기 비난이 고개를 들었어요. 계속해서 편안함을 유지하지 못하는 게 실망스러웠고 '훨씬 좋아져야 하는데'라는 불편한 생각도 일어났어요. 하지만 '다시 소용돌이에 빨려 들어가는구나' 하고 깨닫는 순간, 전보다 훨씬 빨리 거기서 빠져나올 수 있었어요."

일상의 마음챙김 수련:
하루를 지내는 동안 잠시 멈추기

이번 주에는 하루를 지내는 동안 잠시 멈춰서 주변 세상에 주의를 기울여 본다. 매일 서로 다른 '감각의 문(미각, 시각, 촉각, 후각, 청각)'에 집중해 거기서 일어나는 감각이 즐겁든 불쾌하든 중간이든 잠시 그 느낌을 마음에 새겨 본다. 감각의 느낌을 알 아차릴 때 호흡이나 바닥에 닿은 발의 감각을 의식의 배경으로 삼으면 도움이 될 것이다.

- **첫째 날-미각**: 하루 중 처음 마시는 물이나 음료의 느낌 색조가 어떠한가? 아침이나 점심 식사의 첫 한술은 어떤 맛인가? 그다음 한술은 어떻게 느껴지는가?

- **둘째 날-시각**: 몸을 움직이거나 자리에 앉았을 때 눈에 들어오는 주변 세상을 관찰한다. 시야에 들어오는 모습이 즐거운지 불쾌한지 중립적인지 잠시 관찰한다.

이어지는 날에도 하루를 지내면서 각각의 감각기관에 초점을 맞춘 채 그 순간 당신이 받아들이고 있는 게 무엇인지 관찰한다. 그 순간이 지나가기 전에 그것의 느낌 색조가 즐거운지 불쾌한지 관찰한다.

- **셋째 날-촉각**
- **넷째 날-후각**
- **다섯째 날-청각**

기회가 되면 기록장에 자신의 경험을 자유롭게 적어 본다.

매일 자신의 감각으로 돌아오기

감각과 다시 연결되는 수련을 해 보니 어땠는가? 어려웠는가? 몰랐던 걸 알게 되었는가? 새롭게 활력을 얻었는가? 아니면 이것들 모두인가? 노아의 경우, 시각과 청각은 수월했지만 다른 감각에 비해 연결하기가 어려운 감각이 있었다. "눈에 보이고 귀에 들리는 것들은 언제나 '지금 여기에' 있는 것처럼 느껴졌어요. 하지만 혀에서 느껴지는 맛에는 의도적으로 주의를 집중해야 했어요. 나와 미각 사이는 (시각이나 청각보다) 거리가 더 멀게 느껴졌어요. 익숙한 커피를 마실 때조차 의도적으로 주의를 기울여야 평소 몰랐던 맛을 느낄 수 있었죠. 그러다 아주 신기한 걸 발견했어요. 한 가지 감각을 제대로 관찰하면 다른 감각도 더 생생히 살아난다는 사실이었어요. 셋째 날과 넷째 날에 이를 분명하게 느꼈어요. 숲속을 걸으면서 주변 소리에 집중하려고 마음먹자 나뭇잎 사이로 바스락거리는 바람 소리, 작은 새들의 노랫소리, 나무가 삐걱거리는 소리가 들렸어요. 이어서 숲에서 나는 냄새를 관찰했어요. 수십 가지 다양한 향기를 맡을 수 있었죠. 흙냄새, 솔잎에서 나는 송진 냄새, 심지어 촉촉한 공기 냄새까지 맡을 수 있었어요. 한 가지 냄새라고 알고 있던 것에 실은 여러 가지가 섞여 있었음을 알게 되었죠. 나는 단지 소리에만 집중하고 있었던 게 아니라 다른 모든 감각과도 연결되어 있었어요. 불현듯 내가 숲과 연결되어 있다는 느낌이 들었어요. 마치 숲의 일부가 된 것 같았죠. 모든 감각이 주변 세상과 연결되고자 촉수를 뻗고 있었어요. 모든 게 새롭고 신기해 보였던 어린 시절 이후로 이런 경험은 한 번도 해 본 적이 없어요."

노아의 경험은 우리 감각이 본연의 힘을 발휘하지 못하도록 가로

막는 정신적 차단막을 보여 준다는 점에서 중요하다. 2장에서 살펴본 내용을 되짚어 보자. 뇌는 우리가 무엇을 감지할지 경험하기 전에 예측한다. 이때 의도적으로 주의를 감각으로 돌리면 예측하는 마음이 잠시 뒤로 물러나면서 '있는 그대로의' 현재 순간으로 돌아올 수 있다. 한 가지 감각에 온전히 주의를 기울이면 다른 감각과도 자동적으로 다시 연결된다.

애나 역시 비슷한 경험을 했다. "지금 일어나고 있는 것(보이고 들리고 냄새 맡아지는 것)을 알아차리자 다른 것과도 더 잘 연결되었어요. 작은 것과 연결하면서 거기에 집중하는 것만으로도 삶을 더 풍성하게 경험할 수 있었죠. 이번 주에 나는 방 한구석에 갇혀 있던 벌 한 마리를 구해 주었어요. 마침 주변 소리에 집중하고 있던 터라 필사적으로 윙윙거리는 벌의 날갯짓 소리가 귀에 들어왔어요. 평소 같았다면 아마 듣지 못했을 거예요."

한편 제스는 이렇게 말했다. "지난주 일요일에 남자친구와 제법 긴 산책을 나갔어요. 남자친구는 체력이 예전만 못해서 힘들어했어요. 평소 그런 남자친구를 기다려 주느라 걷는 속도를 늦추곤 하는데, 그럴 때면 짜증이 확 올라왔죠. 그런 뒤에는 죄책감을 느꼈어요. 하지만 이번에는 마냥 기다리지 않기로 했어요. 대신 이렇게 생각했어요. '일상의 마음챙김을 수련할 수 있는 기회야. 지금 눈에 보이는 광경과 귀에 들리는 소리를 있는 그대로 받아들여 보자.' 연습할수록 지금 내가 서 있는 장소가 또렷이 다가왔어요. 주변 사물이 경이롭게 다가왔고, 주변을 단순하게 관찰하는 것만으로도 평온해졌어요. 신기한 경험이었어요. 마음챙김은 엄청난 변화나 깨달음을 추구하는 게 아니라 놓치고 있던 일상의 평범한 것들에 눈을 돌리는 일이라는 말의 의미를 알 것 같았어요. 이런 작은 깨달음이 쌓이고 쌓이면 마침내 평온한 알아차림의 경지에 이를 수 있을지도 몰라요."

　다른 수많은 마음챙김 영역에서도, 당신은 개념을 충분히 이해하면서도 실제 수련을 위한 동기와 시간을 내지 못할 수 있다. 우리 마음이 처리해야 할 더 중요한 문제를 계속해서 만들어 내기 때문이다. 이는 마음이 하는 자연스러운 일이다. 예측하는 마음은 완수해야 할 긴 프로젝트 목록을 가지고 있다. 하나의 프로젝트가 끝났다는 건 곧장 다음 프로젝트에 착수해야 한다는 신호에 불과하다. 이때 감각에 초점을 맞추면 '해야 할 일' 목록에서 벗어나 잠시 휴식을 취할 수 있다. 감각에 집중하는 간단한 방법만으로도 즐거움이 커질 뿐 아니라 호기심과 경이로움, 경외감에 다시 불을 붙일 수 있다. 허겁지겁 쫓기는 추동 모드가 잠잠해지면 여유 시간이 늘고 활력이 생기면서 정말로 좋아하는 일, 진짜로 해야 할 일을 의식적으로 선택할 수 있다.

　수련하는 와중에 어떤 때는 즐거운 느낌이, 어떤 때는 불쾌한 느낌이 일어남을 볼 것이다. 예를 들어, 하이킹을 떠나는 건 멋진 경험일 테지만 결국에는 몸이 지칠 것이다. 콘서트나 클럽에 간다면 감각의 향연을 누리겠지만 그것도 잠시일 뿐이다. 순간순간 너무 많은 일이 일어나고, 즐거운 감각 경험과 불쾌한 감각 경험이 뒤섞여 매 순간 변화하고 있음을 보게 될 것이다. 이것이 느낌 색조 수련의 핵심이다. 수련을 통해 이런 작은 순간들이 펼쳐지는 과정에서 각 순간이 즐겁고 불쾌하며 중립적인 느낌 색조를 일으킨다는 사실을 차츰 알게 될 것이다. 한순간 즐거운 감각이라 해도 바로 다음 순간 다른 감각의 문이 열리면서 불쾌한 감각으로 바뀔 수 있다. 좋아하는 음료를 마시려는 순간 음료가 너무 뜨겁거나 차갑거나, 너무 달거나 충분히 달지 않거나, 너무 맛이 강하거나 약하거나 혹은 무미하면, 순식간에 불쾌한 느낌이 물결처럼 일어난다. 평소 우리의 반응은 자동적이기에 이런 미세한 느낌을 잘 알아보지 못한다. 끊임없이 바뀌는 느낌 색조를 알아차리지 못한 채 그저 거기에 휘둘리고 만다. 당신이 보고 듣고 맛보고 냄새 맡고 닿는 대상이 일으키는 좋고 싫은 느낌은 당신에게 커다란 영향을 미친다. 그 영향을 알아차린다면 거기에 자동반응하기보다 의식적으로 대응할 수 있다.

애나의 말이다. "주변의 아름다움을 더 잘 알아보게 되었어요. 찬찬히 관찰하면 세상은 아름다운 것들로 가득해요. 저녁 하늘의 별이 눈에 들어왔고, 정원의 새가 눈에 들어왔고, 새소리가 귀에 들어왔어요. 심지어 빨랫줄에 맺힌 이슬방울도요. 나의 정원이라는 친숙한 공간에서 그것들을 알아차리는 일은 더없이 멋진 경험이었어요. 이제 이 작은 도시 정원에 있노라면 커다란 경이로움이 느껴져요."

7장

3주 차: 사물의 느낌 재발견하기

귀네스는 90세 노인이지만 디지털 기술을 배우는 걸 좋아한다. 어느 날 그녀는 창가에 놓인 자신의 최애 팔걸이의자에 앉아 눈을 가늘게 뜨고 진지한 표정으로 아이패드를 들여다보고 있었다. 그때 아이패드에서 연달아 찰칵하는 소리가 들렸다. "이런, 또!"

귀네스는 아이패드로 사진 찍기를 좋아하지만 어떤 때는 이 기기가 '너무 똑똑해서' 불만이다. 1초에도 여러 장을 찍어 대는 연속촬영 기능 때문이다. 버튼을 조금만 누르고 있어도 연속촬영 기능이 작동하고 만다. 실수로 이 기능이 작동하면 의자, 무릎, 코끝, 앉아 있는 반대편 벽 같은 사진을 15장이나 찍곤 한다. 촬영을 멈추기도 전에 사진들은 미디어 라이브러리에 업로드되고, 아이패드는 그녀의 재생 목록에 올라 있는 배경음악과 함께 새로운 '추억'을 만들어 낸다.

우리가 주변 세상에 대해 만들어 내는 정신 모형도 이와 비슷하다. 다만 중요한 차이가 있다. 정신에서 일어나는 연속촬영의 첫 번째 사진은 '실제' 물리세계의 객관적인 데이터를 토대로 하지만, 그다음 사진부터는 첫 사진을 지금껏 살면서 찍은 비슷한 사진들과 비교해 '내면에서' 만들어 낸다는 점이다. 정신의 연속촬영이 진행되는 과정에서 우리는 내면에서 만든 이미지를 감각기관으로 들어오는 실제 데이터와 비교해 업데이트한다. 그런데 그러지 않는 경우도 있다. 즉, 감각기관으로 들어오는 실제 정보가 기존의 내면 이미지와 충돌할 정도로 강력하거나 특별하지 않으면, 우리의 의식적 경험은 실제 지각하는 내용이 아니라 내면에서 만들어진 사진으로부터만 생겨난다. 이때 두 가지 정보 흐름이 뇌에 함께 흐른다. 하나는 감각기관에서 들어오는 날것의 데이터이고, 또 하나는 마음에서 만든 가상의 영상이다. 정신 모형의 신속한 흐름인 이 가상의 영상은 지금까지 일어난 일에 기초해, 한순간에서 다음 순간으로 넘어갈 때 일어날 일에 관한 예측을 재료로 만들어진다. 이 과정은 매우 힘들고 복잡하다. 하지만 완전히 새로운 데이터에 의존하는 것보다는 수월하다. 새로운 데이터를 처리하려면 훨씬 많은 노력이 들기 때문이다.

이 과정이 우리에게 미치는 영향은 일상생활에서도 관찰할 수 있다. 거리를 걸을 때 우리는 대개 발이 실제로 땅에 닿는 느낌을 느끼며 걷지 않는다. 걸음의 느낌에 관한 평소 예측을 토대로 가상의 정신 모형을 작동시키며 걷는다. 우리가 알고 느끼는 걷기는 이에 한정된다. 걷는 중에 발을 잘못 디디고 나서야 비로소 자신이 가상 세계에 빠져 있었음을 깨닫는다. 예를 들어, 보도에 내려서려다 발을 헛디뎠다고 하자. 도로 경계석 가장자리인 줄 알았는데 실은 도로의 흰색 선이었던 것이다. 이때 뇌에서는 흰색 선이라는 실제 시각 정보를 입력했지만, 정신 모형이 찍은 연속촬영에서는 그것을 도로 경계석으로 예측했다. 그래서 발을 헛디뎠다. 우리는 누구나 이런 경험을 수도 없이 한다. 이것이 어떤 의미인지 생각해 보자. 당신은 도로의 특정 지점을 흰색 선이 아니라 도로 경계석으로 예측했고, 보도에 내려서려는 행동은 실제 감각 정보가 아닌 예측 모형으로부터 나왔다. 이에 발을 헛디딘 당신은 자신의 정신 모형을 연속으로 업데이트하지 못하고 잠깐이나마 실제 세계와 연결되었다. 작은 실수가 실제 세계와 다시 연결하는 기회가 된 것이다. 하지만 하루를 지내며 이렇듯 실제 세계와 연결되는 순간은 그리 많지 않다.

세상은 많은 경우 예측이 가능하기 때문에 우리 뇌는 자신이 구성한 가상의 정신 모형에 의지해 계속해서 작동할 수 있다. 뇌는 지금까지 일어난 확률을 충실히 더하며, 최초의 데이터를 토대로 연속촬영을 하기만 하면 된다. 가끔 필요한 경우에만, 즉 실제 데이터가 정신 모형과 충돌을 일으키는 경우에만 실제 데이터를 확인하고 수정하면 된다. 우리는 과거 경험을 재료로 만든 이 정신 모형을 '사실'로 여기며 익숙하게 느낀다. 개인적이고 친밀한 이 정신 모형은 매우 설득력이 있다. 그러나 이 정신 모형이 드리우는 장막을 걷어 내고 실제 세상을 하나씩 관찰하는 일은 작은 노력을 기울이는 것만으로도 얼마든지 가능하다.

3장에서 에드워드 마이브리지의 연구를 살펴보았다. 그는 전속력으로 달리는 말의 네 발이 동시에 땅에서 떨어지는 순간을 사진으로 포착했다. 이는 마이브리지가 실제 데이터, 즉 전속력으로 달리는 말의 발을 한 장면씩 촬영한 일련의 사진 덕분에 가능했다. 그는 모든 장면을 거의 정지할 정도로 느리게 촬영함으로써 말의 실제 움직임 패턴을 보여 주었다. 이번 주에는 이런 식으로 자신의 경험을 바라보는 법을 배울 것이다. 아래 수련은 당신의 경험에서 무언가가 떠오르는 첫 순간의 장면을 하나씩 드러내 보여 줄 것이다. 자동반사 충동이 어떻게 일어나는지, 그에 이어 느낌 색조에 기초한 가상의 세계가 어떻게 만들어지는지 보여 줄 것이다. 이 연습을 통해 즐겁고 불쾌하고 무덤덤하게 느껴지는 순간에 토대를 둔 내면세계가 만들어지는 과정이 드러날 것이다.

당신은 이 순간들을 통제할 수 없다. 하지만 이 순간들은 당신 삶 전체의 매 순간을 만들어 가며, 세상에 대한 당신의 태도를 형성한다. 이 순간들은 미래의 순간들로 이어지는 귀중한 시간이다. 최초의 느낌 색조가 일어난 뒤의 이 순간들이야말로 우리가 이끌고 변화시킬 수 있는 순간이다. 이 순간들에 변화를 일으키려면 경험의 상류로 거슬러 올라가 생각, 느낌, 감각이 일어나는 첫 순간을 마음에 새겨야 한다. 이 연습에서 당신은 자신의 경험을 한 장면씩 살펴보는 법을 배울 것이다. 가장 먼저 일어나는 느낌을 알아보는 것이다. 여기서 느낌이란 슬픔이나 흥분, 걱정이나 편안함 등의 무르익은 감정이 아니라 경험이 일어나는 첫 순간에 느껴지는 즐거움과 불쾌함 등의 단순한 감각을 말한다. 이 단순한 감각이 그 순간의 느낌 색조, 즉 웨다나다. 처음으로 이것을 맛보기 위해 아래의 연습을 해 보자.

사물의 느낌

아래 단어들을 살펴보라. 하나씩 차례로 보면서 그것이 어떻게 느껴지는지, 즐거운지 불쾌한지 무덤덤한지 마음에 새겨보라. 옳거나 틀린 답은 없다. 골똘히 생각할 필요도 없다. 이것들을 보고 맨 처음 일어나는 반응을 살펴본다.

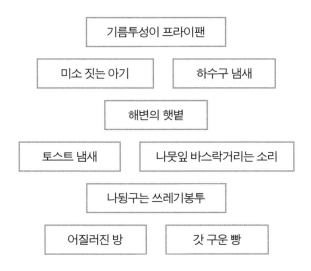

무엇을 느꼈는가? 대부분 사람이 갓 구운 빵을 머릿속에 떠올리는 것만으로도 즐거운 기분을 느낀다고 말한다. 깊이 생각하지 않아도 사람들은 자신이 갓 구운 빵을 좋아한다는 걸 본능적으로 안다. 반대로 대부분 사람은 주저함 없이 하수구 냄새를 좋아하지 않는다고 말한다. 이것 또한 즉각적인 자동반응이다. 물론 무엇을 즐겁게 느끼고 무엇을 불쾌하게 느끼는지는 사람마다 다르고 느끼는 정도도 다르다. 하지만 일정한 패턴을 읽어 낼 수는 있다.

우리가 어떻게 느낌 색조를 아는지, 느낌 색조의 세기가 얼마나 강한지 정확히 알 필요는 없다. 우리는 특정 사물이 즐거운지, 불쾌한지, 무덤덤한지 즉각적으로 감지하고 읽어 낸다. 우리는 사물의 느낌 색조에 대한 '직감'을 가지고 있다.

또한 느낌 색조에 대한 경험은 고정불변한 게 아니다. 같은 경험이라도 어떤 상황에서는 즐겁게, 다른 상황에서는 불쾌하게 느낀다. 예를 들어 햇볕 좋은 가을날에 숲속을 걷고 있다고 하자. 이때 나뭇잎 바스락거리는 소리는 즐겁게 느껴질 것이다. 그런데 그 소리가 당신의 정원에 든 도둑이 내는 소리라면 어떨까? 불쾌하게 느낄 것이다. 이런 차이는 매우 클 수 있다. 따라서 당신이 앞으로 무엇을 보게 될지 예단하지 않는 것이 중요하다. 또 느낌 색조가 일어날 때 그것의 실제 느낌을 바꿀 수 없음을 아는 것도 중요하다. '불쾌한' 느낌을 '즐겁다'라고 마음에 새기도록 훈련하는 건 불가능하다. 느낌 색조는 그저 존재할 뿐이다. 하지만 바꿀 수 있는 게 있다. 바로 느낌 색조가 일어난 뒤에 벌어지는 일이다. 느낌 색조를 알아차리는 법을 연습하면 이후 이어지는 순간들에서 느낌 색조가 일으키는 영향을 분명하게 볼 수 있다. 당신이 지금까지와 다르게 대응할 수 있는 순간은 느낌 색조가 일어난 이후의 순간이다. 당신은 느낌 색조에 이어 일어나는 부정적인 생각, 느낌, 감정, 신체감각의 연쇄반응을 차단하는 법을 익힐 수 있다. 실제로 해를 입히는 주범은 자동반사 충동 자체가 아니라 그 뒤에 일으키는 반응이다. 1장에서 보았듯이 그것은 이런 방식으로 작동한다.

'즐겁게' 느껴지는 사물은 그 느낌 색조가 일어난 바로 다음 순간, 그것이 지속되기를 바라는 지극히 자연스러운 바람으로 이어진다. 거기에는 즐거운 느낌 색조가 사라지면 어쩌나 하는 조금의 두려움도 있다. 이런 느낌은 갈망·바람·미세한 불안감을 일으키고, 이것이 불안과 스트레스·공허함과 단절감을 자극할 수 있다. 그러면 처음에 느낀 행복감에 더 강하게 집착하고 즐거운 느낌이 다시 돌아오길 갈망하게 된다. 지극히 자연스러운 현상이다.

반대로 '불쾌하게' 느껴지는 사물은 그것을 밀쳐 내려는 '혐오'의 감각을 일으킨다. 당신은 싫은 느낌으로부터 도망가고 숨고 저항한다. 이것이 긴장과 스트레스, 불안과 두려움, 불행감과 탈진을 일으킨다. 삶에게 괴롭힘을 당하고 있다는 부당한 느낌이 들 수도 있다.

한편, 즐겁지도 불쾌하지도 않은 일에 맞닥뜨리면 당신의 마음은 넋을 놓아 버릴 것이다. 지루함, 무의미함, 단절감이 일어날 수 있다. 이것이 더 큰 자극을 찾아 헤매도록 만들어 무의미함을 잊게 하는 것이면 무엇이든 찾아 나설 것이다. 이처럼 무덤덤한 중간의 느낌 색조도 당신을 감정의 나락에 빠뜨릴 수 있다.

느낌 색조는 바다의 파도처럼 끊임없이 일어났다 사라진다. 실제 수련에서도 하나의 느낌 색조가 일어나면 즉시 다음의 느낌 색조가 일어난다. 느낌 색조는 좋았다가 나빴다가 아무것도 느껴지지 않는, 작은 주기를 계속해서 반복한다. 이 과정을 통해 마음은 민첩함과 창의성을 유지하고, 본질적으로 자기를 교정하는 작업을 수행하는 중이다. 그런데 때로는 일이 잘못될 수도 있다. 이번 주부터는 어떻게 이런 일이 일어나는지 알아본다. 더 중요한 일은 행복하고 만족스럽고 평화로운 삶을 회복하도록 균형 잡는 법을 배우는 것이다. 그 첫 단계는 느낌 색조가 일어나는 순간, 그것을 한 장면씩 관찰하는 법을 익히는 것이다.

3주차 수련

• **느낌 색조 명상** – 하루 두 번 10분씩(명상 3.1) 또는 하루 한 번

20분씩(명상 3.2) 수련한다. 이번 주에는 적어도 하루 30분 동안 명상을 해 본다(명상 3.3). 명상 지침에 익숙해지면 최소 지침 버전을 들으면서 하거나(명상 3.4), 안내 음성 없이 종소리만 들으며 수련해도 좋다. 수련하면서 좋았던 점과 힘들었던 점 등 자신이 알게 된 것을 기록장에 적어 본다. 일주일에 적어도 6일은 느낌 색조 명상을 수련한다.

• **일상의 마음챙김 수련: 하루의 느낌 색조 돌아보기** – 매일 하루를 마무리하면서, 잠시 그날 하루 있었던 일을 마음에 다시 떠올려 보며 각각의 사건이 일으킨 느낌 색조를 되새기는 시간을 갖는다. 처음 며칠 동안은 137쪽 상자를 참조하거나 안내 음성(명상 3.5)을 들으면서 해 본다.

지금부터 해 볼 느낌 색조 명상에서는 우선 호흡과 몸에서 중심을 잡은 뒤 몸 표면에서 몸속으로, 주변의 소리로, 이어서 마음에서 일어나는 모든 생각과 감정으로 주의를 가져가는 연습을 해 볼 것이다. 이 명상의 목적은 일어나는 어떤 현상이든 거기에 들어 있는 느낌 색조를 관찰하는 것이다. 만약 다가올 연휴를 머릿속에 떠올리거나 주변의 새소리가 들려온다면 '즐겁다'라고 마음에 새기면 된다. 또 바깥에서 시끄러운 트럭 소리가 들려오거나 허리에 통증이 느껴진다면 '불쾌한' 느낌 색조라고 마음에 새기면 된다. 생각할 필요가 없다. 당신이 어떻게 느낌 색조를 알아보는지 알 필요도 없다. 단지 일어나는 느낌 색조를 '즐겁다', '불

128

쾌하다', '무덤덤하다'로 마음에 새기면 된다. 어떤 때는 아무런 느낌 색조가 일어나지 않는 것처럼 보일 수도 있다. 그래도 괜찮다. 어떤 일이 일어날 때마다 느낌 색조를 느껴야 하는 건 아니다. 특정 소리와 생각이 일어났지만, 그것이 즐거운지 불쾌한지 잘 모르겠다고 해도 괜찮다. 바로 다음 순간에 다른 소리와 생각이 일어날 것이다.

또한 느낌 색조를 마음에 새길 때 반드시 '즐거운', '불쾌한', '무덤덤한'이라는 단어를 써야 하는 것도 아니다. '달콤 쌉싸름한', '좋아하는', '싫어하는' 등 자기만의 표현을 사용해도 좋다.¹ 여러 가지 표현을 사용해 보면서 자신에게 적합한 것을 선택한다. 아니면 좌우로 움직이는 바늘이 달린 눈금판을 상상해도 좋다. 또는 한쪽은 빨간색(불쾌한 느낌 색조), 다른 한쪽은 초록색(즐거운 느낌 색조)이 칠해진 색상 눈금판을 떠올려도 좋다. 어떤 사람은 세상과 관계 맺는 방식이 시각 위주이고 어떤 사람은 촉각 위주이듯이, 느낌 색조를 마음에 새기는 방식도 사람마다 다르다. 첫날 수련을 하면서 어떤 방식이 가장 적합한지 알아보라. 다만 이 책의 목적에 맞게 여기서는 '즐거운', '불쾌한', '무덤덤한(중립적인)'이라는 표현을 사용한다.

느낌 색조 명상

준비

1. 의자나 방석에 편안하게 자리를 잡고 앉는다. 어깨는 편안하게 떨어뜨리고 머리는 바르게 균형을 잡는다. 매 순간 몸이 지금 여기에 존재하는, 깨어 있는 감각을 구현하는 자세

를 취한다. 이어서 1~2주 차에 했던 것처럼 주의를 매어 둘 닻을 선택한다. 호흡도 좋고, 발의 감각, 바닥에 닿은 엉덩이의 감각 또는 손의 감각도 좋다.

2. 준비가 되었다면, 알아차림의 초점을 몸 전체로 의도적으로 확장한다.

신체감각과 소리의 느낌 색조[2]

3. 앉은 자리에서, 지금 몸에서 가장 분명하게 일어나는 감각에 알아차림을 가져간다. 즐거운지 불쾌한지 아니면 무덤덤한지, 그 느낌 색조를 마음에 새겨 본다. 많은 감각에서, 느낌 색조는 매우 미세하므로 그것을 잘 모른다고 해도 괜찮다. 그저 내려놓은 채 그다음에 일어나는 감각을 기다리면 된다.

4. 준비가 되었다면, 주변의 소리로 주의를 확장해 본다. 지금 들려오는 소리가 가진 느낌 색조가 즐거운지, 불쾌한지, 무덤덤한지 마음에 새겨 본다. 깊이 생각할 필요는 없다. 소리가 들려오는 순간, 몸과 마음이 그 소리를 어떻게 느끼는지 단순히 새기면 된다.

주의산만의 느낌 색조

5. 준비가 되었다면, 소리가 의식의 배경으로 물러나게 내버려둔 채 처음에 정한 닻으로 주의를 가져온다.

6. 당신은 마음이 주의집중의 닻에서 다른 곳으로 떠도는 것을 볼 것이다. 그 순간 (앞서 신체감각과 소리의 느낌 색조를 살펴본

것처럼) 주의가 산만해지는 게 어떤 느낌 색조인지 살펴본다. 주의가 달아나는 대상은 외부의 일일 수도 있고, (기억·계획·몽상·걱정 등) 몸과 마음에서 일어나는 일일 수도 있다. 무엇이든 지금 주의를 끌어당긴 그 일이 가진 즐겁고, 불쾌하고, 무덤덤한 느낌 색조를 잠시 마음에 새겨 본다.

7. 느낌 색조를 마음에 새겼다면, 다시 몸으로 주의를 가져온다. 몸으로 돌아와 다시 한번 지금 이 순간에 주의집중의 닻을 내린다. 또다시 주의가 산만해지면 다시 한번 그것의 느낌 색조를 마음에 새긴 뒤 원래의 닻으로 돌아온다. 너무 열심히 하려고 할 필요는 없다. 느낌 색조를 알아보기 어렵다면 그저 내려놓은 채 주의를 산만하게 하는 또 다른 일이 일어나기를 기다린다.

8. 침묵 속에 앉아 혼자서 수련을 계속한다. 마음이 어디로 달아나는지 수시로 확인하면서 그때마다 일어나는 즐겁거나 불쾌한 느낌 색조를 관찰한다.

9. 만약 느낌 색조를 관찰하기가 버겁다면, 언제든 느낌 색조를 새기는 일을 내려놓고 처음의 닻으로 주의의 초점을 가져온다.

마무리

10. 이제 명상을 마무리하면서 처음의 닻으로 주의를 가져온다. 그런 다음, 매 순간 일어나고 사라지는 단순한 감각을 느껴 본다.

드루는 3주 차 명상을 수련하면서 처음 며칠 동안 명상이 잘되지 않았다. 명상 선생님으로부터 느낌 색조를 판단하거나 해석하지 말고 그저 마음에 새기라는 말을 들었지만 그러기가 어려웠기 때문이다. 그는 느낌 색조를 판단하지 말라는 말의 핵심을 이해하지 못한 채 계속해서 벽에 부딪혔다. "솔직히 악몽 같았어요. 직장에서 하루 종일 판단을 내리고 비교하는 일을 하는 내게 그저 어떤 것의 존재를 관찰하라는 지침은 쉽게 이해가 되지 않았죠. 느낌 색조를 관찰하자마자 내 머리는 곧장 행동에 돌입해 이런 질문을 퍼부으며 느낌을 판단하기 시작했어요. '정말 즐거운 느낌 색조야? … 이젠 아무것도 안 느껴지는데? … 조금 불쾌한 느낌인 것도 같아.'"

드루와 같은 경험은 보기 드문 일이 아니다. 판단과 비교는 인간의 생존에 필수적이어서 어떤 존재를 그저 알아보고 거기서 멈춰 나아가지 않는 것은 누구에게나 어려운 일일 수 있다. 무언가 '단지 존재할 뿐'이라는 생각은 특히 받아들이기 어려울 수 있다. 이는 합리적 사고와 맞지 않으며, 많은 사람이 이를 성격상의 결함으로 여긴다. 언뜻 보면 느낌 색조를 마음에 새기는 일 역시 '판단'이 아닌가 하는 생각이 들기도 한다. 즉, 특정 느낌 색조가 즐거운지 불쾌한지 무덤덤한지 판단을 내리는 일처럼 생각되는 것이다. 이때 우리는 실제로 그렇지 않은데도 마치 느낌 색조를 지적 차원에서 특정 범주로 구분하고 있다고 여긴다. 이런 어려움은 느낌 색조 자체가 가진 특성 때문에 더 커진다. 피곤하거나 스트레스를 받거나 허둥댈 때면 느낌 색조가 매우 빠르게 일어났다가 사라진다. 느낌 색조를 그저 마음에 새기기보다 그에 대해 판단을 내리다 보면 하나의 느낌 색조를 마음에 새기기도 전에 다음 느낌 색조가 찾아온다. 이렇게 해서 전체 경험은 허둥대고 혼란스럽고 지치는 경험이 된다.

"모든 게 너무 혼란스러웠어요! 내가 느낌 색조를 그저 마음에 새기고 있는지 아니면 또다시 그것을 판단하고 있는지 아는 데만도 많은 시간이 걸렸어요. 지금 내 앞에 무엇이 있는지조차 알아보지 못했죠."

드루의 경우처럼, 만약 당신이 이런 과도한 생각의 늪에 자주 빠져든다면 가능한 한 부드럽게 정신적으로 한발 물러날 필요가 있다. 느낌 색조를 마음에 새기지 못하고 판단을 내렸다는 생각을 내려놓고, 그다음에 무슨 일이 일어나는지 단순하게 바라본다. 우리가 일으키는 모든 반응은 그 뒤에 작은 '지문'을 남긴다. 느낌 색조를 새길 때는 그것을 경험한 결과로 대개 단순함의 감각이 즉각적으로 일어난다. 한편, 느낌 색조에 대해 판단하는 경우에는 무언가 끝맺지 못한 듯한 복잡한 느낌이 남는다. 그 느낌 색조에 걸린 채로 과거에 경험한 유사한 느낌 색조와 비교하며 생각에 빠져드는 것이다.

아멜리도 드루와 비슷한 어려움을 겪었다. "내가 잘 안되는 부분도 바로 그것이었어요. 느낌 색조를 알아차리라는 지침은 처음에 큰 도움이 되었어요. 신선한 경험이어서 명상 수련에 새로운 차원이 열리는 것 같았죠. 지금껏 생각과 느낌을 알아보는 데 익숙해 있었는데, 그것이 즐거운지 불쾌한지 무덤덤한지 새기는 작업으로 인해 그 과정이 더욱 향상되었어요. 하지만 이내 여러 가지 의문이 생겼어요. 느낌 색조를 단순히 마음에 새긴 뒤 다음 녀석이 일어나길 기다리는 게 어렵다는 걸 알았거든요. 뇌는 곧장 분석을 시작했어요. '그 느낌 색조는 왜 즐거웠지? 편안함을 느낀 이유가 뭘까? 왜 그 느낌 색조는 무덤덤했지? 예전에는 좋아했는데 지금은 아닌 이유가 뭘까? 왜 그 생각은 불쾌하지? 다른 사람들은 그렇지 않은데 왜 나는 불쾌하지?' 생각, 생각, 생각이 너무 많이 일어났어요! 그러다 보면 생각에 휩쓸려 멀리 떠내려간 나를 보게 돼요. 어린 시절로 돌아가거나 다음 주 계획에 빠지거나 초조한 느낌에서 벗어나지 못해요. 어떤 때는 그런 생각에 완전히 압도당하기도 하죠."

지나치게 많은 생각을 떠올리는 건 흔한 현상이다. 이는 생각이 '개념적' 마음에 시동을 걸 때 시작되는데, 두 단계를 거쳐 일어난다. 첫째, 특정 경험에 대해 판단을 내리고 싶어 하는 지성적 마음은 과거의 비슷한 기억을 끌어와 이번 경험과 비교한다. 그런 다음, 지금 경험이 왜 그러한지 특정하기 위해 다음과 같은 열린 질문을 던진다. '그땐 행복했는데 지금은 왜 아니지?' 이런 작은 질문들이 마음을 오래 휘젓다 보면 더 많은 생각으로 이어진다.

노아도 비슷한 경험을 했다. 심지어 '제대로 해야 한다'라는 강박에 빠지기도 했다. "느낌 색조 명상을 하는 동안 제대로 못하고 있다는 생각이 커졌어요. 안 그래도 좋지 않던 기분이 더 나빠졌죠. 지난 기억과 부정적인 생각도 되살아났어요. 확실히 느낌 색조 명상은 쉽지 않았어요. 명상을 하는 '옳은 방법'과 '잘못된 방법'이 있을 거라는 생각에 빠져들었죠. 분명히 뭔가 잘못되었다는 생각이 들었고, 매일의 명상을 끊임없이 분석하는 나를 보았어요. 말하자면, 제대로 하고 있는지에 관해 매일 나 자신과 싸움을 벌인 거예요. 그러다 오래된 반복적인 생각 패턴이 다시 일어나면 강박적으로 묻곤 했어요. '내게 무슨 문제가 있는 거지? 이것도 제대로 못하다니, 나는 쓸모없는 존재야.'"

노아는 쓸모없는 존재가 아닐뿐더러 그의 경험은 드문 사례가 아니다. '명상에 실패한다'라는 건 불가능하다. 정말이다. 언뜻 실패처럼 보이는 순간도 실은 정반대일 수 있다. 마음이 방황하며 한곳에 머물지 않음을 알았을 때, 느낌 색조를 그저 새기지 않고 판단하고 있을 때, 힘겨운 느낌이 점점 더 많이 일어나는 것처럼 보일 때, 그것은 실패가 아니라 희망의 순간이다. 왜냐하면 그 순간들은 마음이 어떻게 작동하고 있는지 잠시나마 볼 수 있는 기회이자 알아차림과 마음챙김의 순간이 될 수 있기 때문이다. 이렇게 '보는' 순간들이 점차 자동반응이 아닌 의식적으로 대응할 수 있는 힘을 가져다줄 것이다.

다만 부정적인 생각과 느낌, 감정이 너무 강해서 압도당할 정도라면 잠시 느낌 색조 명상을 멈춰도 좋다는 걸 스스로 기억할 필요가 있다. 그럴 때는 하루나 이틀 동안 정식 수련을 내려놓고 평소처럼 일상생활을 하면서 자신의 느낌 색조에 가만히 집중해 보길 바란다. 그래도 여전히 힘들다면 한동안 내려놓았다가 더 명료한 느낌 색조가 일어날 때까지 기다려도 좋다. 그렇게 함으로써 노아는 커다란 자유를 느꼈다. "며칠 동안 명상 안내 음성을 듣지 않고 모든 수련을 멈췄어요. 며칠 뒤 주전자에 우유를 따르다가 평소와 다른 느낌이 들었는데, 그건 … 즐거운 느낌이었어요. 의식적으로 이름을 붙일 필요가 없었죠. 그냥 알 수 있었어요. 그 뒤로는 즐겁거나 불쾌한 순간을 애써 열심히 찾으려 하지 않아도 오히려 더 많이 알아볼 수 있었어요. 느낌 색조 명상이 실제로 좋은 효과를 내고 있다는 확신이 들었고, 다시 수련을 시작할 수 있다는 자신감이 생겼어요."

어떤 사람들은 느낌 색조가 지닌 단순성을 이해하지 못한다. 그들은 느낌 색조에 들어 있는 요소와 미묘한 뉘앙스, 복잡성을 놓치고 있다고 걱정한다. 아멜리는 다음 연습을 통해 이 문제를 해결하는 데 도움을 받았다.

느낌 색조의 단순성

누군가가 당신에게 공을 던졌다고 하자. 당신은 공을 잡자마자 그것이 딱딱한지 부드러운지 즉각적으로 알 것이다. 이와 비슷한 방법으로 감각이나 소리, 생각, 충동이 가진 즐겁거나 불쾌한 성질을 알아볼 수 있지 않을까? 당신은 시간을 들여 느낌 색조에 대해 생각하는가? 또는 그것이 어떤 느낌 색조이며, 왜 그런지 생각해 내려고 애쓰는가? 그런 인지적 판단을 내려놓고, 즐거움과 불쾌함이라는 직접적인 느낌에 집중해 보라. 손에 잡은 공이 딱딱한지 부드러운지 즉각 아는 것처럼 말이다. 즉각적으로 느껴지는 게 없다고 해도 괜찮다. 그 순간이 지나가도록 놓아둔 채 다음 순간이 오기를 기다리면 된다.

아멜리는 이 관점으로부터 큰 도움을 받았다. 그녀는 딱딱하고 부드러운 공의 성질이 '생각'이 아닌 '감각'이라는 사실을 깨달았다. 그 감각이 그저 존재하도록 놓아두면 되었다. 그러자 경험을 분석하는 일을 멈추기가 훨씬 수월했다. "이 방법이 큰 도움이 되었어요. 더는 생각을 의식적으로 분석하지 않았어요. 내가 할 일은, 너무 깊이 들어가지 말자고 떠올리는 것뿐이었어요. 복잡한 논리를 사용할 필요가 전혀 없었죠. 이런 식으로 접근하자 느낌 색조 명상을 어떻게 해야 하는지 알 수 있었어요."

또 다른 방법은 아무것도 하지 않는 것이다. 마음이 무엇을 하든 그냥 놓아둔 채 생각이 일어나면 '생각'이라고 분명하게 알아본 뒤, 생각의 흐름이 가진 느낌 색조를 관찰한다. 어쨌거나 지금 의식 전면에 나타나는 현상은 생각이니 말이다. 만약 그 생각이 너무 힘겹게 느껴진다면, 좌절감의 느낌 색조를 관찰할 수 있는지 살펴보라.

느낌 색조를 분명히 알고 싶은 마음

얼마 뒤 아멜리는 자신이 느낌 색조를 제대로 알아보았는지, 아니면 그저 생각과 감각의 한 자락을 경험했을 뿐인지 헷갈렸다. 느낌 색조는 매우 미세할 수 있다. 몸에서 그것이 나타날 때 항상 분명하게 드러나지는 않는다. 어떤 때는 감각의 파도처럼 밀려오고, 어떤 때는 희미한 깜빡거림이나 색상으로 다가오기도 한다. 이럴 때 느낌 색조를 관찰하는 일은 쉽지 않다. 그러나 느낌 색조를 분명히 관찰하지 못하더라도 문제 될 게 없다. 이는 지극히 당연한 일이다. 이 사실을 이해하는 것 자체가 우리에게 자유를 선사한다. 느낌 색조를 분명히 알고 싶은 마음을 내려놓으면 주변을 볼 수 있는 마음의 여유 공간이 생긴다. 그 공간에서 있는 그대로의 자신을 받아들일 수 있다.

일상의 마음챙김 수련: 하루의 느낌 색조 돌아보기

이것은 오늘 하루 일어난 일의 느낌 색조에 주의를 가져가는 수련으로, 당신의 명상 수련을 더 넓게 확장해 줄 것이다.

1. 앉아 있거나 누운 상태에서 바닥과 닿은 신체 부위를 알아 차리거나, 호흡으로 주의집중의 닻을 가져가 마음의 중심을 잡는다.

2. 오늘 하루 일어난 일을 마음에 떠올린다. 사소한 일이든 중요한 일이든 각각의 일을 떠올리며, 그 일이 잠시 마음의 작업대에 머물게 한다. 그 일이 마치 지금 일어나는 것처럼 느끼면서 각각의 느낌 색조를 관찰한다. 그 일은 즐거웠는가, 불쾌했는가, 아니면 무덤덤했는가?

3. 만약 아무런 느낌 색조도 느껴지지 않아서 마음에 새길 게 없다면 다음 사건이 마음에 떠오르도록 놓아둔다.

4. 만약 경험에 관한 생각으로 자꾸만 끌려가는 자신을 발견했다면, 가능한 한 그에 대해 판단을 내리지 말고 '즐거움, 불쾌함, 무덤덤함' 등 그것이 지닌 느낌 색조를 단순히 마음에 새겨 본다. 그리고 다음 일로 넘어간다. 그날 하루 일어난 각각의 일을, 마치 바닷가에서 주운 조약돌을 하나하나 살펴보고 내려놓듯 대한다.

5. 이제 처음에 정한 주의집중의 닻으로 돌아와 수련을 마무리한다.

3주 차를 지나면서, 당신은 느낌 색조가 즐거운 동시에 불쾌할 수 있음을 알았을지 모른다. 아멜리의 경우, 가벼운 두통이 고요하고 유쾌한 느낌과 함께 머물다가 다음 순간 즐거운 느낌으로 바뀌었다. 3주 차를 지나며 아멜리는 느낌 색조가 일어나는 순간을 관찰한 뒤 다음으로 넘어가는 과정이 훨씬 수월해졌다. 위에 소개한 하루의 마무리 수련을 한 뒤에 그녀는 이렇게 말했다. "이야기에 빠져드는 경향이 줄어들었어요. 즐겁고 불쾌하고 무덤덤한 느낌의 맛을 단순히 맛보았고, 그걸로 충분했어요."

명상을 할 때 같은 지점에서 계속 걸려 넘어지다 보면 좌절감을 느낄 수 있다. 알렉스는 몸에서 일어나는 느낌 색조는 쉽게 느꼈지만 소리와 관련한 느낌 색조를 관찰하기는 어려웠다. 소리가 일어나는 순간을 따로 떼어내, 바로 그 순간 소리가 가진 느낌 색조를 느끼는 일이 특히 잘되지 않았다. 소리의 느낌 색조를 즉각적으로 느낄 수 없으면 자신이 뭔가 잘못한 거라고 생각했다. "그 소리가 즐거웠는지 불쾌했는지, 둘 다 아닌지 정하지 못했어요. 이런 머뭇거림은 소리에 대한 즉각적인 반응이 아니라 사후 생각에 가까웠죠."

알렉스는 중요한 점을 관찰했다. 때로 우리는 어떤 일이 일어난 뒤에 그것이 미친 영향을 통해 비로소 느낌 색조를 인지한다. 예를 들어, 먹거리를 찾으려고 냉장고 문을 열었다고 하자. 당신은 냉장고 문을 열고 나서야 그 과정에서 여러 가지 '중간' 느낌을 경험했음을 깨닫는다. 사실 당신은 배가 고팠던 게 아니라 지루하고 따분한 기분을 다른 곳(음식으로)으로 돌리려 했던 것이다. 명상 지도자 존 피콕이 말하듯이, 우리는 마치 '모래에 남긴 발자국처럼' 느낌 색조가 우리 행동에 미치는 영향을 통해서 그것을 알게 된다. 그렇더라도 자신을 비난할 필요가 없다. 느낌 색조를 알아본 자신을 따뜻이 격려하면 된다. 느낌 색조가 일어나는 순간이 아니라 지나고 난 뒤에 알아보더라도 괜찮다. 때로 우리는 오직 이런 식으로만 느낌 색조를 알아차린다.

만약 알렉스와 비슷한 어려움을 겪고 있다면, 할 수 있는 한 그 상태에 머물러 보라. 대상과 처음 접촉하는 순간의 느낌 색조, 즉 소리와 생각과 공상을 처음 지각하는 순간에 일어나는 느낌 색조를 관찰한다. 그러나 처음 접촉하는 순간을 알아차리지 못해도 괜찮다. 사후에 되짚을 필요도 없다. 대신 마지막 접촉을 알아차릴 수 있는지 살펴보라. 마지막 접촉이란, 느낌 색조를 마음에 새기기 전 알아차린 소리와 생각, 계획, 공상 등을 말한다.

느낌 색조가 신체의 어느 부위에 자리 잡고 있는지 살펴보는 게 도움이 되는 사람도 있다. 125쪽 상자에서 본 것처럼, 우리가 어떻게 특정 사물의 즐겁거나 불쾌한 느낌 색조를 알아차리는지는 말로 설명하기 어렵다. 그것은 그저 존재할 뿐이다. 아기의 웃음은 즐거움을 주지만 그 느낌이 우리 몸 어디에 존재하는지 정확히 짚어 내기란 쉽지 않다. 만약 느낌 색조가 일으키는 특정 감각이 몸 어딘가에 존재한다 하더라도 매우 미세할 수 있다. 즐거움을 경험할 때 일어나는 '열림'의 감각이나 불쾌함을 경험할 때 생기는 '긴장'의 느낌은 다소 막연하다. 그런 느낌은 신체 어느 부위에서든 느껴지지만, 특히 위장·가슴·어깨·목구멍에서 가장 자주 느껴진다. 만약 정식 명상 수련에서 특정 신체 부위의 느낌 색조를 느끼기가 어렵다면, 일상생활에서 즐겁거나 불쾌한 느낌을 찾아봐도 좋다. 아침에 마시는 첫 차와 커피에도, 직장에 출근하는 동안이나 친구 집을 방문할 때도, 길에서 들려오는 대형 트럭의 소음에도 느낌 색조가 들어 있음을 알게 될 것이다. '이건 즐거운 느낌이구나.' '이건 불쾌한 느낌이구나.' 느낌 색조가 일어날 때마다 부드럽게 멈춰서 이렇게 알아차려 본다. 그 외에 따로 해야 할 일은 없다. 이렇게 하다 보면 점차 몸과 마음이 느낌 색조의 경험에 자연스럽게 주파수를 맞추어 나감을 보게 될 것이다.

불쾌한 느낌 색조에 사로잡힐 때

커트는 불쾌한 사건에서 느낌 색조를 가장 강하게 느꼈다. "20분 명상을 하는 도중에 마음이 어디로 향하는지 보았고, 그때 일어나는 느낌 색조를 관찰했어요. 즐거운 느낌이 아니었어요. 내 마음은 언제나 유쾌하지 않은 일, 해야 할 일, 하고 싶지 않은 일로 떠밀려 갔어요. 3주 차의 하루나 이틀 동안 직장을 잃을지도 모른다는 생각에 계속 사로잡혔죠. 어두운 생각의 구덩이로 더 깊이 들어갔어요. 똑같은 생각의 구덩이요! 몸에서도 그것이 느껴졌어요. 특히 위장에서 가장 강하게 느꼈어요. 매우 불편하고 불쾌한 생각이었어요. 그러다 문득, 지금 무슨 일이 일어나고 있는지 깨달았어요. 속으로 생각했죠. '이런 생각이 대체 무슨 소용이지? 마음의 산만함을 환영한다는 게 무척 어렵구나. 나는 지금 이 산만함이 사라지길, 그저 편안해지길 바라고 있어.'"

때로 마음은 부정적인 일에 계속 빠져드는 것처럼 보인다. 산만할 때면 마음은 우리를 부정적인 것이 지어내는 이야기로 계속 끌어당긴다. 어떤 때는 한발 물러나 이 과정을 지켜보기도 하지만, 어떤 때는 부정적인 일이 지어낸 이야기가 거부할 수 없을 만큼 강력할 때도 있다. 그럴 때면 수련을 제대로 못하고 있는 것처럼 느껴진다. 그러나 이는 실패의 징표가 아니라 수련을 심화할 수 있는 기회이다. 그럴 때는 마음이 일어났다 사라지는 과정을 지켜보라. 그렇게 함으로써 수련의 방해물이라고 여겼던 게 실은 나름의 마음챙김 수련이 될 수 있음을 보라. 속으로 이렇게 말해도 좋다. '여기 생각이 있구나. 이건 공상이고, 이건 계획, 이건 주의산만이구나.' 그리고 적절한 이름을 붙여 보라. 또 다른 방법은 자신에게 다음과 같이 부드럽게 말하는 것이다. '생각이란 이런 느낌이

구나. 공상이란 이런 느낌이구나.' 이런 방법을 사용하면 주의산만을 환영할 수 있는 마음의 공간이 생긴다. 이 공간에서 각각의 생각과 주의산만이 지닌 즐겁고 불쾌하고 무덤덤한 느낌 색조를 마음에 새길 수 있다. 그러면 다음번에 불쾌한 느낌이 마음을 사로잡거나 부정적인 생각에 빠져들 때 그것이 몸과 느낌, 충동에 어떤 영향을 미치는지 알아볼 수 있다. 나아가 불쾌한 느낌과 생각이 가진 느낌 색조를 알아차린 다음, 하던 일을 계속하는 법을 배울 수 있다.

느낌 색조에 이름 붙이기

사물의 느낌을 표현하는 적절한 단어를 찾음으로써 강력한 효과를 볼 수 있다. 즉, 느낌 색조에 이름을 붙이면 그것을 더 잘 알아보고 분명하게 알아차릴 수 있다. 더불어 마음이 낡은 습관과 도식에 의존하는 경향성도 누그러뜨릴 수 있다. 궁극적으로 이는 당신에게 더 많은 선택지를 제공할 것이다.

심리학자 매튜 리버만은 부정적인 사진(예를 들어 무서운 사진)을 보았을 때 감정에 이름을 붙이면 뇌의 편도체 활동이 감소한다는 사실을 보여 주었다. 편도체는 뇌에서 감정 반응을 일으키는 데 중요한 역할을 하는 뇌 부위로 알려져 있다.[3] 또 심리학자 미셸 크라스케와 그녀의 동료들은 거미 공포증이 있는 사람들이 자신의 경험에 이름을 붙이는 것만으로도 거미에 대한 생리적 반응이 줄어들고 심지어 거미에 더 가까이 접근할 수 있다는 사실을 발견했다.[4] 뿐만 아니라 심리학자 데이비

142

드 크레스웰 등은 감정 자극(예를 들어 얼굴 사진)에 이름을 붙이면 뇌의 자동적인 감정 반응의 강도와 지속시간이 줄어든다는 사실을 발견했는데, 마음챙김을 많이 한 사람일수록 이 패턴이 두드러졌다. 그들은 뇌의 전두엽 부위에서 하향식 신경 활동이 더 활발했으며 편도체의 자동반응성이 크게 줄었다. 이는 마음챙김이 우리 경험에 효과적인 신경 반응을 일으킨다는 사실을 잘 보여 준다.[5]

이런 연구들을 종합해 보면, 불쾌한 느낌 색조에 '이름을 붙이면' 느낌 색조가 미치는 부정적인 영향을 줄일 수 있고, 나아가 마음챙김을 통해 부정적 영향을 줄임으로써 큰 평화와 안정을 가져올 수 있음을 알 수 있다.

때로 생각의 소음이 너무 크고 끈질겨서 생각 외에 다른 것을 알아보기 힘든 경우가 있다. 레일라도 그랬다. 하지만 점차 감각과 충동, 주변의 소리가 더 분명하게 드러나면서 생각의 흐름이 고요해져 마침내 자신을 덜 방해한다는 것을 알아차렸다. 며칠 뒤 그녀는 흐름을 거슬러 올라 소리와 생각, 감각이 가진 느낌 색조를 포착할 수 있었다. 느낌 색조를 통해 더 많은 것을 탐색할 수 있었고, 생각과 느낌에만 집중하기보다 더 깊이 들어갈 수 있었다. 이 방법은 특히 하루를 시작하는 아침에 효과가 있었다. 하루의 처음 몇몇 순간에 즐겁거나 불쾌한 느낌 색조를 알아보고 거기에 집중하는 일이 큰 도움이 되었다. "그날 하루를 어떻게 지낼지에 대한 더 큰 자각이 생겼어요. 그것이 나에게 새로운 통찰을 안겨 주었죠."

물론 생각이 레일라를 공상이나 계획으로 데려갈 때도 종종 있었다. 하지만 그녀는 그것을 알아차린 다음, 생각의 흐름이 가진 느낌 색조를 감지할 수 있었다. 그 느낌 색조들에 단순히 '즐거움, 불쾌함, 무덤덤함' 등 이름을 붙이는 것만으로도 생각의 흐름에 휩쓸리거나 그런 자신에 대해 판단을 내리는 일에서 한걸음 물러날 수 있었다.

가끔은 모든 느낌 색조를 더한 전체적인 느낌 색조를 알게 되는 경우도 있다. 아니면 한 가지 종류의 감각기관이 경험을 지배할 때도 있다. 특정 감각기관이 경험을 지배해 힘겨운 생각에 휩쓸려 갈 때는 스스로 이렇게 물어보라. '이것 말고, 지금 여기에 무엇이 있지?' 그런 다음 잠시 그것을 관찰한 뒤 비교적 중립적으로 느껴지는 몸과 마음의 측면에 무엇이 있는지 자문해 본다.

토비는 이 미세한 접근 방식에서 드림캐처를 연상했다. 조금 즐겁거나 불쾌한 일이 일어날 때, 그것의 느낌 색조를 알아보는 일이 마치 산들바람에 흔들리는 드림캐처의 떨림을 알아차리는 것과 비슷했기 때문이다. 그 후 토비는 실제 느낌 색조가 자신의 예상과 다른 경우를 알아차리기 시작했다. 몸에서 통증이 느껴지면, 언제나 그 느낌 색조가 불쾌할 거라고 예상했지만 어떤 때는 예상보다 무덤덤하다는 걸 알았다. 이런 경험이 삶 전반에 큰 변화를 불러왔다. "그 경험으로 생각이 완전히 바뀌었어요. 예컨대 예전에 나는 회의를 싫어했어요. 그런데 최근 회의에 참석하려 할 때, 그 느낌 색조가 예상보다 즐거운 느낌이라는 걸 알았어요." 토비는 자신의 태도 변화가 커다란 연쇄반응을 일으키는 것을 보았다. "회의가 그다지 나쁘지 않다는 걸 알았어요. 이 알아차림이 회의에 참석하는 내 기분에 큰 영향을 미쳤죠. 나뿐만 아니라 다른 사람에게도 좋은 일이었어요."

프랭키도 비슷한 경험을 했다. 그녀는 조용한 집이야말로 명상하기에 이상적이며 쾌적한 장소라고 말했다. 그런데 이는 만약 집에 작은 소음이라도 일어나면 명상하기가 불편해진다는 뜻이기도 했다. 어느 날 아침, 프랭키가 명상을 할 때 시끄러운 오토바이 한 대가 지나갔다. 그녀의 태도는 즉각 즐거움에서 불쾌함으로 바뀌었다. 그녀는 속으로 이렇게 생각했다. '오토바이가 불쾌한 소리를 내는구나.' 흥미롭게도 그녀는 '불쾌한 소리를 내는 오토바이'라는 생각이 실제 경험이 아닌 자신이 가진 일반적인 생각의 일부임을 알아차렸다. 즉, 그것은 예측이었다. 한순간의 주의산만과 예측, 그에 대한 반응이 연속으로 일어나면서 각각의 느낌 색조를 일으켰다. 앞서 보았던 마이브리지가 촬영한 연속 사진이 보여 준 순간들처럼 말이다.

이번 주를 지나면서 당신은 느낌 색조를 더 잘 지각하게 될 것이다. 특정 순간이 반드시 즐겁거나 불쾌할 필요는 없으며 중립적일 수도 있음을 배우고, 이를 통해 앞으로 나아갈 수 있을 것이다.

커트의 말이다. "이제 내 기분을 더 잘 읽을 수 있어요. 감정이 일어나는 순간, 그것을 관찰할 수 있고 어떻게 대응할지 선택할 수 있죠. 며칠 전 아내가 저녁을 먹으라고 부르는 소리에 하던 일을 마치지 못한 채 가야 했어요. 부엌에 도착해서도 여전히 내 생각과 기분이 불쾌하다는 걸 알았죠. 평소 같으면 짜증을 내고 말다툼을 벌였을 거예요. 그런데 불쾌한 느낌 색조가 일어나는 걸 알아차린 나는 평소처럼 발끈해 방어적인 태도를 취하기보다 그런 느낌 색조가 존재함을 인정했어요. 그러면서 속으로 이렇게 말했어요. '이 불쾌한 느낌을 더 키울 건가, 아니면 지금 멈출 건가?' 이렇게 간단한 질문을 던지는 것만으로도 잠시 멈출 수 있었어요. 불쾌한 순간이 일어났어도 그것을 말다툼으로 비화할 필요는 없다는 사실을 알았죠. 결국 우리 두 사람은 멋진 저녁 식사를 함께했어요. 작은 조치가 큰 변화를 만들었고, 우리 관계는 모든 면에서 전보다 훨씬 좋아졌어요."

드루도 비슷한 경험을 했다. 어느 날 저녁, 집에 일찍 들어온 드루는 일곱 살 아들에게 침대에서 책을 읽어 주겠다고 말했다. '혼자서도 책을 읽을 수 있는 나이지만 어렸을 때 했던 것처럼 아빠가 책을 읽어 주면 더 좋아할 거야.' 하지만 아들은 나름의 유머 감각으로 이렇게 비꼬았다. "이 이야기를 읽어 주기에 아빠 너무 늙었어요. 그걸 아직 몰랐단 말이에요?"

"예전 같으면 짜증 섞인 말투로 혼자 가서 책을 읽으라고 말했을 거예요. 그러고는 짜증을 낸 데 대해 죄책감을 느꼈겠죠. 하지만 이번에는 달랐어요. 내 기분이 불쾌하다는 걸 알아차릴 수 있었어요. 어디라고 콕 집어 말할 수는 없지만 몸 어딘가가 움츠러드는 느낌이 들었어요. 이 느낌을 감지하는 것만으로도 불편함이 사그라졌어요. 마음에 여유가 생기면서, 아들의 건방진 웃음이 주는 즐거움을 알아차리고 더 나은 선택을 내릴 수 있었죠. 상황을 지혜롭게 다루는 법을 알게 된 거예요. 나는 불편함에 초점을 맞추기보다 아들과 책 읽기에 진정으로 관심이 생겼어요. 그래서 잔소리를 하는 대신 요즘 무슨 책을 읽고 있는지 아들에게 물었죠. 그렇게 묻자마자 아들의 기분도 부드럽게 녹아내렸어요. 우리는 아들이 좋아하는 책에 관해 즐거운 대화를 나누었고, 번갈아 가며 로알드 달(Roald Dahl)의 책을 읽었어요."

느낌 색조를 알아보지 못하는 상태에서 온전히 알아차리는 상태로 이동하면 자유를 맛볼 수 있다. 감정과 마찬가지로 느낌 색조에 이름을 붙이는 방법은 강력한 힘을 발휘한다. 일어나는 느낌 색조를 알아보지 못하면 실제로 그리고 상상 속에서 연쇄적인 자동반응을 일으키는 반면, 느낌 색조를 알아보면 그와 다르게 반응할 수 있다. 즉, 느낌 색조를 알아차리면 피할 수 없어 보이던 감정의 연쇄반응을 일련의 선택으로 바꿀 수 있는 작은 틈이 생겨난다.

지혜의 길

괴로움에 빠져 있을 때, 과거의 기억은 현재 마음 상태에 더 쉽게 영향을 받는다. 즉, 슬프거나 절망적이거나 불안할 때면 자신이 떠올리는 기억에 현재의 감정을 쉽게 덧댄다. 우리의 기억은 돌에 새겨진 무엇처럼 고정된 것이 아니다. 사진이나 동영상처럼 불변의 것이 아니다. 과거에 대한 기억은 얼마든지 바뀔 수 있어서 불행은 더 큰 불행을, 스트레스는 더 큰 스트레스를, 불안은 더 큰 불안을 낳기도 한다. 기억은 얼마든지 재구성되어 부정성을 강화할 수 있다.

작동 방식은 이렇다. 우리가 기억에서 어떤 항목을 꺼낼 때마다 그것은 재부호화[re-encode]된다. 다시 말해, 재인출된 기억은 거기에 이미 들어 있는 요소뿐 아니라 현재의 맥락에도 쉽게 영향을 받는다. 재부호화는 꺼낼 때의 기억과 다시 저장할 때의 기억이 서로 다름을 의미한다. 다시 저장되는 기억은 처음보다 좋은 것일 수도 있고 나쁜 것일 수도 있다. 어느 쪽이든 처음과 달라진다는 사실만은 분명하다. 목격자 진술에 관한 연구가 이를 잘 보여 준다.[6] 연구자들은 실험 참가자들에게 경미한 자동차 사고 영상을 보여 주었다. 그런 다음 일부에게는 '부딪힌' 차량의 속도를 짐작해 보라고 요청하고, 다른 사람들에게는 '충돌한' 차량의 속도를 짐작해 보라고 요청했다. 또 다른 사람들에게는 '박살 난' 차량의 속도를 추정해 보라고 요청했다.

그 결과 사고를 표현한 단어에 따라 실험 참가자들의 대답이 크게 엇갈렸다. 모든 참가자가 같은 사고 영상을 보았지만 '박살 난'이라는 표현을 들은 참가자들은 '부딪힌', '충돌한' 등의 온건한 표현을 들은 참가자들보다 사고 차량의 속도를 더 높게 인식했다. 심지어 전자는 실제로 영상에 나오지 않았음에도 깨진 자동차 유리창을 머릿속에 떠올리는 확률이 더 높았다. 사고 장면을 회상할 때 사용한 단어가 기억 자체에 영향을 미친 것이다.

자동차 사고뿐 아니라 우리가 살면서 겪은 일을 떠올리고 그에 관해 생각할 때도 이와 같은 현상이 벌어진다. 화가 나거나 슬픔에 빠진 상태에서 힘겨운 일을 떠올리고 생각하면 화와 슬픔 등의 현재 감정이 기억에 달라붙어 통합된다. 이렇게 변질된 기억은 다시 우리가 세상을 시뮬레이션하는 정신 모델에 합쳐진다.

왜 기억은 이토록 쉽게 현재의 감정에 영향을 받는 것일까? 재구성된 기억은 왜 이토록 부정확한 것일까? 거기에 큰 이로움이 있기 때문이다. 이렇게 함으로써 우리는 학습한 내용을 더 넓은 맥락에서 통합할 수 있다. 개별 정보와 사건들을 서로 연결함으로써 전반적인 이해도가 높아지는 것이다. 즉,

기억의 가변성이 우리의 이해 능력을 키워 주는 것이다.

당신이 학생들의 시험 준비를 돕는 교사라고 생각해 보라. 당신은 학생들이 학기 중에 배운 내용을 기억하길 바라며 주기적으로 연습 문제를 제출할 것이다. 이로써 학생들은 자신이 알고 있는 내용을 학습할 기회가 생길 뿐 아니라 기존에 알고 있던 내용을 더 넓은 맥락에 적용할 수 있다. 혹은 살면서 겪은 힘든 일을 친한 친구에게 털어놓을 때, 친구가 판단이나 평가 없이 경청해 주었던 순간을 떠올려 보라. 그런 애정 어린 분위기에서 기억을 떠올리면 자신의 어려움을 새로운 맥락과 관점으로 바라보게 되고, 나아가 어려움 자체가 변화하는 걸 보게 된다.

이것이 느낌 색조에 집중하는 것만으로도 치료 효과를 볼 수 있는 이유이다. 일어나고 사라지는 느낌 색조를 판단 없이 관찰하면, 그것이 미치는 즉각적인 영향이 사라지고 그에 대한 자동반사적인 반응도 줄어든다. 이는 생각, 느낌, 감정, 감각, 기억이 더 넓고 따뜻한 공간에 나타나도록 자신에게 친절을 베푸는 행위이다. 이로써 세상을 바라보는 관점이 넓어지고 괴로운 마음 상태가 점차 옅어진다.

바로 여기에 지혜가 있다.

8장

4주 차: 균형 회복하기

'희망을 품지 마.' 레나타의 마음속 목소리가 말했다. 그것은 점차 습관이 되어 가고 있었다. 기분이 좋아지려 할 때마다 어릴 적 들렸던 목소리가 떠오르며 더 나은 미래를 향한 희망에 찬물을 끼얹었다. 아이러니하게도 그녀는 느낌 색조 과정을 시작하고 이제 막 내면의 목소리를 듣기 시작한 참이었다. 예전에는 그 목소리가 마음의 배경에 떠도는 살짝 우울한 재잘거림에 불과했다. 늘 그런 건 아니었지만, 느낌 색조 과정을 밟으면서 그녀의 어려움이 밝은 데로 드러나 치유되면서 조금씩 만족스러운 삶을 사는 등 나름의 효과를 보고 있었다.

레나타는 과거에 임상 수준의 우울증으로 고생한 적은 없었지만 성인기 대부분을 전반적인 스트레스와 고민, 불행감에 빠져 보냈다. 정말로 행복하던 때, 활기가 가득 차고 생에 대한 진정한 열정이 넘쳤던 때를 기억하기 어려웠다. 이렇듯 삶을 즐기지 못하는 상태가 늘 그녀에게는 의외로 다가왔다. 그녀는 누가 보더라도 괜찮은 삶을 살았기 때문이다. (삶의 트라우마나 불행한 양육 환경 등) 우울증과 관련된 소인은 아무것도 없었다. 실제로 레나타 자신도 여느 마을의 평범한 가정에서 특별한 어려움 없이 지극히 평범하게 성장했다고 말했다. 직업 생활도 순탄했다. 열여덟 살에 집을 떠나 대학에 진학해 경영학 학위를 받은 다음, 다시 고향에 돌아와 차로 두 시간 거리의 작은 기업체에서 마케팅 업무를 했다. 자기가 하는 일을 좋아했고 커리어는 순탄했다. '뭐가 문제일까?' 그녀는 종종 의아했다.

돌이켜 보면 레나타는 자신도 알아차리지 못할 정도로 서서히 가벼운 우울에 빠져들었다. 현재의 우울은 그 전 해에 심하게 과로한 뒤부터 시작되었다. 그녀는 너무 자주 지쳐 떨어진 나머지 삶에 대한 의욕을 잃어버렸다. 친구들의 초대를 거절하는 일이 늘었고 텔레비전만 계속 봤다. 하던 운동도 그만두었고 좋아하던 유기농 음식마저 해 먹지 않았다. 딱히 이렇다 할 문제는 없었지만 장기간에 걸쳐 서서히 레나타가 불행에 빠져드는 걸 본 친구들이 도움을 주려고 나섰다. 한 친구가 마음챙김을 권했고, 레나타는 마음챙김에 관한 책을 샀다. 그리고 지역 요가센터에 등록해 수업을 받았는데, 이것이 도움이 되었다. 이후 레나타는 느낌 색조 과정을 수강하기로 했다. 처음에는 취지가 분명하게 다가와 자신이 수련과 그 기본 정신을 제대로 파악했다고 여겼다. 가벼운 천식으로 숨쉬기가 약간 불편했던 그녀에게는 1주 차에 하는 '주의집중의 닻 정하기' 수련이 특히 도움이 되었다. 2주 차의 '잠시 멈추기'는 마음을 어디에 둘 것인지에 관하여 자신에게 선택권이 있다는 사실을 떠올려 주었다는 점에서 유용했다. 그리고 방황하는 마음에 감사와 경이로움을 느껴 보라는 권유는 그녀에게 완전히 새로운 관점을 제공했다. 왜 그토록 마음이 부산하게 돌아다니는지 이유를 설명해 주었고, 그것을 다루는 새로운 방법도 제시해 주었다.

그런데 3주 차에 문제에 맞닥뜨렸다. 레나타는 즐겁거나 불쾌한 느낌 색조를 관찰하기가 쉽지 않다는 걸 처음으로 알았다. 느낌 색조를 관찰했음을 알았을 때는 어김없이 그것이 좋고 싫은 이유를 분석하며 생각에 빠져들었다. 느낌 색조 명상을 제대로 하지 못하는 자신에게 점점 더 실망했다. 그럼에도 느낌 색조 명상을 멈추지 않았다. 그러자 마음의 방황을 마음 훈련에 필요한 운동기구로 보라는 말의 의미가 조금씩 이해되었다. 마음의 방황을 통해 그녀는 무엇이 자신을 괴롭히고 있는지 알 수 있었다. 그것은 그녀의 모든 것에 영향을 미치고 있는 눈에 보이지 않는 태도였다. 좋아하고 싫어하는 것을 알아볼 때마다 그녀는 자신에게 이렇게 속삭이고 있었다. '이걸 좋아하면 안 돼. 저걸 싫어하면 안 돼.' 마음에 숨겨져 있던 여러 겹의 층이 드러나는 과정에서 레나타는 좋아하는 대상을 감지할 때 자신이 더 민감하게 반응한다는 걸 알았다. 그녀는 자신에게 이렇게 말하고 있었다. '이것도 오래 가지 않을 거야. 희망 따위 품지 마.' 시간이 흘러 그녀는 이 목소리가 어디에서 오는지 깨달았다. 과거에서 생겨난 그 목소리는 수십 년 동안 레나타 자신도 모르게 그녀를 저격하고 있었다.

모든 것은 레나타가 열두 살 때 시작되었다. 학교에서 열린 수학경시대회에 전 학급이 참여했다. 수학에 재능이 있었던 레나타는 신이 났다. 같은 반 남자아이들보다 자신이 더 똑똑하다는 걸 보여 주고 싶었다. 그러나 신이 난 레나타에게 엄마는 아침 식사 자리에서 이렇게 말했다. "희망을 너무 크게 품지 마. 기대만큼 잘하지 않아도 돼. 아빠랑 엄마는 아무래도 상관없으니까."

기억이 되살아나는 과정에서, 레나타는 엄마의 그런 태도가 일이 잘 풀리지 않았을 때 실망으로부터 자신을 지켜 주려는 의도였음을 알았다. 그렇지만 신이 났던 레나타는 엄마의 반응에 기분이 좋지 않았다. 이는 가족 사이에서 늘 있는 패턴이었다. 어렸을 때 놀이에 신이 나면 부모님은 자주 이렇게 말했다. "저러다 일 나지." 조금 더 크자 그 말은 이렇게 바뀌었다. "희망을 너무 크게 품지 마." 학교 무도회 등 기대할 만한 일이 있을 때마다 부모님은 습관처럼 이 말을 되뇌었다. 또 중요한 시험이나 학교 연극처럼 도전적인 일을 준비해야 할 때도 그랬다. 첫 데이트도 마찬가지였다. 레나타가 가고 싶은 대학에 지원했을 때도 어김없이 엄마는 주의를 주었다. "지원하는 건 좋지만 너무 기대하지는 마. 다른 대학도 있으니까."

레나타는 문제의 뿌리가 무엇인지 알았다. 물론 그렇다고 엄마가 싫지는 않았다. 오히려 반대였다. 살면서 힘든 일을 많이 겪은 나머지 엄마는 행복을 믿지 않게 되었음을, 피할 수 없는 좌절로부터 자신을 지켜 주려고 그랬음을 깨달았다. 진짜 문제는 자신에게도 엄마와 같은 습관이 생겨 버렸다는 점이었다. 기대와 행복감이 일어나면 레나타는 그 순간을 만끽하기보다 자기도 모르게 그것을 억눌렀다. 그녀는 희망을 크게 품지 않았다. 행복이 손짓할 때면 그녀의 마음은 자동적으로 이런 생각을 일으켰다. '이것도 오래 가지 않을 거야. 즐기는 건 아무 의미 없어. 넋 놓고 즐기다간 낭패 보기 십상이야. 아무리 좋은 일도 결국 끝나고 말거든.' 레나타는 지푸라기를 금으로 만드는 동화 속 왕자님의 이야기를 떠올리며, 문득 자신은 반대로 하고 있다는 걸 알았다. 그녀는 금을 지푸라기로 만들고 있었다.

삶의 즐거운 경험을 억누르는 건 레나타만이 아니다. 우리 모두가 그렇게 하고 있다. 진정으로 깨어 있지 않으면, 우리는 인생 최고의 감정적 순간을 무덤덤하게 받아들이고 모든 것을 회색빛으로 물들여 버린다. 이는 위대한 사진가들이 사랑하는, 아름다움을 부각하는 은은한 빛이 아니라 삶의 목적과 의미를 앗아가는 허무한 빛깔이다. 희망과 꿈을 억압하는 일은 실패로부터 자신을 지키는 방법이 아니다. 그것은 평생 스스로를 고민과 불확실성, 상실의 삶을 살아가도록 준비시키는 것과 다름없다.[1]

희망과 꿈을 억압하지 않고도 실패에 좌절하지 않는 방법이 있다. 삶의 기쁨이 영혼을 살찌우고 다시 한번 삶을 온전히 즐기는 일은 얼마든지 가능하다. 느낌 색조에 주의를 기울임으로써 그렇게 할 수 있다. 이는 고대의 수많은 전통에 알려져 있었지만 서양에서는 오랫동안 잊힌 방법이다. 먼저 자신에게 삶의 기쁨을 즐기도록 허락하는 것부터 시작한다. 그러나 이것으로는 충분하지 않다. 진정으로 균형을 회복하려면 삶의 불쾌한 순간을 반사적으로 밀어내지 않고 그것을 '싫어할 권리'도 자신에게 부여해야 한다. 왜냐하면 불쾌한 웨다나가 다가올 때 그것이 한동안 머물도록 허락하지 않는다면, 즉 불쾌한 느낌 색조를 있는 그대로 느끼지 않는다면 삶의 기쁜 순간 역시 진정으로 느낄 수 없기 때문이다. 즐거운 느낌 색조와 불쾌한 느낌 색조는 동전의 양면과 같다. 한쪽을 피하면 둘 다 피하게 된다. 지난주에 했던 것처럼, 자신의 느낌 색조에 집중하고 어떤 감정이든 한동안 머물다 저절로 사라지도록 내버려둠으로써 우리는 두 가지 감정을 모두 받아들이는 법을 배울 수 있다. 이렇게 할 때 삶은 스스로 균형을 회복한다.

물론 온전한 받아들임은 쉬운 일이 아니다. 하지만 느낌 색조를 바꾸려 하지 않고 있는 그대로 존재하도록 허용하는 작은 구절을 자신에게 들려줌으로써 그렇게 할 수 있다. 이것이 이번 주에 하게 될 핵심 수련이다.

먼저 명상할 때 일어나는 느낌 색조를 알아보는 것부터 시작해 일상에서 조금씩 적용해 본다. 즐거운 순간이 일어날 때마다, 즐거운 느낌 색조가 있는 그대로 존재하도록 허용하면서 진정으로 그것을 느껴 본다. 이때 자신에게 다음과 같이 부드럽게 말한다. '이 즐거운 느낌을 좋아해도 괜찮아.' 만약 불쾌한 순간이 나타나면 이때도 자신에게 부드럽게 속삭인다. '이 불쾌한 느낌을 좋아하지 않아도 괜찮아.' 단, 주의해야 할 게 있다. '~해도 괜찮아'라는 말은 이 느낌을 일으킨 현재의 '상황'이 괜찮다는 의미가 아니다. 그 상황과 관련해 일어나는 느낌 색조를 있는 그대로 느껴도 좋으며, 그것은 자연스러운 일이라는 의미이다. 예를 들어 허리를 다쳐 통증을 느끼는 경우라면, 통증을 느끼는 상황이 괜찮다는 게 아니라 통증의 불쾌한 느낌을 좋아하지 않아도 좋다는 의미이다. 또는 과거에 겪은 힘든 기억과 트라우마가 되살아나도 괜찮다는 의미가 아니라 '그 기억을 불쾌하게 느끼고 그 느낌을 좋아하지 않아도 좋다'라는 의미이다.

이런 간단한 방법이 효과가 있는 이유는 무엇일까? 그것은 2천5백 년의 지혜에 기초해 있고 오랜 기간 지속되어 왔기 때문이다. 이는 모든 문화와 전통에 존재했던 지혜이지만 서구에서는 경시되고 오해되어 왔다. 최근까지 그 메커니즘이 명확히 밝혀지지 않았지만, 차츰 현대 심리학과 신경과학이 근본적인 이유를 이해하기 시작했다. 지금부터 우리는 이 메커니즘을 탐구해 볼 것이다. 그러려면 먼저 일어나고 사라지는 느낌 색조를 있는 그대로 받아들이고 그것과 연결하면서 진정으로 느끼는 법을 익혀야 한다. 그러면 다시 한번 삶을 제대로 살 수 있다.

몸을 움직이는 일은 느낌 색조를 탐구하는 좋은 방법이다. 앉아서 명상할 때보다 몸을 움직일 때 느낌 색조가 보내는 신호가 더 강하며 더 잘 관찰되기 때문이다. 이런 이유로 이번 주에는 (마음챙김 걷기와 마음챙김 스트레칭을 번갈아 하는) 마음챙김 동작을 통해 느낌 색조를 탐구해 본다. 걷기는 특히 좋은 방법이다. 걷는 동안 마음은 자주 공상에 빠지는데, 이때 마음을 현재로(자신의 몸으로) 가져오면 느낌 색조를 관찰할 수많은 기회가 생겨난다. 마음챙김 스트레칭도 마찬가지다. 무언가를 잡으려고 손을 뻗거나 몸을 움직일 때, 우리는 필요 이상으로 서두르거나 몸에 무리를 주고 있음을 순간적으로 깨닫는다. 따라서 마음챙김 스트레칭도 매일의 수련에 필요한 귀중한 운동기구이다.

4주 차 수련

- **마음챙김 걷기** – 하루 한 번 20분씩(명상 4.2) 또는 하루 두 번 10분씩(명상 4.1) 한다. 아래 마음챙김 스트레칭과 번갈아 가며 하면서 한 주에 사흘 동안 수련한다. 어려운 점, 좋았던 점, 새롭게 알게 된 점 등을 노트에 기록한다. 익숙해지면 최소 지침 버전(명상 4.4)을 들으면서 하거나 안내 음성 없이 종소리를 타이머로 사용해도 좋다. 이번 주에 최소 하루는 명상 4.3이나 위에서 말한 버전을 들으며 30분간 걷기 명상을 실천한다.

- **마음챙김 스트레칭** – 격일로 수련한다. 20분간 진행되는 명상(4.5)을 따라 하면서 스트레칭 순서에 익숙해지도록 한다. 그

다음부터는 안내를 듣지 않고 해 본다.

- **열 손가락 감사 연습** – 하루 한 번씩 실천한다(명상 4.6). 며칠 뒤에는 최소 지침 버전(명상 4.7)을 따라 하거나 지침 없이 해 본다.

- **일상의 마음챙김 수련: 감사하기** – 매일 즐거운 것을 관찰하는 작은 순간들을 찾아본다. 처음 며칠간은 안내 음성(명상 4.8)을 따라 하고 이후에는 듣지 않고 해 본다.

이번 주에는 쉽게 잠들지 못하는 사람들을 위한 보너스 명상도 함께 실었다(명상 4.9).

이번 주 수련의 핵심은 몸동작 자체가 아니라 몸을 움직이는 과정에서 일어나는 느낌 색조에 어떻게 반응하는가를 알아보는 것이다. 걷기든 스트레칭이든 마음챙김 동작을 하는 중에 '즐거운' 느낌 색조가 일어난다면 자신에게 부드럽게 이렇게 말한다. '이 느낌 색조를 좋아해도 괜찮아.' 이 수련의 목적은 현재 순간을 억누르거나 심화하거나 연장하지 않고 있는 그대로 알아보는 것이다. 만약 '불쾌한' 느낌 색조가 일어난다면 그때도 자신에게 부드럽게 말한다. '이 느낌 색조를 좋아하지 않아도 괜찮아.' 그러면서 잠시 불쾌함의 감각을 더 넓은 알아차림에 담아 본다.

어떤 사람은 마음챙김 동작에 예민하게 반응한다. 당신도 그럴지 모른다. 즉, 그것을 좋아하거나 싫어하거나 지루하게 여기는 자신을 발견할 수도 있다. 그럴 때는 반응에 더 가까이 다가가 순간순간 일어나는 생각과 느낌, 충동, 그다음에 일어나는 일에 주의를 기울여 보라. 반응이 즐거운지 아닌지를 관찰하는 그 순간에 집중하면서, '이걸 좋아해도 괜찮아' 또는 '이걸 좋아하지 않아도 괜찮아'라고 부드럽게 말함으로써 반응이 있는 그대로 존재하도록 허용한다.

마음챙김 걷기

이 수련에서 우리는 매우 일상적인 활동인 걷기를 해 볼 것이다. 다만 몸을 움직일 때 흔히 일어나는 마음의 작은 방황에 맞서, 주의를 모으는 데 도움이 되는 방식으로 마음과 몸을 연습해 본다. 이 수련의 목적은 일어나는 느낌 색조에 집중하면서 그것이 있는 그대로 존재하도록 허용하는 법을 익히는 것이다.

준비
1. 먼저 실내나 실외에서 몇 발자국 왔다 갔다 하며 걸을 수 있는 장소를 찾는다. 다른 사람의 방해와 시선을 받지 않는 곳이면 좋다. 걷는 길이는 중요하지 않다. 요가 매트만큼 짧아도 되고 열 걸음 정도도 상관없다.
2. 양발을 골반 너비로 나란히 벌리고 선다. 바닥의 상태가 괜찮다면 신발과 양말을 벗음으로써 발아래를 더 분명하게 느낄 수도 있다. 양팔은 몸 옆에 자연스럽게 내려놓거나 몸

앞뒤에서 가볍게 붙잡아도 좋다. 시선은 부드럽게 살짝 아래로 또는 정면으로 향한다.

걷기

3. 양쪽 발바닥으로 알아차림의 초점을 가져가, 양발이 바닥이나 땅에 닿는 물리적 감각을 관찰한다.

4. 준비가 되었다면, 작게 그리고 자연스럽게 걸음을 걷기 시작한다. 걸으면서 각각의 발이 바닥에 닿는 접촉점을 관찰해 본다. 발이 바닥에서 떨어지고 앞으로 나아가는 과정에서 몸의 무게중심이 이동하는 것을 느껴 본다.

5. 한쪽 끝에서 다른 쪽 끝까지 온전한 알아차림을 지닌 채 계속 걷는다.

6. 한쪽 끝에 이르면, 천천히 몸을 돌리면서 방향을 바꾸는 몸동작의 패턴을 알아차린다. 반대쪽을 향한 채 잠시 멈추었다가, 준비가 되면 다시 걷기 시작한다.

느낌 색조 새기기

7. 만약 마음이 발의 감각이 아닌 다른 곳으로 달아났음을 알아차렸다면, 잠시 멈춰 마음이 어디로 달아났는지 살펴본다. 그 순간의 즐겁거나 불쾌하거나 중립적인 느낌 색조를 마음에 새긴다.

있는 그대로 두기

8. 어느 때든 자신이 지금 즐거운 경험을 하고 있음을 알았다

면 속으로 이렇게 말해 본다. '이걸 좋아해도 괜찮아.' 불쾌한 경험을 하고 있음을 알았다면, 이번에는 이렇게 말해 본다. '이걸 좋아하지 않아도 괜찮아.' 그런 다음 준비가 되었다면, 다시 발로 주의의 초점을 가져온다. 너무 애쓰지 않도록 한다. 특정한 느낌 색조를 즉각적으로 느끼기가 어렵다면, 내려놓고 다른 느낌 색조가 일어나기를 기다린다.

9. 마음이 너무 들떠 있다면, 걷는 중에 잠시 멈춰 골반 너비로 발을 벌린 채 그 자리에 그대로 선다. 그런 다음 마음에서 일어나는 날씨 패턴과 그것이 지닌 즐겁거나 불쾌하거나 무덤덤한 느낌 색조를 관찰한다. 혹은 한쪽 끝에 도착한 다음, 몸과 마음에서 일어나는 느낌 색조를 새겨도 좋다.

10. 마음챙김 걷기를 할 때는 자신에게 가장 도움이 되는 속도로 걷는다. 어떤 때는 천천히, 어떤 때는 평소 걷는 속도와 비슷하게 걸어도 좋다. 원한다면, 마음챙김 걷기를 하는 중에 발에 집중해 있던 주의를 다리와 엉덩이로 넓혀 볼 수 있다. 몸 전체나 주변 환경으로 주의를 넓힐 수도 있다.

마무리

11. 마침을 알리는 종소리가 울릴 때까지 혼자서 걷기 수련을 계속한다. 이번 명상에서 키운 알아차림을 일상의 평범한 걷기 경험에 가져가리라 마음먹으면서 수련을 마무리한다. 마음챙김 걷기를 위해 일상에서 일부러 너무 천천히 걸을 필요는 없다. 한 곳에서 다른 곳으로 이동할 때 조금 천천히 움직이는 것만으로도 허둥대지 않고 바르게 선 자세

로 걸을 수 있다. 이런 식으로 하루 전체에 변화를 가져올 수 있다.

마음챙김 스트레칭

이 명상의 목적은 움직이는 몸에 대한 알아차림을 계발하는 것이다. 즐겁거나 불쾌한 느낌 색조에 집중하면서 그것이 있는 그대로 존재하도록 허용하는 법을 배워 본다.

마음챙김 스트레칭을 할 때는 자신을 부드럽게 대하는 것이 중요하다. 몸을 움직이는 동안 자신을 잘 돌보라. 스트레칭의 강도를 어느 정도로 할지, 얼마나 오래 자세를 유지할지 등을 몸이 지닌 지혜가 스스로 결정하게 한다. 만약 신체상의 문제를 겪고 있다면 아무리 간단한 동작이라도 그것을 하기 전에 의사나 물리치료사와 상담하라. 특정 스트레칭을 할 수 있을지 자신이 없다면 그 자세에서 멈춰, 있는 그대로의 자기 몸에 대한 알아차림을 계발한다.

허용하기

수련 중에 언제라도 불쾌한 감각이나 싫어하는 마음을 알아차리면, 그것을 알아보면서 있는 그대로 존재하도록 허용한다. 그리고 마음속으로 이렇게 말해 본다. '이걸 좋아하지 않아도 괜찮아.' 반대로 즐겁게 느껴지는 감각을 알아차렸을 때도 그것이

161

있는 그대로 존재하도록 허용하면서 속으로 이렇게 말해 본다. '이걸 좋아해도 괜찮아.' 추천하는 몸동작 순서는 다음과 같다.

- 우선 서서 할지 앉아서 할지 결정한다.
- 손바닥이 서로 마주 보도록 양손을 머리 위로 쭉 뻗는다.
- 과일을 따듯 한쪽 손을 위로 뻗은 다음 이어서 다른 쪽 손을 뻗는다.
- 양발을 살짝 벌리고 양손은 골반을 받친 상태에서 몸을 왼쪽으로 기울인다. 가운데로 돌아왔다가 이번에는 오른쪽으로 기울인다. 만약 선 채로 이 스트레칭을 했다면 나머지 시간에는 의자나 방석에 앉아서 해 본다.
- 이제 어깨를 위, 뒤, 아래, 앞으로 움직여 본다. 각각의 위치에 충분히 머물면서 이때 일어나는 신체감각과 느낌 색조를 마음에 새긴다. 그런 다음 아주 천천히 어깨를 한쪽 방향으로 돌린다. 이어서 반대 방향으로도 돌려 본다. 순간순간 변화하는 감각과 그에 따라 일어나는 느낌 색조를 알아차린다. 그것이 있는 그대로 존재하도록 허용한다.

마무리
수련의 마지막 몇몇 순간에 마음챙김 자체의 느낌 색조를 알아차려 본다. 하루 중 언제라도 몸에 알아차림을 가져갈 수 있음을 기억하면서 마음의 중심과 균형이 잡히는 느낌을 느껴 본다. 있는 그대로 자신을 받아들이는 감각을 가져 본다.

싫어해도 '정말' 괜찮을까?

조나단은 4주 차에 어려움에 맞닥뜨렸다. 자신에게 '이걸 좋아하지 않아도 괜찮아'라고 들려주는 말이 감사할 줄 모르는 태도처럼 여겨졌기 때문이다. 이런 생각은 앞서 소개한 레나타와 마찬가지로 조나단의 어린 시절에서 비롯되었다.

신앙심이 강한 조나단의 부모님은 불만족을 드러내는 태도는 신의 섭리를 거부하는 일이라고 믿었다. 심지어 고통을 겪을 때도 매사에 감사해야 한다는 게 그들의 믿음이었다. "부모님은 신앙심이 깊은 좋은 분들이었어요. 하지만 신의 섭리와 죄에 관해서는 굽히지 않는 신념을 가지고 계셨죠. 부모님이 보기에 무언가를 싫어한다는 건 신앙심이 깊지 않기 때문이고, 따라서 뭔가를 싫어하는 사람은 '나쁜' 사람이었어요. '하나님은 우리를 위해 길을 펼쳐 보이셨다. 고난의 시기는 신앙의 시험대다. 우리는 고난의 시기에 교훈을 얻어야 한다. 그 교훈은 우리를 바로잡아 주고 우리에게 분명한 길을 보여 준다.' 이런 신념을 가진 부모님에게는 어떤 일에 대해 불만을 표하거나 감사할 줄 모르는 태도를 보이는 건 죄를 짓는 것과 마찬가지였어요. 나는 부모님과 신앙을 공유하지 않았지만, 나도 모르게 그런 태도가 내 안에 내면화되었어요."

심지어 조나단은 축축한 겨울 날씨를 싫어하는 마음처럼 사소한 감정이 들 때조차 스스로를 감사할 줄 모르는 사람으로 치부했다. 이런 태도가 반복적이고 부정적인 생각 패턴을 유발해 불안과 두려움을 키웠다. 4주 차 수련이 문제를 더 악화시켰다. '이걸 좋아하지 않아도 괜찮아'라고 말하는 일은 수십 년간 조건화된 그의 상태와 정면으로 배치되었기 때문이다. 하지만 문제의 뿌리는 이보다 훨씬 깊었다. 그는 불만을

'드러내지' 말아야 할 뿐 아니라 아예 '느끼지' 않아야 한다고 배웠던 것이다. 투덜대지 말아야 한다는 생각은 진실을 느끼고 아는 능력을 위축시켰다. 이는 만성적으로 자신이 취약하다고 느끼며 살았거나 과거에 공격, 학대, 트라우마를 겪은 사람에게서 두드러지는 증상이다.

오랜 기간 레나타와 조나단은 자신의 가장 기본적인 감정을 억누르는 법을 배우고 말았다. 그들은 혐오, 좌절, 분노 같은 불쾌한 느낌을 느낄 때면 그것을 억누르곤 했다. 또한 즐겁고 행복한 느낌을 느낄 때도 그것을 억눌렀다. 그러다 보니 점점 더 기분이 나빠졌다. 두 사람 모두 어떤 일에 긍정적인 느낌을 가지면 수치심을 느꼈고, 사람들을 좋아하지 않으면 스스로를 배은망덕한 사람으로 여겼다. 압도당하면 짜증을 냈고 화가 나면 죄책감을 느꼈다.[2] 다시 강조하지만 '~해도 괜찮아'라는 말은 즐겁거나 해로운 상황 자체가 괜찮다는 의미가 아니다. 그 상황을 좋아하고 싫어하는 느낌은 매우 자연스러운 일이라는 의미이다. 무엇보다 자신의 긍정적, 부정적, 중립적인 느낌 색조를 받아들이는 게 중요하다. 우리는 느낌 색조를 느껴야 한다. 느낌 색조를 느끼면, 그것은 자신의 메시지를 성공적으로 전달했으므로 조용히 사라진다. 그러면 그다음 순간에 더욱 평화롭고 만족을 느낄 것이다.

폴라는 느낌 색조 수련의 첫 3주 동안 어려움을 겪었다. 하지만 4주 차 초반에 힘든 시간을 보낸 뒤부터 그것들이 사라지기 시작했다. "정말 힘들었어요. 나는 매우 현실적인 사람이에요. 뭐든 확실한 걸 좋아하죠. 마음이 세상을 직접 지각하는 게 아니라 시뮬레이션한다는 등 뜬구름 잡는 이야기는 좋아하지 않아요. 현실 세계는 실재하지 않고 꿈이나 환각과 마찬가지라는 얘기처럼 들리거든요. 세상은 실제로 존재해요. 물론 나는 세상이 우리 생각과 똑같은 방식으로 존재하지 않을 수도 있다

164

는 관점에는 열려 있어요."

처음에 폴라는 마음이 세상을 구성한다는 데 의구심을 가졌다. 그럼에도 수련을 계속한 이유는 딱 하나, 함께 수업을 듣는 사람들이 유익함을 얻고 있음을 직접 눈으로 보았기 때문이다. 또 마음챙김이나 느낌 색조에 대한 믿음은 중요하지 않다는 선생님의 말에도 귀가 솔깃했다. 명상은 주문이나 기도와 다르다. 마술이 아니다. 명상은 그것을 부드럽게 지속하면서 노력을 기울일 때 변화가 시작되는 훈련이다. 그래서 명상을 '수련'이라고 부른다.

폴라의 명상 선생님은 이렇게 말했다. "느낌 색조가 어디에서 오는지 꼭 알아야 하는 건 아닙니다. 느낌 색조를 변화시키거나 없앨 필요도 없어요. 다만 느낌 색조를 분명하게 볼 수 있도록 '마음의 불을 켜세요.' 느낌 색조가 일어날 때 그것과 자신을 조금 더 친절하게 대해 보세요. 그러면 어떤 일이 일어나는지 볼 수 있습니다. 아마도 느낌 색조는 일어난 뒤에 저절로 사라질 거예요. 아무리 강렬하고 힘겨운 느낌 색조더라도 말이죠."

꾸준히 마음챙김 스트레칭을 수련하던 폴라는 마침내 선생님의 말을 이해할 수 있었다. "그날 아침에 두통이 좀 있어서 피곤함을 느꼈어요. 몇 분간 스트레칭을 하고 나서 몸 전체의 느낌 색조가 불쾌하다는 걸 알았죠. 아침에 느낀 두통이 가시지 않은 게 불쾌함의 원인이라는 것도요. 이런 생각이 들었어요. '이 감각은 불쾌해. 하지만 불쾌한 감각을 좋아하지 않아도 괜찮아.' 그러자 놀라운 일이 일어났어요. 두통이 감쪽같이 사라진 거예요. 몇 분 뒤에 또 다른 통증이 나타났는데, '이 감각을 좋아하지 않아도 돼'라고 생각하자 다시 한번 통증이 사라졌고 그 자리에 가벼운 아픔과 저림의 감각이 들어섰어요. 전혀 불쾌한 감각이 아니었어요."

y

165

폴라의 경험은 마음의 저장소가 실제로 어떻게 작동하는지, 느낌 색조를 알아보는 것만으로 어떻게 오래되고 불편한 정보가 지워지고 새로운 정보로 대체되는지를 잘 보여 준다. 그녀가 느꼈던 두통은 마음의 저장소인 캐시에 감각의 '메아리(영향)'를 남겼고, 마음의 저장소는 이 메아리를 끊임없이 반복 재생하고 있었다. 실제로 폴라가 느낀 두통은 매 순간 변하고 있음에도 마음의 저장소는 오직 가장 강렬한 순간, 즉 '최고점 통증'만을 스냅사진처럼 마음에 저장했다. 왜냐하면 최고점 통증이야말로 가장 두드러지고 중요한 신호이며, 이를 기억해야 한다고 생각했기 때문이다(오른쪽 그림 참조). 그러면 과거의 고통스러운 메아리는 현재로, 다시 미래로 끊임없이 이어진다. 폴라는 마치 최고점 통증을 대하듯 현재의 통증에 반응하고 있었다. 그런데 '이 감각을 좋아하지 않아도 괜찮아'라고 말하는 것만으로도 그 메아리를 내려놓을 수 있었다. 이를 통해 지금 이 순간 실제로 일어나고 있는 일을 느낄 수 있었고, 그것은 예상과는 전혀 달랐다.

"두통이 계속되면 으레 진통제를 찾았어요. 통증을 참는 데 소질이 없거든요. 그날도 늦은 시간에 성가신 통증이 찾아왔어요. 밤에도요. 요즘 관절통 때문에 밤잠을 설칠 때가 많아요. 계속해서 몸을 뒤척이면서 불편해하죠. 그날은 스스로에게 이렇게 말해 보았어요. '불쾌한 느낌이 일어나는구나. 하지만 이 느낌을 좋아하지 않아도 괜찮아.' 그러자 놀라운 일이 벌어졌어요. 통증이 존재한다고 확신해서 가만히 들여다보면 그때마다 실제로는 생각만큼 강렬한 통증이 존재하지 않는다는 걸 알게 되었죠. 내가 경험한 건 이전 통증의 메아리 또는 잔상이었던 거예요. 실제 통증은 생각보다 훨씬 미미했어요. 그런 경험을 한 뒤로는 훨씬 수월하게 잠들 수 있었어요."

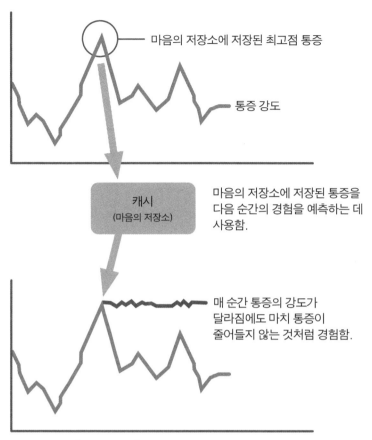

마음의 저장소에 저장된 최고점 통증

통증 강도

캐시
(마음의 저장소)

마음의 저장소에 저장된 통증을
다음 순간의 경험을 예측하는 데
사용함.

매 순간 통증의 강도가
달라짐에도 마치 통증이
줄어들지 않는 것처럼 경험함.

'최고점 통증'이 현재와 미래에 영향을 미치는 과정

주의를 기울이자 통증이 사라졌다고 해서 폴라가 느낀 통증이 실제로 존재하지 않았다는 뜻은 아니다. 그녀가 통증을 느끼지 않았다거나 없는 통증을 머릿속에서 지어내고 있었다는 의미도 아니다. 당신이 느끼는 통증도 마찬가지다. 당신은 실제로 통증을 느끼고 있다. 그러나 통증의 원인은 지금껏 생각해 오던 것과 다를 수 있으며, 통증의 강도 역시 매 순간 크게 달라질 수 있다. 여기서 중요한 것은 고통의 상당 부분을 내려놓는 법을 배울 수 있다는 점이다.

그렇다면 왜 폴라는 자신의 통증이 저절로 커지고 줄어드는 걸 알아차리지 못했을까? 왜 어떤 때는 통증이 전혀 존재하지 않는다는 걸 알지 못했을까? 우리 대부분이 그렇듯이 그녀 역시 통증 감각에 주의를 향하고 싶어 하지 않았기 때문이다.[3] 통증이 너무 강렬할까 봐 두려워서 주의를 돌리고 그것을 밀어내고 마치 존재하지 않는 척했던 것이다. 그녀가 알아차릴 수 있는 건 감각으로부터 오는 실시간 데이터가 아니라 마음의 저장소에 저장된 고통스러운 통증의 메아리뿐이었다. 그런데 느낌 색조에 주의를 기울이는 간단한 행동이 폴라가 통증 감각 사이에 존재하는 고요한 순간과 다시 연결될 수 있게 해 주었다. 이 고요한 순간에 우리는 자신을 괴롭히는 모든 것에서 어느 정도 평화를 찾을 수 있다.[4]

분만 시 통증의 변화

강렬한 통증을 관찰하는 법을 배우면 역설적으로 통증 경험을 변화시킬 수 있다. 강렬한 통증이 일어나는 순간에도 비교적 평화로운 시간을 찾을 수 있기 때문이다. 이를 잘 보여 주는 사례가 샌프란시스코 캘리포니아대학교(UCSF) 오셔 통합의학 센터의 낸시 바대크가 이끌고 있는 선구적인 작업이다. 그녀는 '마음챙김에 기반한 출산 및 양육 프로그램(Mindfulness-based Childbirth and Parenting, MBCP)'을 개발해 부모들이 임신과 출산, 자녀 양육에 더 잘 대처하도록 돕고 있다. 그녀는 『마음챙김 출산(Mindful Birthing)』에서[5] 예비 부모들에게 분만 시 통증에 적절히 대처하는 법을 가르친다. 예를 들어, 산모의 손에 얼음 조각을 쥐여 주고는 힘들게 느껴지는 (그러나 실제로는 그 자체로 위험하지 않은) 통증에 대비하게 한다. 이렇게 하면 산모는 진통 사이사이에 존재하는, 통증이 없는 순간을 더 쉽게 자각한다. 이는 강렬한 통증 감각이 마음의 저장소에 저장된다는 사실을 감안할 때 이해할 수 있는 일이다. 즉, 불쾌한 느낌 색조 때문에 산모는 통증 사이사이에 존재하는 무통증의 순간을 알아보지 못한 채 이후의 강렬한 통증 감각을 더 쉽게 예측하는 것이다. MBCP는 산모의 분만과 양육 부담을 덜어 주고, 임신과 관련한 걱정과 우울감을 감소시키며, 출산에 관하여 산모가 더 현명한 선택을 하도록 도와준다.[6]

알렉스도 4주 차에 위기를 맞았지만 마음챙김 선생님의 도움으로 어려움을 뚫고 나갔다. 알렉스는 폴라가 신체적 고통을 다루었던 방식으로 정신적 고뇌에 대처했다. 그는 정신적 고뇌가 일으키는 불쾌함을 의식적으로 받아들임으로써 반복되는 정신적 고통을 저장해 둔 마음의 저장소를 깨끗이 청소했다.

알렉스의 위기는 한 통의 이메일에서 시작됐다. 어느 날 늦은 저녁, 알렉스는 카라반 동호회의 부정기 모임을 준비하고 있었다. 몇 년 전 카라반 캠핑장에서 우연히 만나 결성된 모임이었다. 친구의 자녀들은 이제 모두 성인이 되어 집을 떠났고, 연중 한 번씩 여름에 모임을 갖고 있었다. 모임은 모두가 기대하는 한 해 최고의 행사였다. 하지만 몇 년 전부터 모임이 삐걱거리기 시작했다. 한 부부가 자신들을 모임 초대에 빠트렸다며 비난한 게 발단이 되었다. 이 일로 분위기가 흐려졌고, 그 부부는 더 이상 동호회 소식을 듣고 싶지 않다며 모임을 떠나고 말았다. 모든 회원이 그러려니 하던 차에 알렉스가 실수로 그 부부를 다시 초대 명단에 넣고 말았다. 올해 부정기 모임에 관한 소식을 이메일로 보낸 뒤에야 알렉스는 자신이 그 부부가 포함된 옛날 회원 명단으로 이메일을 보냈다는 사실을 알았다. 알렉스는 생각했다. '뭐, 두 사람 생각이 바뀌어서 다시 오겠다고 할지도 모르지.' 2분 후 답장이 도착했다. '우리에게 이메일을 보낸 이유가 뭐예요? 메일 보내기 전에 수신자 체크도 하지 않아요? 당장 수신 목록에서 우릴 지워요!'

알렉스는 자신의 실수가 한심스럽고 당황스러웠다. 누군가 부부의 화난 메시지를 여기저기 퍼 날랐다. 이런 일이 있으면 으레 기분이 좋지 않았지만, 이번 일로 그의 기분은 최악으로 추락했다. 알렉스는 마음챙김 걷기를 해 보기로 했다. 걷기를 시작하자마자 그의 마음은 곧장 이곳저곳으로 떠돌았다. 그날 저녁에 있었던 일을 곰곰이 되짚어 보다가 급기야 '동호회를 탈퇴해야 한다'라는 생각마저 들었다. '이게 다 무슨 소용이람. 늘 실수만 하잖아. 사람들에게 폐만 끼친다고.' 알렉스는 괴로움이 커지는 걸 느꼈다. '마음챙김 수련이 다 무슨 소용이야? 내가 가장 필요로 할 때 도움이 되지 않는걸. 이 끔찍한 상황을 어떻게 받아들여야 하지? 아니, 왜 받아들여야 하는 거지?'

알렉스는 다시 한번 생각의 흐름에 집중하려고 노력했다. 하지만 그 생각은 계속해서 불쾌한 느낌을 안겼다. 그때 마음챙김 선생님의 조언이 떠올랐다. 불쾌한 느낌 색조에 이름을 붙인 뒤 '이걸 좋아하지 않아도 괜찮아'라고 덧붙임으로써 내면의 불을 켜라는 조언이었다. 그러자 부정적 느낌이 가진 괴로움이 사라졌다.

"정말 놀라운 일이었어요. 나는 계속 걸었고, 5분 정도 지나자 내가 보낸 바보 같은 이메일이 다시 떠올랐죠. 그런데 이번에는 다른 감정이 일어났어요. 내가 아닌 그 부부에게 크게 화를 내고 있었어요. 거의 분노에 가까웠죠. 그런 다음 생각이 한바탕 소용돌이치고는 이 모든 것에 대해 다시 생각하기 시작했어요. 그렇게 화를 내고 몇 분이 지난 뒤에 나는 이 모든 게 어떻게 느껴지는지 주의를 기울여 보겠다고 생각했어요. 느낌 색조가 실제로 어떻게 느껴지는지 보겠다고 결심한 거예요. 생각에 빠진 상태에서 느낌 색조에 집중하는 상태로 이동하는 건 쉬운 일이 아니었지만 어쨌든 시도해 보았어요. 스스로에게 이렇게 말했어요. '아, 이것 역시 불쾌해. 하지만 이 불쾌한 느낌을 좋아하지 않아도 괜찮아.' 그러자 불쾌한 느낌이 사라졌어요."

알렉스가 말을 이었다. "평소 같으면 불쾌한 느낌이 며칠, 아니 몇 주간 계속되었을 거예요. 마음이 끔찍한 상태에 빠진 채로 말이죠. 깊고 어두운 기분은 아무리 저항해도 가시지 않았을 테고, 나 자신과 논리적으로 싸움을 벌였을 거예요. 내가 과민반응을 한 거라고, 문제는 상대방에게 있으니 이제 반격할 때라고 지적하면서요. 그러면 그들을 미워했을 테고, 나아가 카라반 동호회는 물론 화가 난 나 자신이 미워졌을 거예요. 하지만 이번에는 달랐어요. 나는 통제 불가능한 상태가 되기 전에 하강 나선을 멈췄어요. 기분을 자각하고 느낌 색조를 알아보면서 그것이 일으키는 불편함을 인지한 다음 스스로에게 이렇게 말했어요. '이 느낌 색조를 좋아하지 않아도 괜찮아.' 이렇게 말하는 것만으로도 불편함이 사라질 수 있다는 건 기적 같은 경험이었어요."

테스도 마음챙김 걷기가 힘들었지만 이유는 알렉스와 완전히 달랐다. 걸음의 감각에 주의를 집중하려고 아무리 노력해도 그때마다 마음이 딴 곳으로 달아났다. 그녀의 마음은 명상에 도무지 집중하지 못했다. 무엇보다 테스는 친구와 친구의 남편에 관한 '부적절한 생각과 공상'에 자꾸 빠져들었다. "내 문제는 아주 분명해요. 고루하고 무심한 남편 때문에 부부관계가 원만치 않다는 거죠. 이는 분명 안 좋은 일이지만, 한편으로 좋은 점도 있어요. 행복하고 건강하게 자라는 아이 셋과 더없이 안락한 생활을 누리고 있다는 사실이에요. 평소 부적절한 생각과 공상이 올라오면 금세 쫓아내곤 했지만 걷기 명상을 하는 동안에는 그런 생각이 압도적으로 다가왔어요. 그런데도 '이 생각을 좋아해도 괜찮아'라고 말하는 건 옳지 않아 보였어요."

누구나 때로 수치스럽고 다른 사람이 알면 안 될 것 같은 생각과 느낌, 충동을 일으킨다.[7] 그런 생각은 지극히 정상적이다. 마음에 저절로 일어나는 생각과 이미지, 충동에 관해 우리가 할 수 있는 일은 별로 없다. 하지만 그다음에 일어나는 일은 어떻게 해 볼 수 있다. 일어난 생각을 어떻게 대할지, 그 생각들에 따라 행동할지 말지 선택할 수 있다. 도덕과 윤리는 행동에 관한 것이지 우리가 떠올리는 생각의 내용에 관한 것이 아니다. 만약 '나는 나쁜 사람이야', '미쳐 버릴지도 몰라', '나는 위험한 사람이야' 같은 생각이 일어날 때 이를 사실로 믿고 그렇게 결론 내린다면 더욱 기분이 나빠질 뿐이다. 그러면 안 그래도 취약한 기분은 더욱 나빠지고, 앞으로 그런 생각이 일어날 가능성이 더 높아진다.

테스는 마음 깊은 곳에서 이 모든 사실을 알고 있었지만 여전히 마음에 떠오르는 공상으로 인해 마음이 불편했다. 공상은 걷기 명상을 할 때 더욱 두드러지게 나타났다. 그럼에도 테스는 마음챙김 걷기를 계속하면서 할 수 있는 한 동작에 마음챙김을 가져가려고 노력했다. 그러자 서서히, 아주 조금씩 공상들의 실체가 보이기 시작했다. 그것들은 마음에서 일어나는 즐겁거나 불쾌하거나 즐겁지도 불쾌하지도 않은 중립적인 성격의 정신적 사건[mental events]이었다. 테스는 복도를 왔다 갔다 걸으면서 공상이 일어났다 사라지는 것을 보았다. 명상 선생님의 조언에 유의하면서 각각의 부적절한 생각이 즐거운 느낌 색조를 일으키는 과정에 주의를 기울였다. 또 즐거운 느낌에 대해 자신이 일으키는 반응(죄책감과 수치심)이 어떻게 불쾌한 느낌 색조를 연쇄적으로 일으키는지도 볼 수 있었다.

"명상 선생님의 말이 기억났어요. 느낌 색조에 대한 마음챙김에는 수호천사처럼 우리를 지켜 주는 기능이 있다는 말이요. 그건 무엇보다 '분명하게 보는 것'이었어요. 어떤 현상이 어떤 결과로 이어지는지 지켜보는 거죠. 나는 일찌감치 한발 뒤로 물러나 큰 그림을 볼 수 있었어요. 일어난 생각과 충동을 있는 그대로 알아보는 일과 그 생각과 충동에 힘을 실으며 거기에 빠져드는 일은 서로 다르다는 걸 알았어요. 생각하는 것과 생각에 이끌려 행동하는 건 전혀 달라요. 많은 경우에 이 둘은 확연히 다르죠."

분명하게 보기의 핵심은 공상과 실재의 차이를 직접적으로 아는 것이다. 그래야 현명한 행동을 할 수 있다. 테스가 경험한 것과 같은 생각, 이미지, 충동이 중요하게 여기는 가치를 훼손하는 것처럼 보일지 모른다. 실은 그렇지 않다. 그것들은 단지 생각, 이미지, 충동에 불과할 뿐 그 이상은 아니다. 그것들은 실재하지 않으며, 그것이 지시하는 명령에 반드시 따를 필요가 없다. 생각, 이미지, 충동이 곧 '나'는 아니다. '나'는 '나의 생각'이 아니기 때문이다. 판단하지 않으면서 그저 단순하게 알아보는 것만으로도 그것들은 저절로 사라진다. 당신이 취약한 상태에 있다고 느낀다면, 그리고 당신의 과거 행동이 지금의 문제를 일으킨 것이라면, 이처럼 생각·이미지·충동이 일어남을 단지 알아봄으로써 위험에서 벗어나 시간을 벌 수 있다.

특히 중독이나 위험 행동으로 힘들어하는 사람은 이 방법이 도움이 된다. 이 방법으로 지치거나 배고프거나 외롭거나 화가 나는 등 가장 위험한 순간을 예측할 수 있다. 사실 이 위험한 순간에 우리는 스스로 중독에 빠지거나 위험 행동을 저지를 '당연한 자격'이 있다고 믿기 쉽다. 그러면 현명한 선택을 내리기 어려워진다. 우리는 누구나 크고 작은 약점을 가지고 있으며 어느 정도 중독 행위에 빠져 있다. 이때 자신의 취약한 부분에 대해 미리 알고 있는 것이 매우 중요하다. 예를 들어 도박 문제가 있다면, 마음에 일어나는 도박 충동을 단지 알아봄으로써 특정 도박장을 지나다니지 않거나 특정 도박 사이트를 차단하는 등의 방법을 취할 수 있다. 또한 알코올 문제가 있다면 특정 술집을 지나다니지 않는 방법을 쓸 수 있다. 이처럼 '깨어 있는 회피[mindful avoidance]' 전략은 꽤 유용한 방법이다.[8]

한편 이와 정반대의 전략이 있는데 (이는 단연코 우리를 더 큰 괴로움에 빠트린다) '깨어 있지 못한 상태로 행하는 회피[mindless avoidance]'가 그것이다. 우리는 이 덫에 빠지기 쉽다. 8장 서두에서 삶의 긍정적인 경험을 받아들이지 못하는 조나단의 사례를 보았다. 조나단의 문제는 성장 과정에 뿌리가 있었다. 성장 과정에서 그는 주변에 고마움을 모르는 사람으로 보이지 않으려고 어떤 것이든 싫어하는 마음을 조금도 표현하지 않고 속으로 억눌렀다. 그러자 삶의 긍정적인 것을 알아보는 능력도 함께 줄어들고 말았다. 기억하겠지만, 삶의 즐거운 것을 알아보는 능력은 삶의 부정적인 것에 지혜롭게 다가가는 법을 익히는 일과 더불어 동전의 양면과도 같다. 하나를 피하면 다른 것도 피하게 된다.

우리가 즐거운 일을 경험하지 못하는 또 다른 이유가 있다. 바로 우리가 너무 바쁘게 살고 있다는 점이다. 우리 마음은 언제나 미래에 가 있다. 언제나 다음 순간을 내다보며 지금 여기가 아닌 다른 곳에 이르려 하고 있다. 출발도 하기 전에 마음은 이미 목적지에 가 있다. 지금 여기에서 펼쳐지는 현재 순간을 알아차리지 못함으로써 삶의 '작은 것들'이 우리를 스쳐 지나가고 만다. 이런 경향은 마음의 미세한 편견 때문에 더 악화된다.[9] 이와 관련해, 명상 지도자 마틴 배철러는 학생들에게 -10점에서 +10점까지 불쾌함과 즐거움의 척도를 상상하게 했다. 그 결과 대부분은 부정적인 것에 더욱 민감한 것으로 드러났다. 우리는 -1점 정도의 불쾌함도 금세 인지하는 반면, 즐거움에 대해서는 평균 +5점은 되어야 그것에 주의를 향한다. 이는 작은 즐거운 순간들이 계속해서 우리를 지나치고 있다는 의미이다. 이렇게 평생 형성되어 온 균형을 바꾸는 데는 오랜 시간이 걸릴지 모른다. 그러나 다행히도 아래 연습을 통해 지금 바로 변화를 일으킬 수 있다.

열 손가락 감사 연습

이 연습은 일상에서 작은 즐거운 순간들을 알아보는, 매일 할 수 있는 짧막한 수련이다.

1. 자리에 앉거나 누워서 잠시 마음의 중심을 잡는다. 그런 다음 호흡에 주의를 머물게 한 뒤, 준비가 되었다면 앉거나 누

175

위 있는 몸 전체로 주의를 확장한다.

2. 지난 24시간 또는 마지막으로 이 연습을 한 때부터 지금까지의 시간을 돌아보며 감사한 일 열 가지를 떠올려 본다. 손가락으로 열 가지를 세면서 하루 동안의 평범한 일들을 알아차려 본다.

3. 네다섯 가지의 감사한 일을 센 다음, 더 이상 생각이 나지 않더라도 열까지 셀 수 있는지 살펴본다. 지극히 사소해 잘 알아보지 못하는 일들에 의도적으로 알아차림을 가져가 본다. 수도꼭지에서 나오는 물, 세탁기와 건조기, 입에 떠 넣는 한 숟갈의 음식, 입에 살짝 댄 따뜻한 음료, 지나가는 행인의 미소, 나뭇가지를 일렁이는 산들바람, 아름다운 벽의 색깔 등. 그 밖에도 감사할 수 있는 크고 작은 일들이 얼마든지 있다. 그 모든 것이 우리가 알아봐 주기를 기다리고 있다.

4. 준비가 되었다면, 다시 호흡으로 돌아온다. 매 호흡이 우리에게 선사하는 생명의 양분에 다시 한번 고마움을 느끼면서 열 손가락 감사 연습을 마무리한다. 오직 이번 호흡, 또 그다음의 호흡을 느끼며 마무리한다(명상 4.6과 4.7).

일상의 마음챙김 수련: 감사하기

매일 즐거운 일을 발견하는 사소한 순간을 찾아본다. 대단하거나 중요한 일일 필요는 없다. 그것을 알아볼 때 내면에서 잠시 멈출 수 있는지 살펴본다. 그 순간 몸의 감각은 어떠한가? 지금 서 있거나 자리에 앉아 있거나 움직이고 있는 자신의 몸에 주의를 보내 본다. 몸이 어떠한 상태이든, 있는 그대로 존재하도록 허용하면서 속으로 이렇게 말해 본다. '이 느낌을 좋아해도 괜찮아.' (처음 이틀은 명상 4.8을 들으면서 한다.)

레나타는 감사한 일에 주의를 기울이는 연습이 처음에는 무척 어려웠지만 하면 할수록 수월해졌다. "감사한 일 열 가지요? 처음엔 엄청 많게 느껴졌어요! 직장에서 지내는 동안 두 시간마다 한두 가지 감사한 일이 있어야 한다는 거잖아요. 절대 쉽지 않아요. 어쨌거나 금요일 저녁 직장에서 귀가해 멋진 식사를 마치고 몇 시간 뒤부터 감사 연습을 시작해 보기로 했어요. 분명히 잘 안될 거라고 예상했는데, 사소하지만 분명한 일들에 초점을 맞추려고 마음먹자 감사 연습이 훨씬 쉬워졌어요. 이를테면 저녁 식사 중에 즐거운 일이 두 가지 있었어요. 식사 후의 와인 한 잔은 세 번째 감사한 일이었고요. 그러자 금세 일곱 가지나 감사한 일을 셀 수 있었지 뭐예요. 그 뒤에는 살짝 어려워졌지만 어쨌든 열 가지를 셀 수 있었어요."

레나타는 감사 연습을 통해 그날 하루 일어난 좋은 일과 나쁜 일에 대해 더 명료하게 생각할 수 있었다. 그리고 이것이 그다음 날에도 좋은 영향을 미친다는 걸 알았다. 그 주의 중반에 이르자 레나타는 하루 중 사소하고 즐거운 일이 일어나는 바로 그 순간에 그것을 알아보고 감사할 줄 알게 되었다. 손가락을 이용해 열 가지를 세는 것도 도움이 되었다. 레나타는 손가락을 가볍게 터치하며 스스로에게 이렇게 말했다. '바로 지금이 내가 감사하고 있는 순간이야.' 이는 알아차림의 순간이었다. 그녀는 몸을 움직이는 수련과 감사 수련이 하나로 이어질 수 있다는 사실도 깨달았다. 전에는 자신의 발이 어떻게 움직이는지 알아차리지 못했지만, 이제는 걷거나 몸을 뻗는 등의 단순한 신체 동작에 정말로 감사하는 자신을 볼 수 있었다.

레나타와 마찬가지로 조나단도 처음에는 감사 수련이 힘들었다. "모든 일에 감사해야 한다고 가르치는 가정에서 자랐기 때문에 감사 수련이 쉬울 거라고 생각했지만 전혀 그렇지 않았어요." 그 주의 중반에 이르러서야 조나단은 감사한 것 열 가지가 아주 중요하거나 분명한 일일 필요는 없다는 걸 깨달았다. 그러자 미묘한 변화가 일어났다. 레나타처럼 조나단도 즐겁거나 불쾌한 일이 일어나는 바로 그 순간에 그것을 경험할 수 있었다.

"마치 콘서트가 끝난 뒤에 누군가가 등을 환하게 켠 것처럼 느껴졌어요. 연주가 끝난 뒤에 조명이 켜지면 사람들의 웃는 얼굴이 보이고, 침묵 끝에 우레와 같은 박수 소리가 퍼져 나가는 게 들리잖아요. 피부에는 흥분의 닭살이 돋고요. 물론 바닥에 널린 지저분한 쓰레기며 페인트칠이 벗겨진 연주장 벽도 보이겠지요. 하지만 그건 모두 실재하는 거예요. 어둡고 칙칙하지만 그 모든 게 사랑스럽고 흥미롭죠. '살아 있다'라는 건 바로 이런 게 아닐까요. 나에겐 그렇게 느껴졌어요. 오랜 기간 즐겁거나 불쾌한 경험들을 억압하며 살아왔는데 갑자기 다시 생생하게 살아난 기분이었어요."

그 주가 지나면서 조나단의 마음은 자연스럽게 사소한 일들에 더 초점을 맞추기 시작했다. 어느 날엔가 10분 정도 걷던 중에 발이 차가운 바닥에 닿는 느낌이 좋다는 걸 깨달았다. 조나단은 속으로 이렇게 말했다. '아, 즐거운 느낌이구나. 이 느낌을 좋아해도 괜찮아.' 그런 다음 얼굴에 스치는 신선한 공기를 관찰했다. 그러면서 '아, 즐거워. 이 즐거움을 즐겨도 좋아'라고 속으로 말했다. 그는 있는 그대로 놓아두는 자신의 새로운 태도가 점차 자리를 잡아 가고 있음을 알았다. 조나단은 점점 노력을 적게 들이고도 자신의 느낌을 있는 그대로 허용하면서 즐길 수 있었다. 잠시 삶의 속도를 늦추어 몸과 발 속으로 들어가 지금 이 순간에 존재해도 괜찮다고 느꼈다. 나아가 +1~2 정도 수준의 즐거움을 알아보기 시작했다. '샌드위치 맛이 괜찮네. 지금 신고 있는 신발이 편안하네. 오늘은 두통이 없네? 물이 시원해서 마시기 좋아' 같은 것들이었다. 편안하게 즐기는 느긋한 아침 시간, 시원한 바깥 공기, 파트너와 나누는 대화, 일요일의 맛있는 점심, 낮잠, 오후에 마시는 차 한 잔, 재미있는 소설, TV 시청, 언덕 너머로 넘어가는 일몰, 저녁별을 처음 맞이하는 순간, TV로 좋아하는 축구팀의 승리 장면을 시청하기 등 그 밖에도 조나단은 감사한 일이 매우 많다는 걸 알았다. 만약 감사한 일 열 가지를 채우지 못할 때는 호흡에 집중했다. 오직 이 호흡 그리고 다음 호흡에 집중했다. 그러자 매 순간 우리에게 커다란 생명의 양분을 공급해 주는 호흡에 대한 감사의 감각이 깊어졌고 나아가 경외감마저 느껴졌다.

9장

5주 차:
의식 아래에서 일어나는 느낌 색조

3부작 판타지 소설 『황금나침반』의 인상적인 도입부에서, 작가 필립 풀먼은 한 소녀가 오래된 대학 건물의 텅 빈 음울한 홀에서 천천히 움직이는 장면을 묘사한다. 홀에는 손님들이 앉을 테이블이 놓여 있다.

> 단상까지 온 리라는 열린 식당 문을 다시 돌아본 뒤 아무도 없는 것을 확인하고는 높은 식탁 옆으로 올라갔다. 그곳에는 금으로 된 식기들이 놓여 있었다. 열네 명이 앉을 만한 긴 의자는 오크나무가 아닌, 벨벳 쿠션이 달린 마호가니 의자였다.
> 리라는 총장석에 놓인 커다란 유리잔을 손가락으로 부드럽게 튕겼다. 쨍하는 맑은소리가 홀에 울려 퍼졌다.

현대 물리학에 매료된 풀먼은 물리학의 원리를 문학적 아이디어를 탐구하는 데 적용한다. 그는 어느 에세이에서 '이야기의 기본 원소는 무엇인가'라는 질문을 던진다. 더 이상 분해할 수 없는 가장 작은 이야기의 요소가 무엇이냐는 물음이다.[2] 그에 따르면, 우리는 이야기가 하나하나의 단어로 구성된다고 생각하지만 대부분의 이야기 경험은 어릴 적 읽었던 그림책에서 시작한다. 확실히 언어는 이야기에서 꼭 필요한 요소이다. 그러나 당신은 발레, 마임(무언극), 음악을 통해서도 이야기를 전할 수 있다는 사실을 알고 있다.

풀먼은 이렇게 말한다. "나는 이야기가 사건으로 이루어져 있다고 생각한다. 따라서 이야기를 구성하는 최소 입자는 우리가 발견하는 작은 사건들이다."[3] 풀먼은 컵에 우유를 따르거나 누군가의 잔에 독약을 넣는 장면을 예로 든다. 『황금나침반』에서 작은 사건들이란 리라의 행동을 말한다. 단상에 다가가고, 뒤를 돌아보고, 식탁에 오르고, 커다란 유리잔을 튕기는 행동 말이다. 이 사건들이 이야기를 구성하는 기본 입자인 이유는 무엇일까? 그것은 각각의 사건이 작은 행동들과 더불어 우리 마음속에 일정한 그림을 그리게 하기 때문이다. 그 그림에는 소리, 냄새, 맛, 생각, 느낌, 감정, 심지어 감각도 함께 따라온다. 그것들은 시간상의 한순간을 포착한다. 플래시를 터뜨려 한 장의 사진을 찍는 것과 같다. 이야기를 구성하는 각각의 사건이 연속으로 이어지면서 의식의 흐름이 만들어진다. 이제 우리는 이야기꾼이 절대 권력을 쥐는 세상 속으로 빨려 들어간다.

'이야기를 구성하는 입자'인 사건이 중요한 이유(그리고 풀먼이 뛰어난 이야기꾼인 이유)는, 그것이 우리 마음을 근본적인 차원에서 건드린다는 점에 있다. 풀먼은 행동 또는 사건이 '이야기를 구성하는 입자'라고 말했지만 또한 그것은 마음을 구성하는 입자이기도 하다. 즉, 각각의 행동과 사건은 우리의 의식을 형성하는 근본적인 입자이기도 한 것이다. 행동과 사건 하나하나는 우리가 만드는 일련의 정신 모형에서 각각의 프레임을 구성한다. 이는 카메라 셔터를 잠시만 눌러도 여러 장의 사진을 찍어 버리는 연속촬영 기능과 비슷하다.

우리는 행동을 통해 세계를 이해한다. 그리고 우리가 상호작용하는 주변의 사물은 우리의 '확장된 마음'의 일부가 된다. 이 새롭고 흥미진진한 아이디어를 조금 더 살펴보자. 지금부터 말하는 내용이 다소 어색하게 들릴지 모르지만, 이것은 완전히 새로운 통찰을 제공해 당신의 명상 수련을 완전히 다른 차원으로 이동시켜 줄 것이다. 이는 최신 신경과학에 근거하고 있으며 최근까지 잘 알려지지 않았던 내용이다. 그런데 역설적이게도 이 생각들의 많은 부분이 초기불교나 고대 그리스철학과 놀랍도록 유사한 면을 갖고 있다.

이야기는 우리가 생각하는 방식, 세상을 이해하는 방식에서 비롯한다. 오랜 시간 의식과 주의를 탐구해 온 심리학자 스티브 티퍼와 그의 팀은 필립 풀먼과 놀랍도록 유사한 점을 발견했다. 단지 논리적인 생각만으로는 세상을 이해하기 불가능하다는 점이다. 나아가 우리는 세상과 직접 물리적으로 상호작용하는 과정에서 세상에 관한 그림을 만들어 간다는 점이다. 가장 기본적인 차원에서도, 우리는 특정 사물을 가지고 무엇을 할 수 있는지 마음과 신체가 알아내려 애쓰는 과정에서 그것들을 인지하고 이해할 수 있을 뿐이다.[4] 컵을 보는 것만으로도 컵을 쥐는 데 필요한 뇌 부위가 활성화된다. 컵을 쥐려는 의도를 내지 않고, 심지어 특정 행동이 잇따르지 않더라도 말이다.[5] 단지 컵을 인지하는 것만으로도, 즉 저 사물이 무엇이고 어떤 용도로 쓰이는지 아는 것만으로도 마음과 몸은 컵의 용도에 관해 마음속에서 시뮬레이션을 행한다.[6] 마음의 관점에서 볼 때 사물은 그 자체에 관한 수많은 정보를 담고 있다. 다소 기이

한 방식이긴 하지만, 뇌는 그것이 가진 기억의 일부를 사물로부터 가져옴으로써 더 크고 확장된 마음의 일부가 된다. 즉 사물의 용도에 관한 이해가 그 사물에 이미 깃들어 있다고 (또는 함축되어 있다고) 말할 수 있다. 그래서 특정 사물을 볼 때, 우리는 그에 관해 의식적으로 생각하지 않더라도 그것을 어떻게 사용하는지 직관적으로 안다.

이는 우리가 마주치는 모든 사물에 적용된다. '망치'라는 단어를 보거나 들으면 망치를 사용하는 데 필요한 뇌 부위가 활성화된다. 그 순간 망치를 어떻게 사용하는지, 어디에 사용하는지 직관적으로 안다.[7] 만약 당신이 운전자이고 '자동차'라는 단어를 들었다면, 운전에 관해 의식적으로 생각하지 않더라도 당신은 몸과 마음으로 운전을 시뮬레이션할 것이다. 이 모든 것은 의식 아래의 영역에서 자동으로 일어난다. 이 '행동 입자들' 하나하나가 연속으로 이어져 의식의 흐름을 만들어 내고 시뮬레이션이 지배하는 세상으로 당신을 데려간다.

실제로 이것은 우리가 어떤 사물을 보거나 인지할 때마다 의식 영역 아래에서 자동으로 '행동에 대한 준비'에 돌입함을 의미한다. 사물을 인지한 결과가 순차적으로 발생하는 것이 아니라, 머릿속에서 상상한 행동과 반응이 세상을 이해하는 데 필연적으로 개입한다는 것이다. 행동을 '인지하는' 뇌 과정과 '실행하는' 뇌 과정은 유사하다. 각종 연구가 이 사실을 뒷받침한다. 예를 들어, 어떤 사람이 들어 올리는 물건의 무게를 당신에게 가늠해 보라고 했다고 하자. 그러면 당신의 뇌 운동 및 신체 감각계가 활성화되며(이 부위는 당신이 직접 그 물건을 들었을 때 활성화되는 부위다)[8], 신체는 자동으로 행동에 돌입할 준비를 한다. 이 아이디어를 더 깊이 살펴보기 위해 스티브 티퍼와 그의 동료들은 참가자들에게 커피잔을 들어 올리는 손을 촬영한 짧은 동영상을 보여 주는 실험을 진행했다. 동시에 참가자들의 뇌 활동을 기록했는데, 이는 다른 사람의 행동을 보는 것만으로도 특정 뇌 부위(행동을 실행할 때 변화한다고 알려진 뇌 부위)가 영향을 받는지 알아보기 위함이었다.[9] 실험 결과, 참가자들이 실제로 커피잔을 들었을 때 보이는 특정한 변화가 뇌에서 나타났다.[10] 타인의 행동을 목격하는 것만으로도 참가자들의 신체는 타인과 똑같이 반응하도록 몸을 준비시킨 것이다. 더불어 인지에 필요한 뇌와 신체 시스템은 행동에 필요한 뇌와 신체 시스템과 동일한 것으로 나타났다.

이는 신체 상태가 주변 세상을 해석하고 이해하는 데 핵심적인 역할을 한다는 사실을 의미한다.[11] 또한 이는 세상을 해석하고 이해하는 것뿐 아니라 공감, 연민, 일반적으로 타인을 이해하는 데도 그대로 적용된다. 우리 뇌에는 타인의 행동을 시뮬레이션하는 '거울 뉴런'이 존재하기 때문이다. 의자 다리에 발가락을 찧은 사람을 보면, 당신도 움찔하며 그 사람과 비슷한 정도의 통증을 순간적으로 느낄 수 있다. 누군가 웃거나 울거나 화가 난 것을 보면, 당신도 마음과 몸으로 그것을 시연하며 그들이 느끼는 감정을 어느 정도 비슷하게 느낀다. 마치 자신이 실제로 행하고 있는 것처럼 타인의 행동을 감지한다.[12] 이는 각종 중독을 일으키는 핵심 기제이기도 하다. 알코올 중독자가 와인 병을 보거나 코카인 중독자가 흰색 가루를 보는 것만으로도 재발 위험이 증가하는 이유이다. 또한 이것은 긍정적이거나 부정적인 감정이 우리 사회를 빠르게 휩쓸고 지나가는 이유, 선전과 선동 그리고 소셜미디어 네트워크가 왜 그토록 강력한 힘을 발휘하는지도 말해 준다.

이제 우리는 문제의 핵심에 이르렀다. 우리 마음은 의식적인 입력이나 통제를 전혀 가하지 않아도 활동의 많은 부분을 의식의 표면 아래에서 수행하고 있다는 사실이다. 이것이 가능한 이유는, 특정 활동을 수행했음을 우리가 의식적으로 알지 못해도 많은 사물을 인지할 수 있기 때문이다.[13] 의식하(意識下) 지각[subliminal perception, 감각기관이 감지할 수 있는 최소한의 자극에 미치지 못해도 그 자극을 무의식중에 느끼는 일-옮긴이]에 관해 알려진 바에 의하면 이는 그다지 놀라운 일이 아니다. 적절한 사례를 '의식하 자극[subliminal priming]'을 이용한 실험에서 찾을 수 있다.

일련의 실험에서 참가자들에게 버튼을 눌러 '기쁨', '죽음' 같은 단어들에 반응하게 했다. 버튼을 눌러 그 단어가 즐겁게 느껴지는지 불쾌하게 느껴지는지 표현하도록 한 것이다. 여기에 한 가지 함정을 파두었다. 실험에서 즐거움과 불쾌함을 판단할 목표 단어를 제시하기 직전에 참가자에게 '자극' 단어를 보여 주도록 컴퓨터를 설계한 것이다. 자극 단어는 순식간에 나타났다 사라져서 누구도 실제로 볼 수는 없었다.[14] 그럼에도 실험 결과는 참가자들이 자극 단어를 '볼 수 있었음'을 나타냈다. 다만 의식하지 못했을 뿐이다. 그리고 이는 참가자들의 전반적인 지각에 놀라울 정도로 큰 영향을 미쳤다. 자극 단어가 부정적이었을 때(예를 들어 '슬픈'이라는 자극 단어를 보였을 때) 참가자들은 긍정적인 단어(예를 들어 '행복한' 같은 단어)에 대한 반응 속도가 느려졌고, 대신 '죽음' 같은 부정적 단어에 대한 반응 속도가 증가했다. 이와 반대도 진실이었다. '기쁨' 같은 긍정적인 자극 단어는 '행복한' 같은 긍정적 단어에 대한 반응 속도를 높이는 한편, '죽음' 같은 부정적 단어에 대한 반응 속도를 늦추었다.[15] 다시 말해, 참가자들의 예상이 결정적으로 중요한 역할을 했다고 할 수 있다. 심지어 참가자들이 스스로 예상하고 있음을 깨닫지 못했을 때조차 (아니, 특히 그런 경우에) 예상은 매우 중요한 역할을 했다. 실험 참가자들은 무언가 긍정적이거나 부정적인 것이 제시되고 있으며 자신이 그에 반응하고 있다는 사실을 잠재의식에서 감지하고 있었던 것이다. 참가자들의 이런 반응은 이후의 시간들에 대한 그들의 태도에도 지속적으로 영향을 미쳤다.

그러나 우리는 주어진 자극에 어떻게 반응할지 예상한 다음, 그저 사건이 일어나기만을 수동적으로 기다리지 않는다. 우리 몸은 행동에 대한 준비를 하고, 행동하는 데 필요한 자원을 전반적으로 조정한다. 신경과학자 리사 펠드먼 배럿은 이를 '우리 몸이 필요로 하는 것에 대한 예산 짜기[budgeting]'라고 명명한다. 다시 말해, 우리는 몸이라는 은행 계좌에서 필요한 자원을 인출하며 중요한 인풋과 아웃풋에 대한 재고조사를 한다. 내부수용감각을 통해 신체의 이런 예산 편성 과정을 직접 느낄 수 있다. 내부수용감각은 혈류량의 변화, 행동에 필요한 근육 준비, 호르몬 분비, 에너지 및 자원 수치 변동 등 체내에서 일어나는 자극이나 변화를 감지하는 감각을 말한다.[16] 매 순간 진행되는 신체의 예산 편성 과정은 직감적으로 시작된다(그렇다, 직감이 가장 잘 안다). 근육이 수축되고, 팔과 다리가 움직임에 대비하며, 위장과 어깨가 조이면서 긴장감을 느낀다. 때로 이 준비 과정은 미묘하고 거의 감지되지 않을 때도 있지만 어떤 때는 그다지 미세하지 않아서 당신은 팔다리가 위치를 바꾸고, 체온이 오르락내리락하며, 경계 수준에 변화가 생기고, 가슴이 벌렁거리고, 배가 조이며 심지어 메스꺼움이 일어나는 것을 직접 느끼기도 한다. 마치 군대에 소집 동원령을 내려 작전에 대비하는 것과 같아서 전체 몸 상태가 순식간에 바뀐다.

이것이 우리가 늘 빠져 있는 반추(곱씹음)나 걱정에 대해 무엇을 이야기해 주는지 생각해 보자. 반추는 했거나 했어야 한다고 여기는 과거 행동을 재차 곱씹는 일이다. 걱정은 두려움이 현실이 되지 않기 위해 취해야 한다고 생각하는 미래의 행동에 관한 것이다. 한밤중에 침대에서 몸을 뒤척일 때, 당신은 이미 지나간 행동이나 앞으로 해야 할 행동에 관해 일련의 시뮬레이션(또는 연속 사진 촬영)을 끝도 없이 반복 실행하는 중이다. 당신의 몸은 스스로 준비하고 있다. 몸이 가진 자원을 준비시키고, 몸이 가진 힘을 결집시키며, 행할 가능성이 낮은(확실히, 지금 당장은 하지 않을) 행동을 준비하고 있다. 그러니 몸을 뒤척이는 게 전혀 이상하지 않다. 불쾌한 마음 상태에 대해서도 마찬가지다. 불안과 스트레스는 우리 몸이 행동에 대해 끝도 없이 무익하게 대비하고 있음을 나타내는 표시이다. 우울과 탈진은 몸이 예산을 이미 다 써 버리고 마이너스가 되었음을 나타낸다.

여기서 느낌 색조가 중요한 역할을 한다. 느낌 색조는 이 과정에 영향을 주고받는다. 순환적인 영향이다. 그리고 많은 경우, 악순환의 영향을 주고받는다. 느낌 색조가 지닌 강도와 방향은 당신이 머릿속으로 상상하는 행동에 방향을 부여하고 긴박감을 안긴다. 상상한 행동은 다시 정신 모형에 큰 압박감을 부여한다. 그러면 정신 모형은 더욱 견고해지고 마치 실재하는 것처럼 느껴진다. 다른 출구가 없는 것처럼 보인다. 그리고 몸은 이를 확인한다. '이것 봐, 내 몸이 준비하고 있잖아.' 그러나 실제로 당신을 탈진에 이르게 하는 주범은 상당 부분 하지 않아도 되는(아마도 결코 하지 않을) 행동을 준비시키는 몸이다. 당신의 몸은 전쟁에 대비해 끝도 없이 군대를 동원하지만 동원한 다음에는 번번이 해산시킨다.

물론 반드시 이렇게 되어야 하는 건 아니다. 5주 차의 목표는 당신이 겪고 있는 어려움의 근원과 그 해결책에 더 가까이 다가가는 것이다. 우선 느낌 색조가 가진 자연스러운 기복에 초점을 맞춘다. 그런 다음 마음과 몸이 행동을 준비하는 과정을 지켜보고, 이어서 행동해야 한다는 생각을 내려놓을 때 어떤 일이 벌어지는지 살펴본다. 이때 속으로 부드

187

럽게 자신에게 이렇게 말해 본다. '지금 당장 뭔가를 할 필요는 없어.' 마음챙김의 맥락에서 볼 때 이 말은 어쩌면 가장 강력한 말인지 모른다.

5주 차 수련

• **매 순간의 느낌 색조 명상** – 이번 주 7일 가운데 최소 6일 동안 수련한다. 하루 10분 두 차례(명상 5.1) 또는 하루 20분 한 차례(명상 5.2) 수련한다. 지침에 익숙해지면 최소 지침 버전(명상 5.4)을 자유롭게 사용하거나 단지 종소리만으로 수련해 본다. 이번 주에 적어도 하루는 30분 동안 수련한다(명상 5.3).

• **일상의 마음챙김 수련: 일상생활의 느낌 색조 알아차리기** – 이번 주 7일 가운데 최소 6일 동안 수련한다. 처음에는 서너 개 활동으로 시작해 점차 수를 늘려 간다. 처음 이틀은 수련에 익숙해지기 위해 안내 음성(명상 5.5)을 들으면서 수련한다.

'매 순간의 느낌 색조 명상'을 할 때 기억할 점이 있다. 느낌 색조가 수련 경험에서 일정한 부분을 차지하지만, 그것은 매우 빨리 일어났다 사라질 수 있다는 점이다. 따라서 수련 목적은 일어나는 모든 느낌 색조가 아니라 당신에게 직접 영향을 미치는 느낌 색조만을 포착하는 것이다. 이번 주 명상에서는 느낌 색조를 포착하는 보조 도구이자, 느낌 색조에 집중하도록 부드럽게 상기시켜 주는 도구로서 호흡을 활용할 것이다. 그러나 호흡 자체의 느낌 색조나 호흡 주기의 특정 시점에 일어나는 느낌 색조에 초점을 맞추려는 건 아니다. 느낌 색조는 신체 또는 마음의 어느 부위에서든 일어날 수 있다. 또 한순간 나타났다가 바로 다음 순간에 사라지기도 한다. 당신이 할 일은 느낌 색조가 언제 어디에서 일어나든 그것을 알아차리는 것이다. 특히 날숨을 내쉴 때 (대개는 고요해지는) 마지막 순간의 느낌 색조에 집중해 본다.

　　매일 수련하며 알게 된 내용을 기록하면 도움이 된다. 일기를 통해 기록을 남기면 수련의 진행 과정에 관해 쓸 수 있어서 좋다. 수련할 때 생기는 어려움이나 즐거움, 새롭게 알게 된 내용 등을 적어 보라.

　　'일상생활의 느낌 색조 알아차리기' 연습을 통해서는 하루 중 여러 활동의 느낌 색조를 알아차릴 수 있다. 처음에는 음료를 만들러 부엌에 가는 일, 식사를 하고 이를 닦는 일 등 제한된 활동을 선택해 그 활동을 하는 동안 일어나는 느낌 색조를 관찰한다. 그런 다음 이번 주를 지나면서 주의를 기울이는 활동의 수를 조금씩 늘려 본다. 일어나는 느낌 색조에 당신이 어떻게 반응하는지도 살펴본다. 즐거운 느낌 색조가 일어나는 순간은 붙잡으려 하고, 불쾌한 순간은 없애려 하며, 지루하거나 밋밋해서 가만있지 못하고 달아나려 하는 반응을 살피는 것이다. 특히 지루한 나머지 벗어나려는 순간에 당신은 TV나 라디오를 켜거나 먹거리를 찾는 등 새로운 자극을 구할지 모른다. 어떤 때는 느낌 색조가 이미 사라지고 없지만 지나간 자리에 남은 자국을 통해 알게 되는 경우도 있다. 예를 들어 라디오를 켜거나 핸드폰을 확인한 뒤에야 중립적인 느낌 색조를 관찰하게 된다. 이런 일이 반복적으로 발생하더라도 자신을 비난하지 않아야 한다. '머릿속에서 길을 잃었다'라고 느껴진다 해도 이는 지극히 정상적인 현상이다. 이때는 생각과 행동의 연쇄에서 깨어난 순간에

189

일어나는 느낌 색조를 가능한 한 부드럽게 관찰하면 된다. 잠시 멈춰 느낌 색조가 있는 그대로 존재하도록 놓아둔 다음, 습관적으로 행동하기보다 무엇을 할지 의식적으로 선택한다. 어딘가를 향해 걷거나 누군가를 기다릴 때처럼 매일 하는 활동 사이사이에 빈틈이 생길 때 이 수련을 하도록 목표를 세워야 한다.

매 순간의 느낌 색조 명상

이 수련에서는 매 순간 일어나는 즐거움과 불쾌함의 미세한 감각에 세심한 주의를 기울이는 법을 배움으로써 느낌 색조에 대한 알아차림을 키워 본다.

준비
1. 깨어 있음의 감각을 나타내는 자세로 자리에 앉는다. 지금 앉아 있는 상태에서 주의를 머물 닻으로 주의를 가져간다. 바닥에 닿은 엉덩이의 느낌, 지금 깔고 앉은 자리의 느낌, 손이 무릎과 허벅지에 닿는 느낌, 호흡의 감각 등 무엇이라도 좋다.
2. 잠시 뒤 준비가 되었다면, 몸 전체로 알아차림의 초점을 확장해 본다.

매 순간의 느낌 색조
3. 자리에 앉은 상태에서 매 순간 일어나는 느낌 색조에 주의

를 가져간다. 즐거운 느낌 색조, 불쾌한 느낌 색조, 중립적인 느낌 색조 등 그 어떤 것이라도 호흡마다 마음에 새겨 본다. 이어서 날숨의 끝, 다시 말해 숨을 내쉬는 과정이 거의 끝나고 다음 숨을 들이쉬기 직전의 짧은 멈춤의 순간이 어떻게 느껴지는지 부드럽게 관찰해 본다. 그것은 즐거운 느낌인가, 불쾌한 느낌인가, 아니면 중립적인 느낌인가?

4. 날숨의 끝에 이를 때마다 각각의 순간이 몸과 마음에서 어떻게 느껴지는지, 즉 즐겁게 느껴지는지 불쾌한지 중립적인지 그 미세한 감각을 계속해서 마음에 새겨 본다. 만약 즐거운 느낌 색조를 느꼈다면 자신에게 속으로 이렇게 말해 본다. '이 느낌을 좋아해도 괜찮아.' 만약 불쾌한 느낌이면 이렇게 말해 본다. '이 느낌을 좋아하지 않아도 괜찮아.'

5. 만약 마음이 자꾸 미래에 관해 계획하고 걱정하며 과거를 끊임없이 곱씹고 있다면, 속으로 자신에게 이렇게 말해 본다. '지금 당장 뭔가를 할 필요는 없어.' 또는 '지금 해야 할 일은 아무것도 없어.' 어떤 것이든 자신에게 적합한 표현이면 된다.

6. 호흡마다 느낌 색조를 관찰하기가 너무 어렵게 느껴진다면, 잠시 내려놓고 주의집중의 닻(발, 바닥에 닿은 신체감각, 손, 호흡 등)으로 돌아온다. 준비가 되었다면, 날숨의 끝에서 느껴지는 느낌 색조를 마음에 새겨 본다.

마무리

7. 이제 수련을 마무리하면서, 마지막 몇 분 동안 호흡이나 주

191

의집중의 닻으로 다시 주의를 돌린다. 매 순간을 '즐겁다', '불쾌하다' 등으로 마음에 새기는 능력을 키우면 지금 자신의 상태가 어떠한지 더 깊이 알 수 있고, 머릿속으로 생각한 행동이나 반응에 휩쓸리지 않으면서 있는 그대로를 기꺼이 허용할 수 있다. 또 하루의 다음 순간에 어떤 일이 일어나든 더 큰 친절과 지혜로 대응하는 새로운 방법을 찾을 수 있다.

메건은 이번 주 수련이 자기 비난의 고리에서 벗어나 자신을 자유롭게 해 준다는 사실을 깨달았다. 그녀의 말에 따르면, 이 수련은 새로운 '발견'에 가까웠다. "그동안 완벽주의와 다른 사람을 기쁘게 하려는 욕망으로 나를 괴롭혀 왔음을 알았어요. 지금껏 좌절과 짜증 등 내가 느끼는 '불쾌한' 느낌은 나에 관한 끔찍한 생각들을 불러일으켰어요. 내가 얼마나 쓸모없는 존재인지, 쉽게 할 수 있는 일을 왜 괜히 복잡하게 만드는지, 어떻게 주변 사람들을 늘 실망시키는지 같은 생각들 말이죠. 하지만 이번에는 달랐어요. 불쾌한 느낌을 실제로 느낄 수 있었어요. 느낀 다음, 있는 그대로 관찰했죠. 그러자 그 느낌이 사라졌어요. 평생 처음으로 나 자신을 공격하면서 실패를 문제 삼아 스스로를 고문하는 일을 멈출 수 있었어요."

메건이 말을 이었다. "비결은 날숨을 쉴 때마다 그것을 느낌 색조에 주의를 가져가는 신호로 삼은 거였어요. 이런 규칙성은 나처럼 쉽게 주의가 산만해지는 사람에게 매우 중요해요. 주의가 다른 곳으로 달아날 때마다 나는 좌절하고 화를 냈었죠. 호흡을 일종의 소리 없는 메트로놈으로 사용해 느낌 색조에 주의를 기울이는 신호로 삼았더니, 느낌 색조에 주의를 기울이기가 훨씬 수월했어요. 정말 효과적인 방법이었죠. 자리에 앉아 매 호흡을 따라간 다음, 느낌 색조를 알아차리고 관찰하면서 거기에 '즐겁다', '불쾌하다', '무덤덤하다' 같은 명칭을 붙였어요. 주 중반에 어떤 느낌 색조를 관찰하는데, 몸이 아주 분명하게 긴장한다는 걸 깨달았어요. 그 긴장을 더 깊이 살펴보자 각각의 느낌 색조에는 고유한 특징이 있다는 걸 알 수 있었죠. 불쾌한 느낌 색조는 배꼽 바로 뒤의 위장이 꽉 조였다가 양허리 쪽으로 퍼져 나가는 증상으로 나타났어요. 작은 주먹을 한 대 얻어맞은 듯했고 위장은 드럼처럼 팽팽해졌어요. 정말로 강한 느낌이었는데, 어떻게 여태 그걸 알지 못하고 살았는지 신기할 정도였어요. 반면 무덤덤한 느낌은 알아보기가 어려웠어요. 마음으로 이 생각 저 생각 뒤쫓아 가고 난 뒤에야 알아차릴 수 있었죠. 즐거운 느낌 색조를 만났을 때는 '가벼운' 느낌이 들었어요. 공중에 붕 떠서 그 느낌에 다가가는 것 같았다랄까요. 내 속에서 나비가 펄렁거리는 느낌도 들었고요. 그런 다음 내 안에서 일련의 감정이 일어나는 걸 보았어요. 흥분, 갈망, 삶이 이래서는 안 된다는 씁쓸한 느낌까지 다양했어요. 그러다 약간의 짜증과 화가 올라왔어요. '왜 사람들은 저토록 이기적일까?' 나는 이것에 대해 다시 생각해 보았어요. 내 기대가 너무 높았던 게 아닐까 하고요. 내가 느끼는 화는 희망이 좌절된 결과였어요. 언젠가부터 나는 모든 사람이 사려 깊고 합리적으로 행동해야 한다고 생각했어요. 그 생각에 집착했죠. 당연히 사람들은 그런 식으로 행동하지 않아요. 어떤 때는 거의 그러지 않죠!"

메건의 말대로 느낌 색조에는 신체적 특징이 함께 따라올 수 있다. 하지만 모든 사람에게 해당하는 이야기는 아니다. 따라서 느낌 색조에 신체적 특징이 보이지 않는다고 해서 걱정할 필요는 없다. 어떤 사람은 불쾌한 느낌 색조가 일어날 때 가슴·목·어깨·목구멍이 살짝 조이는 감각이 나타나고, 또 어떤 사람은 즐거운 느낌이 나타날 때 열리는 감각이 함께 나타나기도 한다. 아니면 손이 긴장하거나 이완되는 감각을 느낄 수도 있다. 몸 전체에서 작은 감각의 물결이 밀려왔다 밀려가는 것처럼 느낄 수도 있다. 느낌 색조에는 어떤 감각이든 함께 따라올 수 있는데, 만약 느낌 색조를 지각하지 못한 채 오랜 시간을 보냈다면 더욱 그렇다. 그러니 예상치 못한 것에 놀랄 준비를 하라.

메건은 말했다. "숨을 내쉴 때마다 몸을 훑어보면서 감각을 찾아보았어요. 어떤 느낌이든 그것을 '즐겁다', '불쾌하다', '무덤덤하다'로 분류했죠. 그러면서 부드럽게 그 느낌을 인지하고는 이름을 붙이며 속으로 이렇게 말했어요. '지금 당장 뭔가를 할 필요는 없어.' 편안하게 이완하면서 있는 그대로 놓아두고는 다음 날숨을 기다렸어요."

메건은 '지금 당장 뭔가를 할 필요는 없어'라는 말을 속삭이는 것만으로도 매우 긍정적인 영향이 있었음을 알았다. 그 영향은 정식 명상이 끝나고 한참 뒤까지 지속되었다. "이 모든 것을 지켜보면서 서두르지 않을 자유를 나에게 주었어요. 당장 무언가를 할 필요는 없음을 상기하자 그 느낌은 저절로 사라졌어요. 좋은 느낌, 나쁜 느낌, 무덤덤한 느낌 모두요. 느낌들이 그저 존재하도록 놓아두자 조금씩 줄어들었죠. 느낌 색조에 의해 촉발된 그 모든 '뭉치들'이 서로 다른 부분들로 이루어져 있는 것도 보였어요. 날것의 감정뿐 아니라 생각, 느낌, 감각까지 한데 뒤엉켜 있었어요. 그렇게 알고 보니 신기한 일이 일어났어요. 처음에 보았던 뭉치가 실제로 존재하지 않는 것처럼 느껴졌어요. 그동안 나는 그 뭉치를 다른 무언가로 바꾸고 있었던 거예요. 그 '실수'를 바로잡았어요. 내가 저지른 최악의 실수는 즐거운 느낌 색조가 지속되기를 바란 나머지 그것을 슬픔으로 뒤바꾼 일이었어요. 나는 삶에서 작은 행복이 계속되기를 바랐어요. 행복한 순간들에 집착하면서, 동시에 그 작은 행복의 순간들이 사라져 다시는 돌아오지 않을까 봐 금세 걱정에 빠지곤 했어요. 꼭 그럴 필요가 없었는데도 말이죠. 행동하지 않을 자유, 다시 말해 즉각적으로 반응하지 않을 자유를 나에게 주었더니 즐거운 순간에 뒤이어 모든 불쾌한 것들이 따라오지 않았어요. 내 마음은 아직 깨달음에 이르지 못했지만, 확실히 조금 더 행복하고 균형 잡힌 느낌이 들어요."

점차 메건은 자기 마음에 너그러운 태도를 취할 수 있었다. 느낌 색조가 일어나고 사라지는 건 지극히 자연스러운 현상임을 알았고, 이로써 일어나고 사라지는 느낌 색조에 즉각 반응할 필요가 없다는 사실을 깨달았다. 이 느낌 색조가 지나가고 나면 다른 느낌 색조가 일어나리란 걸 알았기에 단지 지켜보면서 기다릴 수 있었다. 자신에게 '지금 당장 뭔가를 할 필요는 없어'라는 말을 속삭이는 것만으로도 느낌 색조와 그에 따라 당장 행동해야 할 것만 같은 강박적 성향의 연결고리가 툭 하고 끊어졌다. 이제 메건은 즉각적인 반응이 아니라 의식적으로 대응하는 여유가 생겼다. 나아가 많은 순간, 아무것도 하지 않는 것이 가장 현명한 행동임을 알게 되었다.

삶의 즐거운 순간 음미하기

삶의 아름다운 순간을 주변 사람과 나누는 것은 매우 자연스러운 일이어서 우리는 때로 아무 생각 없이 그렇게 하곤 한다. 필이 들려준 이야기는 이렇다. "오늘 아내와 함께 집 근처 호수를 걷다가 호수 표면에 멋지게 드리운 나무 그림자를 봤어요. 멋진 장면을 놓칠세라 다시 한번 보았죠. 살랑거리는 나뭇잎 사이로 파란 하늘이 비치고 있었어요. 그 광경을 아내에게 말했지만 귀담아듣지 않더군요. 제대로 보라고 말했지만, 이번에도 아내는 나만큼 흥미롭게 보지 않았어요. 솔직히 아내의 그런 태도에 조금 실망했어요.”

우리는 주변 사람에게 주의를 기울이라고, 멋진 광경을 보라고, 사진을 찍으라고, 파도 소리에 귀 기울이라고 말한다. 이는 그 경험을 함께 공유하며 더 깊이 하려는 좋은 의도이다. 이것 자체로는 문제가 아니지만, 이런 일이 반복되면 당신과 당신이 나누려는 경험 사이에 미세한 벽이 생기고 만다. 그 벽이 경험을 온전히 음미하는 데 방해가 된다.

서두르지 않으면서, 다른 사람에게 강요하지 않으면서 그 순간을 경험할 수 있다면 매우 큰 양분이 된다. 언뜻 이기적인 행동처럼 보일지 모르지만 그렇지 않다. 당신이 삶의 작고 소중한 순간들로부터 양분을 얻으면 주변 사람도 덩달아 이로움을 얻는다. 왜냐하면 그럴 때 당신은 더 주의 깊은 사람, 그들 곁에 ‘존재’하는 사람이 되기 때문이다.

모든 사람이 즐겁거나 불쾌한 느낌 색조만을 계속해서 경험하는 건 아니다. 어떤 사람은 주로 무덤덤한 느낌을 느낀다. 토야가 그들 중 한 명이다. 그녀는 자신이 ‘무관심에 휩싸여 있다’라고 느꼈는데, 이를 ‘뭔가 마비된 느낌’이라고 표현했다. “썩 나쁜 건 아니에요. 가벼운 우울감 같은 건데, 거기에 부정적인 사운드트랙은 담겨 있지 않아요. 아마 아이 양육 때문에 생긴 것 같아요. 양육에 지친 나머지 즐거운 일도 불쾌한 일도 느껴지지 않았어요. 그래서 이런 수련이 다 무슨 소용이 있나 싶었죠. 아무 일도 일어나지 않는 것처럼 보였거든요. 모든 일이 무덤덤해요. 회색이죠."

그럼에도 토야는 수련을 지속하면서 무관심이라는 두꺼운 장막 아래를 들여다보았다. 그러자 지루함조차 흥미로울 수 있다는 걸 알게 되었다. 아들이 어렸을 때 그것을 가르쳐 주었던 기억이 떠올랐다. 아들이 '지루해'라고 말할 때면 토야는 이렇게 말했다. '엄마랑 같이 제대로 지루해 볼까? 무슨 일이 일어나는지 보는 거야.'

"잠시 뒤 아들은 이것저것 아무거나 가지고 물건을 만들기 시작했어요. 흥미롭고 창의적인 뭔가를 만들었죠. 이를 나의 수련에도 적용하면 되겠다 싶어서 무덤덤한 느낌 색조가 가진 지루함에 주의를 기울였어요. 그러자 지금껏 내가 너무 열심히 노력하고 있었다는 걸 깨달았어요. 나 자신에게 이렇게 말해 주었어요. '지금 당장 뭔가를 할 필요는 없어.' 그리고 마음과 몸에서 어떤 일이 일어나는지 지켜보았어요. 잠시 후 재밌게도 무덤덤한 느낌 색조가 평온한 안정감과 비슷하다는 걸 알게 되었어요. 그건 내가 흥분해 있지 않다는 의미였죠. 또 불행하지도 우울하지도 않다는 의미였어요. 들떠 있지 않다는 거니까요. 무엇이든 생각보다 '부드러웠어요.' 그 자체로 좋다는 걸, 늘 지나치게 흥분하거나 정신없이 바쁠 필요는 없다는 걸 알았어요. 흥분하지도 우울하지도 않은, 중간쯤의 부드러운 상태가 있음을 알았죠. 때로는 이 상태가 편안히 머물기에 가장 좋은 상태라는 것도요."

~해야만 행복할 수 있어

목표를 달성하기 위해 끝없이 애쓰는 태도는 삶의 불행과 괴로움의 커다란 원천이 되기도 한다. 많은 사람이 자신의 행복을 특정 성과에 의존하고 있음을 자각하지 못한 채 살아간다.

　지금부터 1년 동안 당신이 기대하고 있는 일을 떠올려 보라(휴가, 새집과 새 차 마련하기, 중요한 프로젝트 완수하기 등). 당신은 이 목표를 달성해야만 행복할 수 있다고 믿고 있지 않은가? 또는 목표를 이루지 못하더라도 행복할 수 있다고 생각하는가? 계획대로 일이 진행되어야만 행복할 수 있다고 믿는 사람은 '어떤 일이 어떻게 되어야 하는가'에 관해 더 좁게 집중하는 경향이 있다. 이들은 스스로를 잘 자각하지 못하며 더 자동적으로 반응하고 매사에 판단을 더 많이 내린다. 한마디로 마음챙김을 하지 못하며 덜 깨어 있다. 반면에 바라는 대로 일이 풀리지 않아도 행복할 수 있다고 말하는 사람은 자신에 대한 자각이 더 높으며 자동반응이나 판단을 더 적게 한다. 이들은 마음챙김으로 더 깨어 있다.[17]

　이런 연관성은 일상생활에도 영향을 미친다. 당신은 특정한 일이 일어나야만 행복할 수 있다고 느끼는 경향이 있지 않은가? 가게에 당신이 좋아하는 샌드위치가 있어야 하고, 시간을 정확히 맞춰 약속 장소에 도착해야만 행복하다고 느끼지 않는가? 동료가 늘 미소를 지어야 하며, 고속도로의 느려터진 트럭을 추월해야만 행복할 수 있다고 느끼지 않는가?

198

만약 행복이 이런 일에 의존해 있다고 여긴다면, (비록 사소한 것일지라도) 목표를 달성하는 데 매우 큰 중요성을 부여하게 된다. 그러면 불필요한 일에 신체 예산을 모두 써 버려서 주변 세상에 관심을 기울이고 순간순간을 즐기는 데 필요한 에너지가 거의 남아 있지 않게 된다. 음식을 먹어도 무엇을 먹는지 모른 채 먹고, 하늘의 구름을 올려다보거나 아름다운 가을날의 바스락거리는 낙엽 소리를 듣는 일에도 심드렁해진다. 이렇게 놓쳐 버린 일상의 즐거운 일들을 세자면 끝이 없다. 점점 더 피로감은 커져 가고, 짜증과 조급함에 중요한 인간관계마저 잠식당한다.

느낌 색조에 초점을 맞추는 신호로서 날숨을 사용하는 데 어려움을 느낄 수도 있다. 너무 열심히 느낌 색조를 찾으려는 사람, 즐겁거나 불쾌한 느낌을 사냥하듯 찾아다니는 사람, 제대로 하려고 지나치게 애쓰는 사람이 그렇다. 그러다 보면 수련을 지속하기가 어렵다는 생각이 드는 게 당연하다. 그럴 때는 언제든 1주 차 수련에서 사용했던 주의집중의 닻으로 돌아와 마음을 안정시킬 수 있음을 기억하라. 반드시 날숨을 사용할 필요는 없다. 느낌 색조를 알아보기 위해 호흡을 사용하지 않아도 좋다.

레일라는 느낌 색조를 알아보는 게 쉽지 않았다. 이전에는 경험해 보지 못했던 일이라 적잖이 당황스러웠다. 그녀는 점점 더 자신에게 좌절감을 느끼면서 마음속에 반복적으로 떠오르는 생각에 사로잡혔다. '한순간도 제대로 못하는데 한 주 내내 어떻게 할 수 있겠어. 미쳐 버릴지 몰라.' 그러나 레일라는 이 생각 때문에 일어난 턱과 어깨의 긴장을 알아차리고는 지금까지와 다른 방법을 선택했다. 발을 주의집중의 닻으로 삼아(첫 주에 그녀는 발을 주의집중의 닻으로 정했다) 몇 분 동안 발에 주의를 가져간 다음, 날숨으로 돌아왔다. 마음이 산만해질 때, 특히 이 방법은 효과가 있었다. 그때마다 레일라는 그 순간의 느낌 색조를 마음에 새긴 다음, 이후 다섯 번의 호흡이 어떻게 변화하는지 지켜보았다. 그러자 날숨이 끝나고 들숨이 시작되는 사이의 일시 정지 상태가 흥미롭게 다가왔다. 이 고요의 순간에는 조금 전 일어난 생각과 느낌의 미세하게 즐겁거나 불쾌한 여운이 남아 있었다. 이런 순간을 통해 그녀는 즐겁거나 불쾌한 느낌 색조를 더 크고 고요한 공간에서 품어 안을 수 있었다.

이 멈춤의 순간에, 어떤 일이 특정 방식대로 되길 원하는 '나'의 생각이 조금 느슨해지면서 옆으로 물러날 수 있다. 평소 감추어져 있던, 자기도 모르게 밀쳐 내고 있던, 좋아하지 않는 생각과 감각들을 관찰할 수 있다. 이때 몸을 살펴보면 좋다. 몸의 예산이 행동에 돌입할 준비를 하고 있음을 느낄 수 있는가? 이런 회피는 뭔가를 밀쳐 내거나 약간의 긴장감과 위축, 전반적인 방어태세 등 종종 몸의 압박감으로 느껴지기도 한다. 혹은 '사람들이 나를 좋아해 주면 좋겠어', '성공하고 싶어', '나를 사랑해 줄 사람을 만나야 해' 같은 생각들로 나타날 수도 있다. 그럴 때는 몸에 주의를 기울이면서 당장 군대를 동원해 원하는 것, 필요한 것을 얻어야 한다는 느낌이 일어나는지 살펴보라. 복부의 긴장을 느낄 수 있는가? 위장이 단단하게 조여지는 게 느껴지는가? 어깨가 움츠러들고 목구멍이 턱 막히는가? 귀를 쫑긋 세우고 피부가 예민해질지도 모른다. 당신의 몸은 어떤 생각이 불안과 욕망을 일으키는지 (그리고 그밖의 많은 것에 관해) 의식적인 마음보다 더 분명하게 알려 준다.

일상의 마음챙김 수련: 일상생활의 느낌 색조 알아차리기

이번 주에는 일상에서 느낌 색조를 알아차리는 연습을 해 본다.

1. 이 수련은 '사이의 공간'에 있는 동안, 예를 들어 어딘가를 향해 걷고 있거나 앉거나 선 채로 누군가를 기다리는 중에 실천해 보면 좋다. 먼저 발이 바닥에 닿는 느낌을 알아차린다. 얼굴에 닿는 공기, 걷거나 서 있는 동안 팔과 다리에서 전해지는 느낌을 느껴도 좋다.

2. 어떤 느낌이 일어나든, 즐거운 느낌이든 불쾌한 느낌이든, 느낌 색조가 일어날 수 있는 공간을 마련한다. 느낌·감각·생각·행동 계획 등 그 어떤 것이든, 그것이 하나의 덩어리가 되어 일어남을 관찰한다. 그것들은 매 순간 어떻게 변하는가? 가능한 한 자신을 친절하게 대하면서 현재 순간에 중심을 잡은 채 하루의 활동을 해 나간다.

3. 지금 일어나는 현상에 반응하려고 하는 자신이 보이는가? 즐거운 순간을 꽉 붙잡은 채 더 키우려고 하거나, 아니면 반대로 꺾어 버리려 하는 자신이 보이는가? 또는 불쾌한 것이 일어나면 그에 관해 곱씹거나 없애려고 하는 자신이 보이는가? 무덤덤한 순간이 나타나면 아무 일도 일어나지 않는 듯 느껴져서 거기에서 벗어나려고 하는 자신이 보이는가?

4. 이는 지극히 자연스러운 현상이므로 친절의 마음으로 관찰한다. 날숨과 함께 속으로 이렇게 말해 본다. '이 느낌 색조

를 좋아하지 않아도 괜찮아.' 또는 '이 느낌 색조를 좋아해도 괜찮아.' 오늘 하루, 다음 순간으로 나아가기 전에 날숨과 함께 이렇게 속삭였을 때 어떤 일이 일어나는지 지켜본다. '지금 당장 뭔가를 할 필요는 없어.'

5. 연습을 계속하면 이 과정을 더 명확히 볼 수 있다. 순간순간 일어나는 느낌 색조와 당신의 반응 사이에 놓인 공간이 커져 가는 재미도 느낄 것이다. '이 느낌을 좋아해도 괜찮아', '이 느낌 색조를 좋아하지 않아도 돼' 같은 말에 이어서 '지금 당장 뭔가를 할 필요는 없어'라고 자신에게 속삭이는 것만으로도 자동반응의 충동이 느슨해짐을 보게 될 것이다.

무엇보다 느낌 색조 수련을 일상생활에 적용하는 일이 중요하다. 결국, 일상의 순간들이야말로 느낌 색조를 제대로 알아차려야 하는 순간이기 때문이다.

모는 느낌 색조 알아차리기 수련을 고요한 명상 공간이 아닌 실전에서 처음 사용한 사례를 들려주었다. 그날 모는 직장에서 중요한 발표가 예정되어 있었다. 하루 종일 미팅이 진행되었는데, 모의 발표는 점심식사 직전에 진행하기로 되어 있었다. 그런데 바로 앞 발표자들의 발표가 계속 지연되었다. 게다가 발표장은 너무 더웠다. 모는 자신의 발표 시간이 줄어들 수밖에 없음을 알았다. 아니면 모두가 반쯤 졸음에 빠지는 점심 식사 이후로 미뤄질 것이었다.

오전 발표가 진행되는 동안 모는 자연스럽게 자신에게 일어나는 느낌 색조를 관찰했다. "불안했어요. 온통 불쾌한 느낌뿐이라고 생각했죠. 하지만 그렇지 않았어요. 즐거운 순간도 분명히 있었어요. 동료들과 함께하고 있음이 즐거웠고, 이런 뜻깊은 미팅에 참여하고 있다는 사실이 소중하게 느껴졌어요. 마치 내가 중요한 사람이 된 것 같은 기분이 들고, 미팅에서 무언가를 배울 수 있을 것 같은 기대감이 들었어요."

불쾌한 순간이 다가오자 모는 자신에게 이렇게 말했다. '이 불쾌한 느낌을 좋아하지 않아도 괜찮아.' 그런 다음 '지금 당장 뭔가를 할 필요는 없어'라고 말했다. 그러자 조금씩 불안이 줄어들면서 다른 발표자들에게 관심을 더 기울일 수 있었다. 오전 발표자들의 일정이 늦어지고 있었지만, 다행히 주최 측은 모의 발표를 점심 식사 이전에 배정하기로 결정했다.

"점심 식사가 늦어지면 모두가 실망하죠. 게다가 오후 일정에 맞춰야 하니까 다들 서둘러 점심 식사를 끝내야 하고요. 그래서 나는 주도적으로 먼저 다가갔어요. 발표를 하기 전에 청중들에게 자리에서 일어나 1분 정도 스트레칭을 하자고 제안했죠. 모두가 다시 생기를 얻었고 나 역시 생각할 시간을 벌었어요. 내가 할 말을 앞 발표자들이 이미 다루었던 터라 준비해 온 발표 내용의 상당 부분을 줄여야 했지만 덕분에 핵심에 더 집중할 수 있었어요. 발표 도중에 즉석 발언과 내 자리를 잃을지 모른다는 걱정 때문에 긴장하기도 했지만, 그럴 땐 잠시 멈췄어요. 그러자 내가 전하려는 메시지에 극적인 효과가 더해졌죠. 고맙게도 청중들은 내가 '잠시 멈춤'의 순간에 실제로 무엇을 하고 있는지 눈치채지 못했어요. 그 순간, 나는 발에 주의를 가져갔어요(명상 선생님이 '발은 긴장하지 않는다'라고 말했거든요). 발이 바닥에 닿은 느낌에 집중하자 강하고 단단하게 바닥에 중심을 잡고 서 있다는 느낌이 들었어요. 그런 다음 잠시 몸이 전하는 느낌 색조에 집중했어요. 속으로 이렇게 말했어요. '괜찮아. 지금 당장 뭔가를 할 필요는 없어.'"

모의 느낌 색조 수련은 모든 사람에게 유익함을 가져다주었다. 모두가 제시간에 점심 식사를 할 수 있었고, 발표 시간을 줄여 준 모에게 다들 감사를 전했다. 더욱이 모의 발표는 간략하지만 핵심에 초점을 맞추었기에 모두가 집중해서 발표를 들어주었다. 나중에 모는 이 일을 돌아보며 느낌 색조 수련으로 현재에 충실히 존재할 수 있었고, 당장 반응해야 한다는 강박에서 벗어날 수 있었다고 말했다. "현명하게 행동하는 데 정말 도움이 되었어요."

10장

6주 차: 감정의 악천후 비행하기

청년은 두툼한 가죽 재킷에 초콜릿 바 여섯 개를 집어넣고는 핏케언 항공사에서 제작한 복엽기 조종석에 올랐다. 고글을 내려쓴 다음 엔진 시동을 거는 신호를 보냈다. 몇 분 후, 비행기는 잔디가 깔린 뉴저지의 활주로를 달리더니 이내 햇살이 비치는 구름 위로 천천히 날아올랐다. 목적지는 캘리포니아였다.

때는 1930년. 조종사는 열여섯 살의 로버트 벅(Robert Buck)이었다. 이번 비행은 청년이 세운 열네 번의 비행 기록 중 첫 번째 기록이었다. 벅은 20대 초반에 DC-2, DC-3 같은 큰 비행기를 조종하며 얼음, 안개, 난기류, 뇌우 등 악천후에 대비하는 최고의 비행 전문가로서 기술을 닦았다. 그는 1970년에 비행기 조종사들의 바이블인 『날씨 비행(Weather Flying)』이라는 책을 출간했다.[1] 책의 장 제목은 탐험과 모험의 분위기를 물씬 풍긴다. '날씨 확인과 큰 그림', '난기류와 비행', '당신이 기장이다' 같은 제목들이다. '생각보다 멀다', '날씨는 연료를 잡아먹는다'처럼 가

205

벼운 경고의 메시지도 있는가 하면 '날씨는 대체로 무난하다', '기분이 어떤가?', '침착하라'처럼 안심을 주는 제목도 있다. 이제 5쇄를 찍은 이 책에서 역시 비행기 조종사인 그의 아들이 이야기를 이어간다.

『날씨 비행』을 쓴 저자와 함께 비행해 보면 날씨와 비행의 관계가 매우 중요하다는 것을 금방 알게 된다. 날씨라는 매혹적인 수수께끼에 대한 저자의 열정은 무척 전염성이 강했다. 날씨에 관심을 기울이면 비행이 수월해질 뿐 아니라 조종사와 비행기는 훗날 더욱 안전하게 비행할 수 있다는 것을 금방 알 수 있다.[2]

로버트 벅은 험악한 날씨를 오히려 좋아했다. 그는 악천후를 정복해야 할 적으로 생각하지 않았다. 날씨가 가진 힘을 자신에게 유리하게 활용할 줄 알았다. 날씨에 맞서 싸우는 법이 없었으며 언제나 날씨와 '함께' 비행했다. 상승 기류를 만나면 고도를 높여 연료를 절약하는 기회로 삼았고, 기상 시스템을 살피며 비행 속도를 높였으며, 난기류와 폭풍을 만나면 맞서 싸우기보다 받아들이고 그것과 함께하거나 살짝 비켜 가는 방식으로 대처했다. 어떤 어려움과 폭풍우도, 평온할 때와 마찬가지로 필수적인 비행 기술을 터득하고 연마하는 기회로 삼았다.

수십 년 뒤 로버트 벅의 딸 페리스는 명상 수업에 이 원칙을 적용했다. 이 책의 저자 중 한 명인 마크 윌리엄스가 매사추세츠대학교 메디컬 센터를 처음 찾았을 때, 페리스는 명상 수업을 진행하고 있었다.[3] 당시 8주 과정 '마음챙김에 기반한 스트레스 완화(MBSR)' 수업의 절반가량이 진행 중이었는데, 참가자들은 자신을 억누르는 기분과 부정적인 생각, 삶에서 부딪히는 어려움에 관해 솔직하게 털어놓았다. 심리치료에 익숙한 사람이라면 참가자들이 털어놓는 이야기에 어떻게 반응해야 하는지 알고 있을 것이다. 참가자들에게 행동 과제를 부여하고, 그들이 가진 부정적 사고를 점진적으로 다루는 법을 함께 찾아가야 한다. 그러나 페리스는 이 방법을 사용하지 않았다. 대신 완전히 다른 방식을 택했다. 바로 참가자들이 자신의 힘겨운 생각과 감정을 있는 그대로 두도록 허용하면서 거기에 친절한 알아차림을 가져가도록 한 것이다. 힘겨운 생각과 감정을 '해결해야 할 문제'로 보기보다 그것을 환영하는 태도를 갖도록 격려했다. 페리스와 동료들의 접근 방식은 '마음을 비우거나 원치 않는 생각과 감정에서 벗어나고 그것을 차단하는 방법'이라는 명상에 관한 일반적인 관념과는 전혀 달랐다. 페리스는 참가자들이 원치 않는 생각과 감정, 고통스러운 신체감각에 맞서 싸우면 종종 더 큰 긴장과 내적 혼란을 불러일으킨다는 사실을 직접 경험하고 배우도록 독려했다.

우리는 페리스와 그녀의 동료들이 진행한 수업에서 참가자들이 마음챙김을 통해 생각, 감정, 충동 및 신체감각에 대해 지금까지와 전혀 다른 관계를 맺고 있음을 알았다. 마음챙김은 생각이 곧 '나'가 아니며 실체를 갖는 현실이 아니라는 것, 생각은 그저 정신적 사건에 불과하다는 것을 가르쳐 주었다. 이런 깨달음은 우리를 내면의 지혜와 친절에 다시 연결해 준다. 또 마음챙김은 우리가 느끼는 난폭한 기분이 전적으로 이해할 수 있는 현상이며, 얼마든지 헤쳐 나갈 수 있는 날씨 같은 것임을 알게 한다. 페리스가 택한 방식은 당시 우리가 개발하던 치료법의 핵심이 되었고 이후 '마음챙김에 기반한 인지치료(MBCT)'라는 이름으로 알려졌다. MBCT에 대한 수요가 세계적으로 급증하고, 연구 실험 결과 MBCT가 우울증을 예방하는 강력한 치료법 중 하나로 밝혀지면서 지도자를 새롭게 양성할 필요가 생겼다. 이에 페리스는 진델 시걸, 마크 윌리엄스와 함께 교육을 시작해 MBCT의 발전에 지대한 영향을 미쳤다. 2019년 페리스는 세상을 떠났지만, 이 책은 우리의 스승이자 동료, 친구였던 그녀에 대한 영원한 유언장이라고 할 수 있다. 당신은 MBCT 프로그램의 느낌 색조 연습을 수련하면서 그녀가 미친 영향을 느낄 수 있을 것이다. 이를 통해 그녀의 아버지가 『날씨 비행』에서 말했던 것과 비슷한 경험을 하게 될 것이다.

이제 이번 주에 다룰 주제를 살펴보자. 6주 차에는 '날씨에 맞춰 비행하는 법', 즉 격동하는 감정에 능숙하게 대처하는 법을 배울 차례다. 처음에는 조금 벅차게 느낄 수도 있지만 당신은 필요한 모든 기술을 이미 갖추고 있다. 우리는 1주 차에 마음을 안정시키고 주의를 집중하는 데 필요한 여러 가지 주의집중의 닻을 사용하는 연습을 했다. 2주 차에는 마음이 산만해질 때 의도적으로 잠시 멈춰서 집중을 유지하는 연습을 했으며, 3주 차에는 마음과 몸에서 일어나는 모든 느낌 색조를 관찰하는 법을 배웠다. 4주 차에는 '이 느낌을 좋아해도 괜찮아' 또는 '이 느낌을 좋아하지 않아도 괜찮아'라고 스스로에게 부드럽게 말함으로써 과잉 반응하는 경향을 의도적으로 해소하고 느낌 색조를 있는 그대로 받아들이는 연습을 했다. 지난주 5주 차에는 이 과정을 발전시켜 자연스럽게 변화하는 느낌 색조에 집중한 다음 '지금 당장 뭔가를 할 필요는 없어'라고 내면으로 부드럽게 말함으로써 느낌 색조가 던지는 불합리한 요구를 해소하는 법을 배웠다. 이번 6주 차에는 이 모든 기술을 한데 모아 압도하는 감정을 환영하는 법, 즉 자신의 '날씨 비행'을 연습하는 기회로 삼아 볼 것이다.

이번 주 연습을 시작하기에 앞서, 당신의 모든 노력을 수포로 돌리고 혼란을 더하며 감정의 폭풍을 지속시키는 주범에 대처하는 법을 알아 둘 필요가 있다. 그것은 바로 자신에 대한 불친절이다. 괴로움을 겪을 때 마음에 귀를 기울여 보면, 아마도 거기에는 자기 비난이라는 저류가 흐르고 있을 것이다. '이런 기분이 들면 안 돼', '더 강해져야 해', '이미 극복한 거 아니었어?', '더 힘을 내야 해' 같은 불쾌한 생각 말이다. 이런 생각들은 당신을 불쾌한 기분에서 즉각 벗어나게 하려는 시도이지만 당신은 그것이 얼마나 불친절한 말인지 잘 알아차리지 못한다. 힘들어하거나 마음의 상처를 입은 친구, 우울해하거나 슬퍼하는 친한 친구에게 이런 말을 할 수 있을까. 그럴 생각조차 하지 않을 것이다. 당신은 이런 말이 친구에게 얼마나 고통스러운지, 바라는 효과를 조금도 내지 못한다는 사실을 알고 있다. 이 잔인한 말들은 친구의 기분을 떨어뜨리고 자신감을 약화시키며 친구를 더 약한 존재로 만들 뿐이다.

그렇다면 자신에게는 왜 계속해서 이런 말을 속삭이는 것일까? 도움이 된다고 생각하기 때문이다. 누구도 해를 입히겠다는 생각으로 자기 자신을 공격하는 사람은 없다. 오히려 그 반대다. 당신은 불쾌한 감정을 없애길 바란다. 그래서 자신을 불친절하게 대하는 일종의 '엄한 사랑'을 택한다. 그러면서 이 방법이 감정의 폭풍을 잠깐이나마 누그러뜨리는 효과가 있다고 믿는다. 하지만 감정의 폭풍이 정말로 사그라진 건 아니다. 권투선수가 상대의 턱에 계속해서 잽을 날리듯이, 오히려 이 방법은 결국 당신을 기절시켜 항복하게 만들 것이다. 당신은 감정적 폭풍에 맞서 제대로 이겨 냈다고 생각할지 모르지만 실은 다른 곳으로 주의를 돌리거나 스스로를 더 허약한 존재로 만들었을 뿐이다. 이로써 당신은 다음번에 일어나는 부정적인 생각에 더 취약한 상태가 된다.

여기 다른 방법이 있다. 힘들어하는 마음과 가슴에 친절의 태도를 키움으로써 내면의 힘을 강화하는 것이다. 이번 주에는 이 연습을 해 본다. 우선 친절 명상을 수련한 다음, 그로 인해 생겨난 내면의 자원으로 어려움 살펴보기 명상과 일상의 마음챙김 수련을 통해 당신이 힘겨워하는 감정들을 다뤄 볼 것이다.

6주차 수련

- **친절 명상** – 이번 주의 첫째, 셋째, 다섯째 날에 수련한다(명상 6.1). 지침에 익숙해지면 최소 지침 버전(명상 6.2)을 들으면서 수련한다.

- **어려움 살펴보기 명상** – 이번 주의 둘째, 넷째, 여섯째 날에 하루 두 번 10분씩(명상 6.3) 또는 하루 한 번 20분(명상 6.4) 수련한다. 명상에 익숙해지면 최소 지침 버전(명상 6.5)을 들으면서 수련하거나, 아니면 종소리만 들으면서 수련해 본다.

- 친절 명상이나 어려움 살펴보기 명상(6.2나 6.5) 또는 지난주에 했던 다른 명상을 이번 주 최소 하루 이상, 30분 동안 연습한다.

- **일상의 마음챙김 수련: 어려움에 다가서기** – 이번 주에 최소 6일 동안 또는 불쾌한 느낌 색조가 일어날 때마다 수련한다. 이 수련을 하는 처음 며칠 동안은 명상 6.6을 들으면서 도움을 받을 수 있다.

친절 명상

이 명상을 통해 자기 자신에게 안녕을 빌어 주는 시간을 가져 본다. 삶에서 어떤 일이 일어나든 자신을 친절로 대하는 시간을 가져 본다.

준비

1. 잠시 몇 분간 코와 가슴 또는 배에서 느껴지는 호흡 감각에 주의를 기울이면서 몸과 마음의 중심을 잡는다.
2. 자리에 앉은 상태에서 몇 분간 더 몸 전체에 대한 알아차림에 머물러 본다.

다른 사람의 친절한 행동 떠올리기

3. 준비가 되었다면, 현재나 과거에 사랑과 우정을 느꼈던 어떤 사람을 마음에 떠올려 본다. 친한 친구, 부모님이나 조부모님, 자녀나 손주 등 친밀하고 관계가 복잡하지 않은 사람, 사랑하기에 부담이 없는 사람이면 좋다. 잘 떠오르지 않는다면 누군가가 당신에게 베풀었던 친절한 행동을 떠올려도 좋다. 사랑과 배려를 베풂으로써 그 순간 당신을 변하게 했던 누군가의 행동을 떠올려 본다. 아니면 마음을 따뜻하게 해 주는 사랑스러운 반려동물을 떠올려도 좋다.
4. 마음의 눈으로 그 사람을(존재를) 또렷하게 바라보면서, 그가 잠시 마음속에 머물게 한다. … 서로 간의 친절과 우정의 감

211

각이 따뜻한 온기로 당신을 감싸고 푹 적신다고 상상한다.

자신에게 친절함 선사하기

5. 준비가 되었다면, 이제 친절과 우정의 감각을 자신에게 가져가 본다. 속으로 자신에게 이렇게 속삭여 본다.

> 내가 안전하고 건강하기를.
> 내가 평화롭게 지내기를.
> 내가 편안하고 친절하게 살기를.

6. 이런 식으로 사랑하는 친구와 가족이 당신을 위해 빌어 주는 친절과 우정의 감각을 자기 자신에게 선사해 본다. 만약 어렵게 느껴진다면 '나'의 자리에 내 이름을 넣었을 때 어떤 느낌이 일어나는지 살펴본다. '나' 대신 이름을 넣으면 완전히 다른 느낌이 일어날 수 있다. 이 구절을 속삭일 때 한 손 또는 양손을 심장 부위에 올려놓아도 좋다.

역경 속에서 친절하기

7. 때로 삶에서 일어나는 온갖 일들 때문에 자신에게 안녕을 빌어 주기가 어렵게 느껴질 수 있다. 그 어려움을 인정하고, 그때 도움이 될 만한 구절을 말하면서 어떤 느낌이 일어나는지 살펴본다.[4]

> 삶의 온갖 일들 한가운데서도 내가 안전하고 건강하기를.

삶의 온갖 일들 한가운데서도 내가 평화롭게 지내기를.
삶의 온갖 일들 한가운데서도 내가 편안하고 친절하게
살기를.

8. 이렇게 자신의 안녕을 빌어 주는 일이 어렵게 느껴진다 해
도 규칙적으로 수련하다 보면 시간이 흐르면서 점차 새로
운 가능성이 열릴 것이다. 즉, 자신에게 던지는 가혹한 말과
생각이 '절대적 진실'이 아님을 알게 된다. 당신은 생각하거
나 알고 있는 것보다 더 큰 사랑을 받고 있는지도 모른다.

마무리
9. 지금까지 내었던 의도를 내려놓고, 지금 여기에 앉아 있는
자신의 몸으로 돌아와 알아차림에 머문다. 몸 그리고 자기
자신이 있는 그대로 존재하도록 허용한다.

다른 사람을 친절하게 대하는 가장 좋은 방법은 먼저 자신에게 친
절해지는 것이다. 많은 사람이 이 생각에 반감을 갖는다. 자신에 대한 친
절을 어렵게 만드는 무언가가 서구 문화에 (그리고 점점 더 세계의 다른 곳에
도) 깊이 뿌리 내려 있다. 사람들은 자기연민과 자신에 관한 이해가 종종
나약한 자기 탐닉의 행위라고 여긴다. 심지어 이기적인 행위라고 여기
기도 한다. 그러면서 자신을 가혹하게 대하는 태도, 끝도 없이 한계를 밀
어붙이며 조금의 자비도 보이지 않는 태도가 곧 위대함을 성취하는 길
이라고 여긴다. 레일라도 오랫동안 이 문제로 힘들어했다.

"'지구가 죽어 가는데 쉴 틈이 어딨어!' 이게 나의 모토였어요. 나는 말도 많고 탈도 많은 환경 단체에서 일하는데, 우리 단체는 대기업이나 세계 각국의 정부와 끊임없이 갈등을 겪고 있었어요. 매일 출근해서 싸우고, 싸우고, 또 싸웠죠. 나는 우리가 하는 일이 윤리적으로 옳다는 걸 확신했기에 커다란 에너지와 추진력을 얻고 있었고, 그런 확신이 꽤 오랫동안 나를 지탱해 주었어요. 하지만 어느 날부턴가 상황이 달라졌어요. 어느 날 아침, 완전히 기진맥진해서 마치 내면이 무너져 버린 듯했어요. 침대에서 간신히 일어날 수 있을 정도였죠. 대대적인 환경 캠페인이 한창이던 중에 스트레스로 한 달간 일을 쉬어야 했고, 그런 나 자신이 너무 싫었어요. 그 후 다시 본격적인 캠페인 모드로 돌아가려고 1년 동안이나 애썼지만 계속해서 장애물에 부딪혔어요. 앞으로 나아가려고 할 때마다 기운이 빠졌죠. 정말 끔찍했어요."

마침내 레일라는 자신의 작은 일부가 내면에서 울고 있음을 알아차렸다. "그런 감정을 느낀다는 건 비극이었어요. 섬세하고 아름다운 나의 일부가 죽어 가고 있었어요. 내 책임이었어요. 나는 내면의 아이를 심하게 때리고 있었어요. '가스라이팅'을 하고 괴롭혔죠. 환경 보호를 위해 최선을 다한다는 좋은 의도에서 비롯되었다고는 해도, 어쨌든 그건 나 자신을 학대하고 있다는 의미였어요. 더 이상 망가지기 전에 변해야 한다는 걸 깨달았어요. 내가 먼저 변해야만 내가 이기려 했던 사람이나 조직과 한통속이 되지 않을 수 있다는 사실도요. 물론 쉬운 일이 아니라는 생각이 들었지만, 다른 방법이 있을까요? 스스로 변하는 게 화와 스트레스에 짓눌린 삶, 진정한 친밀감이 따분한 무심함으로 뒤바뀐 삶을 살아가는 것보다 훨씬 낫잖아요. 삶에 대한 태도를 바꾸는 게 쉬운 일은 아니었지만 생각만큼 힘들지는 않았어요. 여태껏 나 자신을 지나치게 가혹

하게 대했던 때문인지 자그마한 친절과 연민을 보이자마자 금세 변화가
나타났어요. 첫날 그리고 다음 날부터 마음이 편안해졌어요. 친절의 바
다 위에 둥둥 떠 있는 듯한 묘한 기분이 들었죠. 부정적인 것들이 모조리
마음에서 빠져나갔어요. 그리고 나를 치유해 주는 침묵을 느꼈어요. 부
정적이고 비판적인 내면의 목소리가 잠잠해졌고, 근본적인 차원에서 나
자신과 연결되는 아름다운 평온함을 느꼈어요."

이후의 과정이 순탄하지만은 않았다. 활력과 회복력을 조금씩 되찾
는 과정에서 예전 삶의 방식도 함께 되살아났기 때문이다. 하지만 레일
라는 그에 맞서 싸우지 않고 그것들을 반갑게 맞이했다. 그녀는 그것의
정체를 알아보았다. 그건 바로 내면의 일부가 자신이 아는 유일한 방식
으로 그녀를 돕고 보호하려는 시도였다. "예전의 생활방식이 되살아날
때마다 그것이 기울이고 있는 노력에 고마움을 표했어요. 그러자 그것
이 사라졌어요. 한동안 나를 떠났죠. 삶의 뒷자리로 조금씩 물러나는 게
보였어요. 조금 이상하게 들리겠지만, 나는 도움이 필요하면 예전의 생
활방식에게 도움을 요청하겠다고 말했어요."

레일라가 마주친 어려움은 또 있었다. 친절 명상에서 자신에게 들
려주는 표현이 영 어색했다. 자신에게 사랑과 친절을 보내는 데 익숙하
지 않았던 레일라는 친절 명상에서 전하는 말에 거부감을 느꼈다. 만약
당신도 레일라처럼 안내 명상의 표현이 불편하다면 (또는 평소 사용하는 말
과 다르다면) 얼마든지 당신에게 어울리는 말로 바꾸어도 좋다. 이 수련을
체육관 운동으로 생각하면 좋다. 친절 명상에서 들려주는 말을 자신에
게 더 적합하게 바꾸면 그 표현이 하루 중 더 오랜 시간 당신에게 머물
것이다. 레일라는 '편안하고 친절하게'라는 구절이 가장 와닿았다.

"가슴 부위에서 따뜻한 느낌, '내려놓음'의 느낌이 분명하게 느껴졌

어요. 친절 명상을 하고 나자 평온하고 고양된 느낌, 지지받는 느낌이 들었죠. 그날 늦은 시간, 나는 스스로를 사랑함으로써 평소 어깨에 짊어지고 다니던 억눌린 괴로움을 더 쉽게 내려놓을 수 있다는 걸 깨달았어요. 그러자 무슨 일이 일어났는지 아세요? 다른 사람들에게도 진정한 친절과 사랑을 느낄 수 있었어요."

친절 명상을 실천한 많은 사람에게 일어난 일이 레일라에게도 일어났다. 친절 명상에서 키운 친절로 자신을 짓누르던 불안과 스트레스, 다른 사람들에게 적대적인 태도를 보이게 만들었던 불안과 스트레스를 내려놓을 수 있다. 따라서 친절을 수련하는 것은 자신에게 좋은 일일 뿐 아니라 주변의 모든 사람에게도 이로운 일이다. 많은 연구가 이를 실증하고 있다. 예를 들어, 마음챙김 수련 프로그램을 마친 사람은 대기실에서 목발을 짚은 사람에게 더 기꺼이 자리를 양보한다고 한다.[5] 친절과 우정 같은 긍정적인 마음 자질은 360도로 뻗어 가는 성질이 있다.[6] 이를 체화함으로써 우리가 가장 사랑하기 어려운 사람, 즉 자기 자신에게 적용한다면 자연스럽게 다른 사람에게도 이타적인 태도를 갖게 된다. 그러면 우정과 친절, 관대함이 한데 어우러지는 춤을 계속해서 출 수 있다.

다만 모든 사람이 친절 명상을 통해 즉각적으로 마음이 편안해지지는 않는다. 요동치는 마음의 날씨 탓에 시간이 필요한 사람도 있다. 루가 그랬다. "처음엔 친절 명상이 도움이 되지 않는다고 생각했어요. 친절 명상으로 이로움을 얻기엔 주변에서 너무도 많은 일이 일어나고 있었거든요. 과거에 큰 상처를 입었던 나였기에 어떻게 해도 바뀌지 않을 거라고 생각했어요. 그런데 친절 명상을 시작하고 며칠 뒤에 변화가 일어났어요. 나에게 선택권이 있다는 사실을 깨닫게 되었죠. 조금 이상한 느낌이었지만, 비참하고 무서운 기분이 들더라도 내면의 아이가 그걸 그냥 느끼게 해 주었다고 할까요. 그 느낌을 좋아하지 않아도 괜찮다고 말해 주었어요. 그러자 마음에 여유가 생겼어요. 선택권이 많아진 거예요. 그때 이후로 숨을 내쉴 때마다 느껴지는 느낌 색조를 따라가 보았어요. 날숨이 끝나고 들숨이 시작되기 직전의 일시 정지 순간을 제대로 알아보기 시작했어요. 나는 깨달았어요. 지금 이 순간, 당장 해야 할 일은 아무것도 없다는 걸요. 휴, 얼마나 안심이 되던지! 몇 주간 수련을 이어 가면서 날숨은 매 순간 새로운 기회로 나아가는 출발점이 되었어요. 더불어 평소 나에게 얼마나 불친절했는지도 새삼 깨달았죠. 나는 매사에 지나치게 비판적이었는데, 대부분은 나 자신에 대한 비판이었어요."

그칠 줄 모르는 자기비판은 친절과는 다른 의미에서 주변의 모든 사람에게 영향을 미치는 태도이다. 자기비판은 다른 사람에 대한 비판으로 이어진다. 이는 자기도 모르게 위축된 느낌을 일으키고, 창조성을 떨어뜨리며, 어딘가 꽉 막힌 듯한 느낌을 일으킨다. 그러면 습관적인 반응이 일어나 선택의 폭이 좁아지고, 이것이 다시 위축된 느낌을 강화해 결국 좌절감으로 이어지기도 한다. 이것이 우리를 점점 더 깊은 수렁에 빠뜨리는 악순환이다.

루가 말했다. "이 모든 걸 알고 있었지만 마음속으로 깊이 이해할 수는 없었어요. '비판하는 건 잘못'이라는 생각에 대한 반감이 남아 있었죠. 비판이 아니었다면 오늘날 이 세상이 가능했을까요? 잘못된 생각, 잘못된 방식, 잘못된 설계에 대한 비판이 없었다면 이 세상이 탄생할 수 있었을까요? 비판하지 않으면 어떻게 개선할 수 있을까요?"

루의 걱정은 충분히 이해할 만하지만, 이는 마음챙김에 대한 단순한 오해에 불과하다. 루는 어떻게 변화가 일어나는지에 대해 잘못 알고 있었다. 우선 비판하는 게 '잘못'은 아니다. 다만 지나친 비판, 특히 자신에 대한 비판은 도움이 되지 않으며 오히려 역효과를 일으킬 수 있다. 그러기보다 뒤로 한발 물러나 보다 넓은 관점에서 보는 편이 더 바람직하다. 그러면 비판이 현명한 분별로 바뀐다. 이때 비로소 비판은 삶에서 적절한 자리를 차지한다. 스스로를 두들겨 패는 막대기가 아니라 변화를 향한 표지판이 되어 주는 것이다. 종종 문제에 온 신경을 집중하다 보면 시야가 가려져서 실제적인 해결책이 보이지 않을 때가 있다. 한발 물러나 관찰하면 문제가 아니라 해결책이 눈에 들어온다.

레일라와 마찬가지로 칼도 친절 명상을 자신에게 맞게 변화시켰다. 칼은 다른 사람을 향한 친절의 마음에 집중하기가 무척 어려웠다. 사람들의 성격이나 그들과 맺는 관계의 복잡성이 걸림돌로 작용했다. 그래서 그는 사람이 아닌 구체적인 친절의 행동을 마음에 떠올렸고 그것이 도움이 되었다. 칼은 여덟 살 때 있었던 일을 떠올려 보기로 했다. 새로 전학 간 학교에서 길을 잃고 혼자 운동장을 헤매던 칼을 교실까지 안내해 주었던 선생님의 모습을 떠올렸다. 작은 친절에 불과한 행동이었지만, 힘든 순간에 큰 위안을 주었던 그 일을 칼은 결코 잊을 수 없었다.

때로 명상에 작은 변화를 주는 것만으로도 놀라운 결과를 낳기도 한다. 에이브릴은 조금 다른 방식으로 이를 알게 되었다. 처음에 그녀는 자신에게 안녕을 빌어 주는 일이 어려웠다. 생각의 중심에 '나'가 자리 잡는 게 썩 내키지 않았다. 그때 명상 선생님이 '나' 자리에 이름을 넣어 보라고 권했다. '삶의 온갖 일들 한가운데서도 에이브릴이 안전하고 건강하기를'이라고 속삭이는 게 영 어색했지만, 막상 그렇게 하자 명상이 한결 수월해졌다. '나'에서 '에이브릴'을 떼어 내자 안녕을 빌어 주는 일이 더 쉬워진 것이다. 더불어 '삶의 온갖 일들 한가운데서도'라는 표현을 통해 제아무리 힘든 순간에도 친절을 발견할 수 있음을 깨달았다.

사소함에서 오는 행복

이번 주 수련을 하는 과정에서 행복은 종종 스스로 생겨난다는 점을 깨달을 것이다. 행복해지기 위해 반드시 무언가를 해야 하는 건 아니다. 행복해지려고 애쓰면서 몇 개월, 아니 몇 년을 보내고도 전혀 행복하지 않을 수 있다. 행복해지려는 노력은 우리의 경험을 피상적으로 만든다. 이내 사라져 버리는 잠깐의 행복감은 진정한 행복이라기보다 쾌락에 가깝다. 이는 행복감이 곧 사라져 버릴지 모른다는 두려움과 그것이 계속되기를 바라는 갈망을 일으키고, 더 깊고 참되며 오래 지속되는 행복에 대한 갈망만을 끊임없이 만들어 낸다. 친절은 이와 다른 것을 만들어 낸다. 그것은 기쁨이라고 할 수도 있다. 종종 이런 기쁨은 자신과 타인을 향한 친절, 잘 살아온 삶과 같은 아주 사소한 것에서 생겨난다.

　에이브릴은 끝없이 행복을 추구하는 행위가 오히려 행복을 내쫓는다는 사실을 깨달았다. "행복해지려고 애쓰기보다 그저 나 자신과 다른 사람들을 친절하게 대하겠다고 마음먹자 큰 변화가 일어났어요. 마음이 차분해지는 데도 도움이 되었고요. 마치 전구가 반짝하고 켜지는 것처럼 커다란 깨달음이 일어났어요. 버스를 타고 시내로 가던 중에, 문득 행복해지려고 계속해서 나 자신을 혹사하고 있다는 생각이 들었어요. 옷과 화장품, 외출, 멋진 휴가에 많은 돈을 썼죠. 멋진 장소에서 멋진 사람들과 함께 있는 걸 과시하고 싶었고, 늘 소셜미디어의 인플루언서들을 따라 하려 했어요. 하지만 그건 나와 맞지 않는 일이었어요. 마음 깊은 곳에서 말이죠. 그들을 따라 하는 건 내게 벅찬 일이었어요! 물론 아주 잠깐이긴 했지만 한동안은 즐거웠어요. 하지만 결국엔 내게 어울리지 않는 일이란 걸 알았죠. 그 이후로 나 자신과 타인에게 작은 친절을 베푸는 게 행복해지려고 억지로 애쓰는 것보다 훨씬 더 수월하다는 걸 알게 되었어요. 나를 행복하게 해 줄 묘약을 찾아 헛되이 헤매고 있었음을 깨달았다고 할까요. 행복해지기 위해 모든 것을 다할 필요는 없음을 알았어요. 지나치게 애쓸 필요가 없었죠. 잠시 나 자신이 되어서 어떤 일이 일어나는지 지켜보기만 하면 되었어요."

에이브릴의 통찰은 중요한 의미를 갖는다. 행복은 종종 급박한 목표가 되어 우리는 행복해지는 데 엄청난 에너지를 쏟아붓는다. 우리는 늘 바쁘게 산다. 그러나 끊임없이 행복을 뒤쫓다 보면 자신에게 더 큰 괴로움을 안기기 십상이다. 마음은 행복에 더 가까이 다가가고자 여러 가지 행동을 계획함으로써 도움을 주고자 한다. 그러나 그 어떤 노력도 도움이 되지 않는다. 오직 스스로 얼마나 큰 고통을 지어내고 있는지 깨달을 때, 행복 추구가 거의 중독에 가깝다는 사실을 알게 될 때, 이때가 바로 행복 추구라는 잘못된 습관을 내려놓기에 가장 적절한 때이며 그 순간 당신은 다른 길이 있음을 보게 될 것이다. 스스로를 친절하게 대하는 일 말이다. 자신에게 값비싼 물건이나 좋은 음식을 사주지 않아도 된다. 특정 방식대로 해야 할 필요가 없다. 단지 명상을 하는 와중에 그리고 하루를 지내면서 적절한 때에 자신에게 따뜻한 친절의 마음과 알아차림을 가져가기만 하면 된다. 스스로를 벌주는 일을 내려놓아라. 자신의 모든 결점과 실패를 받아들이고 있는 그대로의 자기 자신을 편안하게 느끼는 데서 시작하면 된다.

마음의 날씨 패턴을 알면 하루 중 더 취약하다고 느끼는 특정 시간대를 찾을 수 있다. 펠리시티는 아침에 막 잠에서 깼을 때가 가장 취약한 시간임을 알고는 실험을 해 보기로 했다. 평소 같으면 '어서 일어나서 움직여', '게을러선 안 돼', '다른 사람이 알면 뭐라고 하겠어?' 같은 자기비판이 그녀를 다그쳤을 것이다. 하지만 이번 주에는 그렇게 하는 대신 친절과 이해의 마음을 자신에게 보내기로 했다. 한 주 동안 아침에 서둘러 일과를 시작하기 전 마음의 날씨 패턴에 의도적으로 주의를 기울여 보았다. 이를 통해 중요한 사실을 발견했다. 지금까지 펠리시티는 하루도 빼놓지 않고 매일 아침 공황 발작이 일어난다고 여겼다. 그런데 자세히 주의를 기울여 보니 매일이 아니라 절반가량만 그랬다. 더불어 마음의 날씨 패턴에 들어 있는 미묘한 뉘앙스까지 알 수 있었다. 이를테면 '몸에서 즐거운 느낌이 느껴져', '생각의 흐름에 불쾌한 느낌이 들어 있어', '주변 환경이 즐거운 느낌이야' 같은 것들 말이다. 그녀는 여름 아침 창문으로 불어오는 부드러운 공기, 새들의 노랫소리 같은 사소한 것들에 주목하기 시작했다. 이제 이른 아침은 이전에 그녀가 자신에게 속삭이던 것만큼 나쁘지 않다.

어느 날 아침 펠리시티는 허리와 어깨에 통증과 뻐근함을 느끼며 잠에서 깼다. 또 한 번의 악몽을 꾸었다고 생각했다. 평소 같으면 피곤하고 무기력한 하루를 보내야 한다는 생각에 가슴이 쿵 하고 내려앉았을 것이다. 그런 나쁜 기분은 '오늘 하루는 엉망이 될 거야' 같은 부정적인 예측으로 이어지고, 다음에 일어날 일은 불 보듯 뻔했다. 하지만 이번에는 단지 그 생각에 '불쾌한 느낌'이라는 이름을 붙인 뒤 '이걸 좋아하지 않아도 괜찮아'라고 자신에게 말해 주었다.

"그러자 그것이 사라졌어요. 아주 간단했어요. 이 수련으로 점차 내 경험에 대해 더 잘 알게 되었고 심지어 그 경험을 존중할 수 있게 되었어요. 나에게 더 친절한 태도로 하루를 시작할 수 있었죠. 보통 아침에 나는 자신에게 매우 불친절했어요. 스스로를 겁주고 괴롭혔죠. 어서 행동에 돌입하라고 다그쳤어요. 그런데 나 자신에게 더 부드럽고 따뜻하고 친절한 태도를 취하자 이런 다그침이 줄어들었고, 대신 지금 이 순간을 즐기는 여유가 생겼어요. 즐겁든 불쾌하든 지금 순간이 자연스럽게 흘러가도록 놓아두는 여유가 생긴 거예요."

힘겨운 감정 들여다보기

조금의 따뜻함과 친절, 연민으로 자신을 대하는 일은 힘겨운 감정이라는 악천후를 헤쳐 나가는 연료와 같다. 자신의 힘겨운 감정을 헤쳐 나가는 것, 이것이 이번 주 '어려움 살펴보기' 명상의 핵심 목표이다. 우선은 1주 차에 다뤘던 핵심 요소 몇 가지를 다시 떠올려 볼 필요가 있다.

첫째, 어려움에 접근할 때 그것을 어떻게 다룰 것인가에 관해 언제나 당신에게 선택권이 있음을 기억하라. 어려움을 다룰 능력과 에너지가 있다고 느낄 때만 그것을 다루어야 한다. 너무 피곤하거나 삶이 버겁다면 어려움을 다룰 만하다고 느낄 때까지 기다리는 것이 좋다. 극도의 정신적·신체적 괴로움을 겪는 와중에 이를 악물고 밀어붙이는 태도로 명상을 한다고 해서 유익함이 생기는 것은 아니다.

둘째, 어려움에 얼마나 가까이 다가갈 것인지 스스로 선택할 수 있다. 만약 너무 힘겹다고 느낀다면 어떻게 '안전지대'로 돌아올지 미리 생각해 두는 것도 좋다. 안전지대는 예컨대 손과 발에서 느껴지는 감각일 수도 있고 자리나 바닥에 닿은 몸의 느낌일 수도 있다. 아니면 들어오고 나가는 호흡의 느낌도 안전지대가 될 수 있다. 이런 식으로 몸과 마음의 중심을 잡고 주의집중의 닻을 내리면 괴로운 감정을 키우는 무익한 생각 패턴에서 벗어나는 데 도움이 된다. 또 자신의 경험 가운데 신체감각이라는 비교적 안전한 영역에서부터 요동치는 생각과 기억, 이미지와 충동이라는 다른 쪽 영역에 이르기까지 전체를 들여다보는 법을 익힐 수 있다. 이 수련을 통해 자신만의 템포로 경험의 전체 스펙트럼을 오갈 수 있다.

저절로 일어나는 어려움

때로 힘겨운 느낌이 저절로 일어나기도 하는데, 이것을 소재로 삼아 수련할 수 있다. 힘겨운 느낌은 당신의 스승이 되어 줄 것이다. 만약 아무런 어려움도 일어나지 않는다면 명상을 하는 중에 의도적으로 한 가지 어려움을 마음에 떠올려 본다. 시작하기 전에, 지난 며칠 동안 일어난 일 중 하나를 선택한다. 일상생활에서 벌어진 사소하지만 곤란했던 일을 고른다. 사람과의 관계에서 일어난 오해라든지 의견의 불일치, 안절부절못했던 상황, 후회되는 일, 미래에 대한 걱정 등 어떤 것이라도 좋다. 다만 처음에는 작은 일부터 시작하는 게 좋다. 이 수련은 당신이 겪고 있는 중대한 문제를 즉각적으로 해결하려는 목적이 아니다. '날씨에 맞춰 비행하는' 법을 익히는 데 그 목적이 있다. 다시 말해 자동반응에 휩쓸리기보다 지혜롭게 대응함으로써 어려움에 조금씩 다가가는 법을 익히려는 것이다. 로버트 벅이 지적했듯이, 날씨가 언제나 비행사에게 우호적인 것은 아니다.

　마음에 힘겨운 상황이나 감정이 나타날 때 여러 가지 선택권이 있다. 단지 그 어려움이 존재함을 알아본 뒤 주의집중의 닻으로 돌아갈 수도 있고, 어려움을 있는 그대로 느끼며 더 큰 맥락에서 품어 안을 수도 있다. 아니면 그 감정이 신체 어느 부위에서 나타나는지 관찰할 수도 있다. 그것은 몸 어디서든 어떤 모습으로든 나타날 수 있지만, 많은 경우에 신체 특정 부위의 긴장이라든지 근육의 떨림, 불편감이나 통증으로 나타날 것이다. 이때는 그 신체 부위로 주의를 향해 그곳의 느낌을 있는 그대로 느껴 본다. 마치 숨으로 마사지하듯이 해당 신체 부위에 숨이 들어간다고 상상해 본다. 거기에서 느껴지는 감각을 제거하는 게 아니라 그 감각 주변에 조금의 공간을 만드는 것이다. 이런 다양한 방법은 모두 힘겨운 감정을 피하거나 그런 감정 때문에 자신을 비난하는, 지극히 자연스러운 습관에 대처하는 또 하나의 방법이다. 당신은 여태껏 해 온 것처럼 힘겨운 감정을 피하거나 자신을 비난하는 대신 모든 것을 평소보다 조금 더 오래 있는 그대로 놓아두는 법을 익히는 중이다. 이로써 당신이 겪고 있는 어려움이 조금씩 줄어들 것이다. 그리고 마침내 더 현명한 선택을 내릴 수 있는 시간과 공간이 생길 것이다.

이번 주 수련을 진행하면서 있는 그대로 자신을 받아들이는 법을 익힐 것이다. 이를 통해 당신이 느끼는 느낌이 지극히 자연스러운 과정의 일부임을 알게 되고, 몸과 마음이 당신을 안전하게 지켜 주기 위해 자신이 알고 있는 유일한 방법으로 최선을 다하고 있음도 알게 될 것이다. 처음에는 쉽지 않을 수 있다. 그러니 수련을 하는 동안 언제든 당신이 정한 주의집중의 닻으로 돌아올 수 있음을 기억하라. 어려움이 당신을 완전히 집어삼킬 것 같으면 자신에게 부드럽게 질문하라. '지금 여기, 지금 이 순간에 이 어려움 외에 또 무엇이 있지?' 원한다면 잠시 눈을 뜨고 해도 좋다.

이제 날씨에 맞춰 비행할 시간이다.

어려움 살펴보기 명상

준비

1. 의자나 방석에 편안한 자세로 앉는다. 위엄과 현존의 감각을 체현하는 자세로 앉는다. 눈은 감거나, 아니면 살짝 뜬 채로 시선은 아래쪽을 향한다.

2. 이번 수련에서 당신이 정한 주의집중의 닻으로 주의를 향하며 마음의 중심을 잡는다. 준비가 되었다면, 몸 전체로 알아차림의 초점을 확장한다.

힘겨운 감정이 올라오면

3. 앉아 있는 동안 괴로운 감정이 일어나 자꾸 거기에 주의가 끌린다면, 주의가 달아날 때마다 지금까지 해 왔던 것과는 다른 방식을 시도해 본다. 즉, 지금 일어나는 괴로운 생각과 느낌으로부터 마음을 돌리는 대신 오히려 그 생각과 느낌이 잠시 마음에 머물도록 허용한다. 서둘러 주의집중의 닻으로 돌아가기 전에 먼저 그 생각과 느낌을 있는 그대로 알아보며 알아차림에 담는 것이다. 생각과 느낌 주변에 만들어지는 공간을 느낀다고 해도 좋다. 아니면 감정이 신체 어느 부위에서 나타나는지 살펴본 다음, 그곳으로 주의를 가져가 숨을 불어넣으며 친절의 마음으로 감싸 본다.

225

마음에 어려움 떠올리기

4. 지금 아무런 힘든 일도 떠오르지 않는다면, 그럼에도 어려움에 다가가는 이 새로운 방식을 탐구해 보고 싶다면, 최근이나 과거 삶에서 일어났던 작은 문제, 불쾌한 감정을 일으켰던 문제를 의도적으로 마음에 떠올려 본다. 특정 사람이나 장소, 당신에게 일어난 일 등 잠시 함께 머물러도 괜찮다고 여기는 문제라면 무엇이든 좋다. 중대한 일일 필요는 없지만 불쾌하다고 느끼는 일이거나 해결되지 않은 문제여야 한다.

어려움 다루기

5. 저절로 떠오른 어려움이든 의도적으로 떠올린 어려움이든, 그것을 있는 그대로 머물게 하면서 마음이라는 작업대 위에 올려놓는다. 그런 다음 몸으로 주의를 가져가 그 어려움과 함께 일어나는 몸의 감각을 관찰한다. 어려움과 함께 몸에서 일어나는 신체감각은 매우 분명할 수도 있고 그렇지 않을 수도 있다. 어느 쪽이든 힘겨운 감정이 일어날 때 몸에서 어떤 감각이 느껴지는지 관찰한다.

6. 몸에서 어떤 감각이 일어나는가? 그 감각에 모양이 있는 것처럼 느껴지는가? 그 감각을 신체 어느 부위에서 가장 생생하게 느끼는가? 그 감각은 매 순간 바뀌는가? (어려움과 함께 일어나는 신체감각이 없다면, 현재 몸에서 일어나는 어떤 느낌이라도 그것을 가지고 수련한다.)

7. 이제 숨을 들이쉬면서 그 부위에 '숨을 불어넣고' 날숨에 그

부위에서 '숨이 나온다'라고 상상하면서 호흡한다. 그 감각을 지금과 다르게 바꾸려 하지 말고 있는 그대로 살펴보면서 주변에 공간을 만들어 준다. 있는 그대로 분명하게 보고, 순간순간 변화하는 강도를 관찰하면서 그것이 가진 느낌 색조를 마음에 새겨 본다.

8. 어떤 일이 일어나든, 당신이 거기에 어떻게 반응하는지 관찰해 본다. 그 반응을(여기에도 나름의 생각과 감각이 들어 있다) 널따랗고 사랑으로 가득 찬 알아차림에 담아 본다. 그리고 그 반응이 지닌 감각에서 느껴지는 느낌 색조를 살펴본다.

9. 어떤 느낌 색조든지 그것을 매 호흡과 함께 마음에 새긴다. 이때 몸에서 느껴지는 느낌을 좋아할 필요가 없음을 떠올린다. 만약 불쾌하다면 '불쾌하다'라고 아는 게 자연스러운 일이다. 이때 '이걸 좋아하지 않아도 괜찮아'라고 속으로 반복해서 말하면 도움이 된다. 그런 다음, 어떤 감각이 느껴지든 있는 그대로 거기에 마음을 열어 본다.

10. 숨을 내쉬면서 속으로 자신에게 이렇게 말해도 좋다. '지금 당장 뭔가를 할 필요는 없어.' 몸에서 일어나는 어떤 감각이든, 지금 자신의 몸에 존재하는 그 감각을 부드럽고 널따란 알아차림에 담아 본다.

11. 원하는 만큼 그 신체감각에 대한 알아차림에 머물면서 그것과 함께 호흡한다. 감각이 있는 그대로 존재하도록 놓아둔 채 어떻게 변해 가는지 살펴보면서 친절과 연민의 마음으로 감싸 안는다. 동시에 자기 자신도 친절과 연민으로 품어 안는다.

12. 감각이 잦아들면 (발의 감각·바닥과 닿는 느낌·손과 호흡 등) 주의 집중의 닻으로 돌아와 머물거나, 조금 전 다루었던 힘겨운 상황 또는 새로운 상황을 마음에 가져와 위의 과정을 통해 다시 살펴본다. 그 상황이 마음에 이르면, 그것이 몸에 일으키는 감각의 가장자리나 뭉치 속으로 주의를 가져간다.

너무 힘겹다면

13. 언제든지 너무 힘겹거나 떠오르는 생각을 자꾸만 곱씹게 된다면, 스스로에게 이런 질문을 던져 본다. '지금 내게 가장 도움이 되는 건 무엇이지?' '지금 여기에 이 어려움 외에 무엇이 있지?' 그런 다음 호흡이나 발, 앉은 자리에 닿은 신체감각이나 손으로 주의를 가져온다. 이렇게 해서 수련으로 다시 돌아오거나 하루 중 다음 순간으로 나아갈 준비를 한다.

마무리

14. 준비가 되었다면 호흡이나 발, 앉은 자리에 닿은 신체감각이나 손 등 주의집중의 닻으로 다시 돌아온다. 힘겨운 경험의 가장자리를 탐색하는 시간을 가져 본 데 대해 자신에게 축하를 보낸다. 이번 수련에서는 삶에서 일어나는 힘겨운 일의 한가운데서도 자동반응하지 않고 의도적으로 대응하면서 열림과 친절, 연민의 마음을 키우는 시간을 가져 보았다.

몸을 보면 감정이 보인다

많은 사람에게 '어려움 살펴보기' 수련은 낯설게 느껴질 수 있다. 많은 사람이 자기 신체의 특정 부위에 감정상의 어려움이 깃들어 있다는 사실을 알고는 무척 놀란다. 감정상의 어려움이 그토록 분명하고 강력하리라고 예상하는 사람은 많지 않다. 또 그토록 다양한 감정이 몸에 깃들어 있다고 예상하는 사람도 많지 않다.

애나의 경험을 소개한다. "힘겨운 상황을 마음에 떠올릴 때마다 오른팔에 무거움이 느껴졌어요. 마치 콘크리트처럼 딱딱하게 굳어 있었죠. 고칠 수 없는 문제를 어떻게든 고치려 하는 경향이 내게 있음을 깨달았어요. 이번 기회에 딸의 결혼에 관한 걱정을 내 팔에서 '고쳤어요.' 말도 안 되는 소리처럼 들리겠지만 어쨌든 그런 일이 내게 일어났어요. 이번 일을 통해 누군가의 문제 때문에 강한 신체 반응이 일어날 때는 용기를 내어 내려놓고, 그들이 스스로 문제를 다룰 능력이 있음을 믿어야 한다는 걸 알았어요. 다음번 명상에서는 또 다른 반응이 나타났어요. 배 주위에서 무거움을 느꼈죠. 하지만 그것을 가볍게 받아들이자 이내 종이처럼 가벼워졌어요. 끔찍한 걱정에서 벗어날 수 있었죠. 이 방법을 '일상의 마음챙김 수련'에 가져갔을 때도 비슷한 반응이 일어났어요. 걱정이 일어날 때나 힘겨운 느낌이 일어날 때마다 신체감각에 집중하면서 몸 어디에서 걱정이 나타나고 어떻게 바뀌는지 계속해서 관찰했어요. 이렇게 신체감각을 탐색하는 방법과 마음의 중심 잡기를 번갈아 수련하자 큰 도움이 되었어요. 마음의 중심이 잡히자 내가 실제로 삶에 대처할 수 있다고 믿게 되었어요. 나 자신을 따뜻하게 대하자('이걸 좋아하지 않아도 괜찮아'라고 자신에게 친절하게 이야기하면서 자기비판에서 잠시 벗어나자) '나는 할 수 있다'라고 믿는 신뢰의 마음도 더욱 커졌어요."

일상의 마음챙김 수련: 어려움에 다가서기

이 수련에서는 불쾌한 느낌 색조를 알아차리는 순간, 거기에 세심한 주의를 기울여 본다. 불쾌한 느낌 색조가 일어나면 부드럽게 몸으로 주의를 가져가 어느 부위에서 어떻게 반응하고 있는지 살펴본다.

1. 몸에서 변화하는 감각과 변하지 않고 그대로인 감각에 잠시 주의를 기울여 본다.
2. 이때 함께 일어나는 느낌 색조를 관찰한다. 생각보다 다양한 느낌 색조가 일어날 수 있다.
3. 지금 일어나는 신체감각이나 느낌 색조에 어떻게 반응하고 있는지 관찰한다. 불쾌한 느낌을 없애고 싶은 마음이 일어날 수 있고, 이어서 다른 신체감각이 일어날 수도 있다. 그 또한 탐색하면서 그것이 가진 느낌 색조가 어떻게 순간순간 변해 가는지 관찰한다. 그 순간의 느낌 색조를 바로 알아보지 못하고 뒤에 남겨진 영향을 통해 알게 될 때도 있다.
4. 힘겨운 감각이나 느낌 색조가 일어나면 속으로 이렇게 말해 본다. '이걸 좋아하지 않아도 괜찮아.' 그리고 다음번 날숨에 이렇게 말한다. '지금 당장 뭔가를 할 필요는 없어.' 이런 식으로 가슴과 마음에 친절함을 가져감으로써 조용히,

조금씩 사랑과 연민을 가장 필요로 하는 나의 취약한 일부와 다시 친구가 된다.

5. 만약 그럴 의지와 능력이 있다면, 수련하는 와중에 감정적 격동이 일어나 잠시 머물다 떠나는 동안에도 주의를 가능한 한 안정적이고 열린 상태로 유지한다. 그러면서 지금 어떤 일이 일어나고 있는지 분명하게 살펴본다.

6. 가슴이 일으킬 수 있는 최대한의 친절을 가지고 안정적으로 주의를 기울이는 법을 익혀 본다. 여기에는 일정한 시간이 필요하지만 결국은 유익함을 안겨 줄 것이다. 다룰 수 있는 쉬운 상황부터 시작하면 된다는 점을 기억한다.

때로 어려움은 신체에서 일정한 모양을 띠기도 한다. 토비는 그것이 이상하게 생긴 무겁고 삐죽삐죽한 갈색 돌이라고 말했다. "정말로 돌이 느껴졌어요. 구체적인 모양으로요. 그 돌은 가슴 부위에 있었어요. 심장 박동이 빨라지고 호흡이 얕아지고 가빠지는 걸 알 수 있었죠. 그러다 생각했어요. '너무 심해지는 거 아니야?' 실제로 점점 더 심해졌는데, 그때 한발 물러나 그것을 마음의 작업대 위에 올려놓은 뒤 나 자신에게 이렇게 말했어요. '이런 느낌이 들어도 괜찮아.' 거기엔 두려움, 슬픔, 분노, 좌절 등 여러 감정이 한데 뒤섞여 있었어요. 다음에 나는 거기에 공간을 마련했어요. 그러자 두려움과 좌절감이 더 크게 밀려왔어요. 하지만 그와 함께 일어나는 신체감각이 매 순간 변화하고 있는 것을 보았어요. 가슴이 울렁거리고 호흡은 점점 빠르고 얕아졌지만 나는 이렇게 말했어요. '이걸 좋아하지 않아도 괜찮아.' 그러자 가슴 부위에 느껴지던 어려움이 다른 부위로 옮겨 갔어요. 이번에는 오른쪽 정강이의 통증으로 나타나 주의를 끌어당겼죠. 그리고 다음 순간엔 왼쪽 어깨에 살짝 경련이 일어났어요. 이 모든 게 하나의 커다란 불쾌한 느낌 색조로 느껴졌어요. 나는 계속해서 그것이 변하는 걸 지켜보았어요. 인내심을 갖고 이 느낌 외에 또 무엇이 있는지, 불쾌한 느낌의 폭풍우가 지나가는지 지켜보았죠. 실제로 그것은 지나갔어요. 이번에는 발에서 생생하게 살아 있는 느낌, 따끔거리는 감각이 느껴졌어요. 하지만 불쾌하지 않았어요. 정말이지 나에게 선택권이 있음을 깨달았어요. 불쾌함의 소용돌이에 휩쓸려 버릴 수도 있고 거기에 주의를 기울일 수도 있다는 걸요. '지금 당장 뭔가를 할 필요는 없어'라고 말하며 날숨에 모든 것을 내려놓자 마음이 한결 편안해졌어요. 발의 감각과 바닥의 감각, 생생하게 살아 있는 몸의 감각에 주의를 가져가는 게 큰 도움이 되었어요."

이런 방식으로 토비는 어려움의 전 영역을 의도적으로 탐색했다. "내가 겪는 어려움에 잠시나마 가까이 다가가 살펴보자 마음이 한결 편안해졌어요."

반추의 위험성

어려움을 탐색하는 작업은 심에게 즉각 이로움을 주지 않는 좌절의 과정이었다. 명상 중에 자주 '사람들에게 이용당할지 몰라'라는 걱정과 두려움이 일어났고, 잠자리에 들 때면 다시금 그것들이 찾아왔다. 심은 이 감정에 가까이 다가가기가 어려웠다. 지금까지 몇 주에 걸쳐 실천해 온 명상을 통해 눈에 띄게 안녕감이 향상되었던 터라 이번 6주 차 수련에서 느끼는 실망과 좌절은 더욱 컸다. 그는 억지로라도 '어려움 살펴보기' 수련을 하고 싶었지만, 내면에서 일어나는 강한 반추 때문에 도무지 그럴 수 없었다.

만약 당신이 심과 같은 상황이라면, 꼭 오늘이 아니라도 언제든 다른 날에 이 수련으로 다시 돌아와도 좋다는 점을 기억할 필요가 있다. 단번에 물속 깊이 뛰어들 필요는 없다. '어려움 살펴보기' 수련이라는 물에 살짝 발을 담가 보는 것만으로도 지금까지와 다른 관점으로 몸과 마음을 바라볼 수 있다. 몸과 마음 역시 호기심과 친절의 마음으로 관찰할 수 있는 자연 세계의 일부임을 알게 된다. 이런 관점을 갖는 데는 시간이 걸린다. 서둘러서 되는 일이 아니다. 그렇지만 이를 익히는 과정에서 자기 자신에 대해 생각보다 많은 것을 알게 될 것이다. 또한 어떻게 하면 습관적이고 부정적인 사고방식과 행동방식에 빠져들지 않을 수 있는지도 알게 될 것이다.

심도 이를 경험했다. 수련에 진전이 없어 낙담하고 있었는데, 주 중반 직장 미팅에서 늦게 돌아온 날 문제가 심각해졌다. 지칠 대로 지친 상태에서 음료를 마시려고 부엌에 갔더니 싱크대에 설거짓거리가 산더미처럼 쌓여 있었다. 동거인 중 그 누구도 식기 세척기에 넣어 둔 접시를 꺼내지 않은 채 모두가 자기 방에 틀어박혀 있었다. 심은 늘 그렇듯이 자신이 동거인들에게 이용당하고 있다고 느꼈다. '아무도 나를 배려하지 않아. 나를 도와줄 생각이 눈곱만큼도 없어.' 심은 속으로 투덜거렸다. '모든 걸 내가 해야 해. 나는 완전히 혼자야. 이제 진절머리가 나.'

심의 기분은 예전처럼 안 좋은 쪽으로 방향을 틀기 시작했다. 하지만 이번엔 다른 점이 있었다. 이런 생각의 흐름이, 만약 의식적인 선택에 따라 행동하겠다고 다짐하지 않으면 불가피하게 일련의 부정적 태도

233

를 촉발한다는 사실을 그 순간 알아차렸다. 심은 자신이 생각에 휩쓸리도록 내버려두는 대신 그 생각을 부드럽게 알아보면서 자신에게 이렇게 말했다. '이걸 좋아하지 않아도 괜찮아. 피곤하고 뿌루퉁한 느낌은 으레 불쾌한 법이지. 이 느낌을 좋아하지 않아도 돼. 지금 당장 뭔가를 할 필요는 없어.'

이런 상황에서는 어떻게 반응해야 할지 알기가 매우 어렵다. 다른 사람의 행동에서 고려해야 할 가능성과 변수, 의제와 태도, 접근방식이 너무도 많기 때문이다. 문제 해결에 능한 사람일수록 더 많은 가능성이 펼쳐진다. 그리고 그에 따라 내리는 선택도 더 미묘하고 복잡한 성격을 띤다. 따라서 조급하게 해결책을 생각해 내고 행동하려는 태도는 상황을 개선하기보다 오히려 나쁜 쪽으로 끌고 갈 가능성이 있다. 물론 자아는 무의식적으로 상황에 대비하며 행동에 나설 준비를 할 테고, 이로 인해 괴로움은 악화되고 신체 예산에서 상당한 에너지가 소진될 것이다. 그러면 '지금 당장 뭔가를 할 필요는 없어'라는 지침에 반감이 드는 것도 전혀 이상하지 않다. 당신은 점점 더 긴장이 고조되어 이러지도 저러지도 못하는 상태에 빠질 것이다. 이는 고문과도 같은, 어떤 선택을 내려야 할지 몰라 안절부절못하는 상태이다. 더욱이 상황에 떠밀려 잘못된 선택을 내릴 가능성도 커진다.

여기에서 벗어나는 방법은 자신에게 부드럽게 다음 구절을 상기시키는 것이다. '지금 당장 뭔가를 할 필요는 없어.' 이 표현이 요청하는 바는 '지금 당장' 그 일을 해야 하는지 살펴보라는 것이다. 대부분의 경우, 지금 당장 해야 할 일이란 건 없다. 이 점을 기억하면 마음이 한결 가벼워지고 상황을 변화시킬 수 있다. 문제의 핵심은 대응할 것인가 말 것인가가 아닌 '언제' 대응할 것인가이다. 언제든 적절한 때에 행동할 수 있음을 깨달으면, 그 순간 몸이 편안하게 이완되고 장기적으로 최선의 행동 방침은 아무것도 하지 않는 것임을 알게 된다.

심의 경험도 그랬다. 심은 주변 사람들에게 이용당했다는 불쾌한 느낌을 있는 그대로 받아들였다. 스스로를 비난하지 않으면서 팩팩거리고 낙담한 외로움을 자비롭게 품어 안을 수 있는 작은 공간을 마련했다. 화를 내는 게 당연하다고 생각하거나 자신과 타인을 향해 비난의 화살을 돌리기보다 그 느낌을 있는 그대로 허용했다. 그것이 가진 불쾌한 느낌 색조를 인정하고 있는 그대로 놓아두었다. "그러자 모든 게 바뀌었어요." 심이 말했다.

이후 30분 동안 반복해서 우울한 생각이 떠올랐지만 심은 스스로 이렇게 상기했다. '이 생각과 느낌을 좋아하지 않아도 괜찮아. 지금 당장 뭔가를 할 필요는 없어.' 그는 동거인들과 싸울 궁리를 하는 대신 부엌에 쌓인 설거짓거리를 내버려둔 채 잠자리에 들었다. 다음 날 아침에 일어나 보니 깨끗이 설거지가 되어 있었다. 알고 보니 전날 동거인 중 한 명에게 안 좋은 일이 있었고, 그로 인해 다들 힘든 상태여서 내일 아침 설거지를 하기로 결정했던 것이다.

점차 심은 명상이 성공적인 날씨 비행과 비슷하다는 걸 깨달았다. 로버트 벅은 비행을 할 때마다 매번 새롭게 결정을 내려야 함을 강조했다. '걷기 전에 기는 법부터 배워야 한다는 걸 명심하면 스스로 날씨 비행을 배울 수 있다. 이것은 점진적인 과정이다. … 우리는 오랜 시간 겸손해야 하며, 언제 멈추어야 하는지 그리고 언제 더 이상 나아가지 않아야 하는지 알아야 한다.'

폭풍이 지나간 후에 안전하게 착륙하는 건 로버트 벅에게 대수롭지 않은 일이었다. 마음챙김은 폭풍이 휘몰아치는 우리 삶에 이와 비슷한 안전한 분위기를 가져다준다. 감정의 폭풍을 무사히 헤쳐 나가려면 인내, 판단하지 않는 친절함 등의 기술이 요구된다. 규칙적인 마음챙김 수련을 통해 조금씩 날씨를 극복하고 안전하게 삶에 착륙하는 법을 배울 수 있다.

11장

7주 차: 잃어버린 삶의 열정 되찾기

가족 애완묘 태비가 하루 중 가장 좋아하는 이른 저녁 시간, 주인은 태비가 늘 저녁을 먹던 부엌 한쪽 구석에 저녁 식사를 차려 주었다. 식사 자리에 온 태비는 우적우적 즐겁게 밥을 먹어 댔다. 그때 높은 찬장에 있던 콘플레이크 상자가 큰 소리를 내며 태비 곁에 떨어졌다. 태비는 혼비백산해 부엌을 뛰쳐나가더니 거실 소파 밑으로 숨었다. 그렇게 소파 밑에서 두려움에 떨며 한 시간을 웅크리고 있었다. 주인이 아무리 꼬드겨도 나오지 않았다. 태비는 이후 몇 주 동안 부엌의 그 자리를 무서워했다. 아무리 맛있는 음식을 가져다 두어도 먹지 않았고 아예 부엌에 들어오지도 않았다.

태비의 행동이 과도한 신경증처럼 보일지 모르지만 실은 지극히 합리적인 행동이다. 좋아하던 식사 장소가 위험하다는 암시를 받은 건 진화적으로 당연한 결과였다. 인간을 포함한 어떤 동물도 두려움과 같은 불쾌한 감정과 연관된 장소에 다시 가고 싶어 하지 않는다. 두려움은

237

위협이 물러간 뒤에도 꽤 오랫동안 지속될 수 있으며, 시간이 지나면서 더 커질 수도 있다. 그런데 이처럼 두려움을 우리 마음에 각인시키는 경험은 충격적인 사건만이 아니다. 사소하고 작은 일들도 마음의 정신 모형에 통합되어 삶을 바라보는 전반적인 관점에 영향을 미친다. 그 관점은 생각하고 느끼고 감각하고 행동하는 모든 것에 색을 입힌다. 잠깐 불편했던 일이 시간이 지나면서 점점 큰 골칫거리로 비화하기 시작한다. 인간의 경우, 이것이 실제로 정신건강상의 문제를 일으키기도 한다.

태비의 경우, 최초의 충격이 안전한 장소와 위험한 장소에 관한 예측에 영향을 미쳤다. 그런데 고양이든 인간이든, 어떤 생명체도 이러한 예측의 진위 여부를 바르게 판단하지 못한다. 그렇다고 예측을 무시하거나 반박하면 상황이 더 악화된다. 왜냐하면 그런 접근 방식은 자기 확신과 회복력을 갉아먹기 때문이다. 만약 태비가 말을 알아들을 수 있었다면 주인은 냉정하게 이렇게 말했을 것이다. "어서 이리 와. 고작 콘플레이크 상자였어. 별것도 아닌데 뭐가 무섭다고 그러니. 그렇게 놀라면 앞으로 어떻게 살아가겠니." 그러나 이 말을 들은 태비는 아마 두려움이 더욱 커졌을 것이다.

지혜로운 주인은 태비가 두려워하는 장소에서 강제로 밥을 먹이지 않았다. 태비의 스트레스에 '공감하면서' 자신감을 회복시키려고 노력했다. 이후 몇 주에 걸쳐 주인은 태비의 식사를 녀석이 무서워하는 장소에 조금씩 가까이 두었다. 마침내 태비는 원래 식사 장소에서 밥을 먹게 되었다. 이 방법은 인간에게도 고스란히 통한다.

우리는 6주 차 수련에서 자신을 두렵게 만드는 일에 조금씩 다가가는 연습을 해 보았다. 이 방법은 힘겨운 감정과 그 감정을 일으킨 사건에 대한 기억 등 우리가 흔히 회피하는 일을 뛰어넘는 데 도움이 된다.

그런데 스트레스를 받고 우울하고 지쳤을 때 흔히 나타나는 또 다른 유형의 회피가 있다. 세상으로부터 거리를 두며 뒤로 물러나는 것이다. 이는 우리를 아주 무력하게 만들어 정상적인 삶을 이어 가기 힘들게 만든다. 한때 좋아하던 일이 더 이상 즐겁지 않을 때, 당신은 삶에서 물러나 그 일들을 포기해 버린다. 동시에 정상적인 삶을 영위하는 데 필요한 일상의 일들마저 방치한다. 마치 누군가가 '동기부여 스위치' 전원을 꺼 버린 것 같다. 당신의 마음은 다시 삶에 참여하는 데 필요한 에너지를 가늠해 보고, 거기에 드는 노력 비용이 너무 크다고 판단해 버린다. 그러면 역설적으로 한때 즐거움을 주던 일들마저 엄두가 나지 않는다. 그것 없이는 삶이 점점 얕아지고 회색빛이 되어 무의미해져 버리는데도 말이다. 이렇게 당신은 삶에 활기를 북돋고 우울에서 벗어나게 해 주는 활동을 더는 할 수 없다고 느낀다.

이런 패턴은 임상적 우울증을 겪는 사람에게서 더욱 분명하게 나타나지만 일상의 곳곳에서도 그 흔적을 찾아볼 수 있다. 실제로 무언가에 쫓기거나 지나치게 바쁠 때, 우리는 스스로를 즐거움으로부터 '차단'한다. 이는 복잡한 과제에 집중하기 위해 생겨난 정교한 메커니즘으로 인간 정신의 지극히 자연스러운 특성이다. 또한 점점 더 빠르게 돌아가는 세상에서 사람들이 중요하게 여기는 능력이기도 하다. 우리 마음은 한 가지 목표에 집중하기 위해 그 밖의 다른 것들이 가진 매력을 외면하고 억제한다.

예를 들어, 시험공부를 하거나 중요한 과제와 마감일을 앞두었을 때 우리는 다른 일은 제쳐두고 한 가지 목표에 집중한다. 집중력이 배고픔마저 억제해서 식사를 거르기도 한다. 친구나 가족, 지인을 만나지 않고 평소에 즐기던 취미 활동에도 관심이 줄어든다. 이는 주어진 과제에 집중해서라기보다 마음이 다른 것을 덜 매력적으로 만들어 관심에서 몰아내기 때문이다. 예전에 즐기던 활동이 매력적일수록 그것을 더 깊이 억압할 필요가 있다. 일종의 선택적 억압이라고 할 수 있다. 당면한 주요 과제 이외의 모든 것을 억눌러 오직 그 과제만이 황야의 횃불처럼 빛나게 하는 것이다. 이는 단기적으로 매우 효과적인 전략이다. 문제는 과제를 끝낸 뒤에 생긴다. 스트레스가 사라지고 활력이 돌아온 뒤에도 삶에 대한 열정을 되찾기가 어렵다. 소진되었다고 느낄 뿐 아니라 억눌렀던 활동들이 더 이상 예전처럼 즐겁지 않다. 억압이 제 역할을 너무도 잘 수행했기 때문이다. 심지어 한때 즐기던 활동을 생각하는 것만으로도 기분이 나빠지고, 그것은 즐길 만한 '가치가 없는' 무언가라고 느낀다. 이제 그 활동들은 삶이 무의미하며, 재미없고, 힘겨운 시간의 연속에 지나지 않음을 알리는 신호가 되어 버린다.

　이 상태가 지속되면 임상적 우울증 등의 정신건강 문제로 이어진다. 왜 이렇게 불행하고 스트레스를 받고 불안하고 소진되는지, 우리 마음이 그 이유를 알아내려고 애쓸수록 문제는 더 확고히 자리 잡는다. 마음은 '나'라는 문제를 해결하기 위한 프로젝트에 착수하고 거기에 모든 에너지를 쏟아붓는다. '나는 왜 이렇게 실패할까?', '나는 왜 아무것도 즐기지 못하지?', '나는 왜 제대로 된 친구 하나 없을까?' 이런 질문들이 주의를 끌기 시작하면, 다른 주요 프로젝트와 마찬가지로 마음의 자연스러운 경향이 발동해 이 질문에 대한 답을 찾는 데 집중하면서 그 밖의 모든 것을 억압하고 억누른다. 삶을 즐기는 능력도 사라져 버린다. 말하자면, 억압과 다른 정신건강상의 문제들은 당신 '잘못'이 아니다. 당신은 아무것도 잘못하지 않았다. 나약하거나 실패자도 아니다. 당신은 그저 자신이 알고 있는 유일한 방법으로 최선을 다하고 있는 마음을 가진 한 사람일 뿐이다.

일상에서도 이와 비슷한 경험을 한다. 일상적인 활동에서 우리는 여러 가지 요인들을 비교하고 견주어 보다 중요하다고 생각되는 한 가지 일을 진행하기 위해 다른 일을 보류한다. 이 과정은 끝이 없다. 점점 빨라지는 삶의 속도 탓에 주어진 시간은 늘 충분하지 않다. 그럴 때 미루기는 흔히 일어나는 현상이다. 우리는 어떤 일을 하기에 '적절한 때'와 '적절한 마음 상태'를 기다린다. 그러다 결국 적절한 때란 결코 오지 않는다는 사실을 뼈저리게 깨닫는다.[1] 대부분이 항상 이 과정을 밟는다. 연구를 통해 드러난 사실은, 어떤 일을 미루면서 억누르고 밀쳐 낼 때마다 그렇게 미룬 일은 느낌 색조 스펙트럼의 불쾌한 극단으로 더 멀리 밀려난다는 것이다.[2] 과제 자체는 바뀌지 않은 채 점차 불쾌한 '맛'을 얻게 되는 것이다. 오래 미룰수록 그 맛은 더 심해진다. 이는 당신의 잘못이 아니다. 처리되지 않은 과제 자체의 잘못도 아니다. 다만 갈수록 마음속에서 과제가 부정적인 성격을 띠는 나머지 실행하기가 어려워지는 것이다. 아래 상자를 보자.

미루기에 대처하는 법

누구나 어떤 일을 하기에 '적절한 때'와 '적절한 마음 상태'를 기다리다 실제로 그 일에 착수하지 못한 경험이 있다. 미루기는 매우 흔한 현상으로 우리를 완전히 무력하게 만든다.[3] 조셉 페라리와 그의 동료들은[4] 다음과 같은 경우에 더 빈번하게 미루기가 일어난다는 사실을 발견했다.

- 과제 수행에 필요한 시간이 실제보다 많이 남았다고 평가할 때, 또는 특정 과제를 완수하는 데 걸리는 시간을 실제보다 짧게 평가할 때
- 과제 수행에 대한 자신의 의욕을 실제보다 과대평가할 때
- 적절한 기분과 마음 상태가 되어야만 과제를 수행할 수 있다고 잘못 믿을 때
- 압박을 받아야만 과제를 수행하므로 마지막 순간까지 모든 것을 그냥 내버려두는 게 최선이라고 믿을 때

이런 믿음에는 두 가지 커다란 문제점이 있다. 첫째, 어떤 과제는 결코 즐겁지 않다. 쓰레기를 치우거나 세금 서류를 작성하는 일은 '수고롭지만 해야만 하는 일'이다. 따라서 이런 일을 즐겁게 할 수 있는 때를 기다리자면 아주 오랜 시간을 기다려야 할 것이다. 둘째, 특정 활동을 한동안 회피하면 거기에 이른바 '거리낌 꼬리표'가 붙는다. 이는 그 과제를 수행할 적절한 때가 결코 오지 않는다는 의미이다. 실제로 과제를 오래 미룰수록 거리낌은 커진다. 그러면 마음이 가진 예측 모형은 그 과제가 실제보다 더 불쾌한 성질을 가졌다고 인지한다. 이는 객관적 사실(예를 들어 대출 도서의 반납 기한을 넘겨 시간이 흐를수록 연체료가 붙어나는 상황)에 의해 강화되기도 하고 심리적 과정에서 비롯되기도 한다.

2장에서 배운 느낌 색조가 일어나는 근원에 관한 내용을 기억하는가? 단세포 생물이 영양과 안전의 원천에 다가가고 독소와 위험으로부터 멀어지는 법을 학습한 이래로, 즐거운

느낌과 불쾌한 느낌을 구분해야 할 필요성은 계속해서 존재해왔다. 즐거움과 불쾌함은 그런 원천에 다가가거나 멀어지는 행동과 연관이 있다. 하지만 반대로 작용하기도 한다. 즉, 어떤 일을 밀쳐 내면 그 일은 불쾌함의 감각을 얻게 된다. 우리가 규칙적으로 하는, 즐겁지 않거나 원래부터 지루한 성격의 과제들은 이런 식으로 불쾌함의 감각을 얻는 과정에 빠지기 쉽다. 이는 더 즐거운 일을 위해 또는 더 긴급한 일을 처리하기 위해 특정 과제를 뒤로 미루기 때문에 발생한다. '밀어내기'는 과제를 불쾌하게 느끼고 회피하게 만든다. 과제 자체는 변한 게 없지만 다만 불쾌한 '맛'을 획득한 것이다. 오래 미룰수록 불쾌한 맛은 커진다. 한 번씩 밀어낼 때마다 불쾌함은 더 커지고 회피는 더 강화된다.

만약 당신이 매우 들떠 있거나 우울 등 감정상의 어려움을 겪고 있다면 상황은 더 악화된다. 자신의 능력을 의심하고 성공의 기준을 지나치게 높게 설정할 뿐 아니라 해결해야 할 거대한 프로젝트에 착수한다. 그러면 당신의 마음은 중요하다고 여기는 한 가지를 제외한 모든 일에 주춤하게 된다.

앞서 말했듯이, 미루기는 흔한 일이어서 가끔씩 특정 과제를 미룬다고 해서 크게 염려할 필요는 없다. 하지만 미루기 때문에 불편함을 겪고 있다면, 이번 주 수련을 통해 무엇이 당신을 고양하고 짓누르는지 알아보고 일상생활의 균형을 바로 잡을 수 있다. 단순히 즐길 수 있는 일과 사소하더라도 꼭 해야만 하는 일을 구분하는 데 필요한 정보와 통찰을 얻을 수 있다. 머지않아 당신은 미루기의 조기 경보를 인식하고, 미루려는 과제를 향해 돌아서는 법을 익히면서 그 순간 몸에서 어떤 일이 일어나는지 알아차릴 것이다. 이를 통해 본래 즐거운 활동만이 아니라 즐겁지 않아도 '해야만 하는 일' 또한 도움이 된다는 사실을 알게 될 것이다.

미루기가 지속되면 점점 더 많은 일이 불쾌한 맛을 띠게 된다. 결국엔 삶이 손가락 사이로 허무하게 빠져나가고 말았다는 끔찍한 느낌밖에 남지 않는다. 이처럼 삶이 저만의 색을 잃고 당신도 길을 잃어 혼자이고 방향타를 잃었다고 느껴질 때, 과거에 좋아했던 일을 당장 다시 시도해보려고 해도 잘되지 않는다. 이는 앞서 예로 든 고양이 태비가 무서워하는 장소에서 다시금 밥을 먹기를 기대하는 것과 마찬가지다. 지금 당신에게 필요한 건 태비에게 도움이 되었던 단계별 접근 방식을 통해 삶의 작은 즐거움을 되찾는 일이다. 이것이 이번 주의 목표이다. 마음을 고양하는 활동들을 재발견해 삶에 활력을 불어넣으면서 동시에 그 활동들에 조금씩 다가서는 것이다. 이로써 비유적 의미에서 '우유 접시가 놓인', 당신이 좋아하는 삶의 장소로 돌아가는 첫걸음을 내디딜 수 있다.

7주차 수련

- **하루 돌아보기 명상** – 7일 중 6일 동안 한다(명상 7.1). 익숙해지면 최소 지침 버전으로 수련한다(명상 7.2).

244

- **하루 돌아보기 명상 + 기타 명상** – 하루 돌아보기 명상에 더해, 지금까지 했던 명상 중 하나를 골라 함께 해 본다. 7일 중 6일 동안 하루 20분 또는 하루에 두 번 10분씩 수련한다. 매일 같은 수련을 해도 좋고 바꿔 가며 수련해도 좋다. 첫째 날에는 1주 차 수련을, 둘째 날에는 2주 차 수련을 하는 식으로 엿새 동안 해 나가도 좋다. 이때 최소 버전 명상을 자유롭게 사용해도 좋다. 이번 주 최소 하루는 30분 동안 수련한다.

- **일상의 마음챙김 수련: 행동 선택, 말하기와 듣기에 대한 마음챙김** – '행동 선택(249쪽)'은 바쁜 하루 중 잠시 멈춤이 필요할 때 하는 수련이다. '말하기와 듣기에 대한 마음챙김(명상 7.3)'은 다른 사람과 효과적으로 소통하도록 도와주는 수련이다.

너덜너덜해진 정신 끌어 올리기

주요 명상 수련을 시작하기 전에 짤막한 2단계 활동을 통해 정신을 고양하는 활동과 갉아먹는 활동에 대해 생각하는 시간을 가져 보자. 나중으로 미루지 말고 지금 바로 해 보자.

1단계: 삶의 소소한 즐거움 재발견하기
아래 상자나 기록장 첫째 열에 삶이 지금보다 좋았다고 느꼈던 때, 지금보다 바쁘지 않았던 때, 기분이 처지거나 지치기 전에 즐겨 했던 일을 적어 본다. 오래전 어린 시절이나 10대 또는 20대 때의 취미나 여가활동, 관심사도 좋다. 중요한 일이어도 좋고 사소한 일이어도 좋다. 진흙 웅덩이에서 발 구르기, 축제에 가기, 좋아하는 레스토랑에서 맛있는 와인이나 자가 제조 맥주 마시기 등 무엇이든 좋다. 어떤 순서로 작성해도 상관없다. 잠시 시간을 내어 떠오르는 것을 적어 본다. 다른 사람에게 보여줄 필요가 없으니 솔직하게 작성한다. 첫 번째 열에 더 이상 칸이 없다면 다른 종이를 꺼내 계속 적는다. 두 번째 열에는 각 활동이 얼마나 즐거웠는지 1부터 10까지의 척도로 평가한다. 세 번째 열에는 지금 당장 그 활동을 하려면 얼마나 노력이 필요하다고 느끼는지를 0점에서 −10점까지의 척도로 평가한다(−10점이 가장 노력이 많이 드는 일).

내가 즐기던 활동	즐거움(1~10점)	노력(0~−10점)

많은 사람이 가장 좋아했던 활동일수록 다시 하기가 어렵다는 사실을 알게 된다. 이전에 긍정적으로 느꼈던 만큼 그에 비례해 지금은 부정적인 활동으로 바뀐 것이다. 한편 활동 목록 중에는 왜 그토록 하기 어렵다고 느끼는지 명확한 이유를 알기 어려운 것들도 있다. 문제 될 건 없다. 이는 정확히 우리가 예측한 바다. 당신의 마음은 상황에 대처하기 위해 노력했다. 단지 불편하고 고통스러운 방식으로 그랬을 뿐이다. 즉, 당신이 즐거워하고 기분 전환에 도움이 되었던 활동을 억누른 것이다. 이런 통찰은 더 행복하고 만족스러운 삶으로 돌아가는 길을 찾는 데 유용하다는 점에서 매우 소중하다. 이제 또 하나의 목록을 작성해 보자. 지금 당장 크게 고민하지 않고 시작할 수 있는 일, 가장 쉽게 할 수 있는 활동 목록을 작성해 본다. 이 목록의 맨 아래에는 실행하기 매우 버거운 일, 또는 현재로선 별다른 즐거움을 얻지 못할 거라고 생각되는 일을 적는다. 아래 상자를 이용해 지금 바로 작성해 본다. 해당 활동을 하는 데 필요한 첫 단계도 함께 적어 본다.

한때 즐기던 활동을 다시 하기	
가장 쉬운 활동	첫 단계

247

한때 즐기던 활동을 다시 하기	
가장 쉬운 활동	첫 단계

두 번째 목록을 작성했으면 가장 쉽다고 느끼는 활동부터 시작해 본다. 천천히 여유를 갖고 해 본다. 모든 걸 한꺼번에 할 필요는 없다. 아무것도 하지 않아도 되며, 원하지 않는다면 오늘 당장 하지 않아도 좋다. 이와 관련해 구체적인 지침은 제시하지 않을 것이다. 왜냐하면 당신의 결정은 지극히 개인적이며, 당신이 느끼는 바에 따라 이루어져야 하기 때문이다. 뒤에 나오는 '행동 선택' 수련이 결정을 내리는 데 도움을 줄 것이다. 이 수련으로 하루 중 잠시 멈춤의 시간을 가지면서 몸과 마음이 보이는 '날씨 패턴'에 초점을 맞출 수 있다. 특히 하루 중 한 가지 활동에서 다른 활동으로 넘어갈 때 매우 유용하게 사용할 수 있다. 이런 순간들이야말로 기분에 휩쓸리거나 미루기에 납치당하기 쉬운 순간이기 때문이다. '행동 선택' 수련은 정신을 가볍게 해 줄뿐더러 정신없이 하루를 지내느라 잊고 있던 것들을 다시금 깨닫게 해 준다. 이 수련을 통해 목록에 있는 항목 중 무엇을, 언제, 얼마나 오래 할지 결정할 수 있으며 이로써 다시금 삶의 균형을 잡을 수 있다.

일상의 마음챙김 수련 1: 행동 선택

지금부터 몇 시간에 걸쳐 자연스러운 멈춤이 몇 번이나 일어나는지, 한 가지 활동을 끝내고 다음 활동으로 넘어가기 전의 순간이 얼마나 많이 존재하는지 알아본다. 그 순간에 마음챙김 멈춤을 할 수 있는지 살펴본다. 한 번의 호흡일 수도 있고, 몇 번 또는 그보다 많은 수의 호흡일 수도 있다. 시간이 길든 짧든 그것을 기회로 삼아 몸과 마음의 날씨 패턴에 초점을 맞춰 본다. '이 활동이 지금 내가 하려고 했던 활동인가?'라고 물은 다음, 바로 그 순간 선택을 내리고 하루의 활동을 재개한다.

이 간단한 수련은 생각보다 큰 의미가 있다. 심리학자 무쿨 발라와 데니스 프로핏은 한 실험에서 참가자들에게 언덕의 경사도를 가늠하도록 요청했다.[5] 이때 어떤 참가자에게는 무거운 배낭을 지게 했고 어떤 참가자는 배낭을 지지 않았다. 예상대로 배낭을 진 참가자들은 언덕의 경사도를 실제보다 가파르게 평가했다. 이런 현상은 달리기 선수들을 대상으로 힘든 달리기 전후에 경사도를 평가한 실험에서도 똑같이 나타났다. 지친 선수들은 언덕의 경사도를 실제보다 과대평가했다. 한편 다양한 연령대의 사람들을 대상으로 한 실험에서는 나이가 많은 참가자일수록 언덕을 실제보다 더 가파르게 평가했다.

심리 상태와 지각 사이의 밀접한 연관성은 중요한 의미를 갖는다. 기분이 저조하면 몸 상태에 변화가 일어나 세상을 바라보는 방식에도 영향을 미친다. 실제보다 언덕이 더 가파르게 보이고 길은 더 멀어 보인다. 차 뒷좌석에 어린 자녀를 태워 본 적이 있다면 알겠지만, 그럴 때는 시간이 끝도 없이 느리게 흐르는 듯하다. 이런 이유로 하루를 지내면서 반복적으로 자신에게 체크인해 몸과 마음의 상태를 살피는 일이 중요하다.

'행동 선택' 수련은 장기적으로 매우 중요한 개인적인 '현실 검증 [reality check, 상황을 객관적으로 평가해 자아와 비(非)자아, 외계와 자기의 내부를 구별하는 능력-옮긴이]'의 과정이다. 이를 염두에 둔다면, 피곤하거나 기분이 처질 때 특정 활동의 즐거움과 힘듦에 대한 예측이 부정적인 방향으로 기울 가능성이 크다는 사실을 알게 될 것이다. 그것은 날마다 계속해서 바뀌므로 여러 차례 이 수련을 연습할 필요가 있다.

2단계: 삶의 열기구

하늘 위로 부드럽게 떠올라 긴 여행을 떠나는 열기구를 상상해 보자.[6] 열기구는 당신이 행복하고 건강하며 자신의 삶을 통제하고 있을 때 느끼는 고양감과 에너지를 표현한다. 한편 열기구 아래쪽에 매달린 바구니는 당신이 바닥났을 때, 즉 세상으로부터 물러나고 싶은 순간에 느끼는 무거운 감각을 표현한다. 그리고 열기구가 공기를 뚫고 나아가는 움직임은 당신의 경험이 순간순간 바뀌는 방식, 삶의 작은 사건들이 얽히고 설켜 시간이 지나면서 중대한 차이를 만들어 내는 방식을 표현한다.

지난 며칠간을 돌아보면서 보통의 하루를 택해 그날 했던 일상적인 활동을 마음에 떠올려 본다. 샤워, 아침 식사, 친구를 만나 음료를 마신 일, 출근, 동료와의 수다, 점심시간에 샌드위치를 한껏 베어 물었던 일 등 어떤 것이라도 좋다. 원한다면 아주 상세히 마음에 떠올려도 좋다. 만약 하루 중 많은 시간을 같은 일을 하면서 지냈다면, 그 일을 작은 부분으로 잘게 나누어 본다. 예를 들어 하루 업무를 발표 자료 업데이트, 이메일 확인, 재고품 정리, 고객 응대 등으로 나누어 본다. 각각의 일을 차례로 마음에 떠올릴 때 어떤 신체적·감정적 영향이 느껴지는지 살펴본다. 그것은 즐거운 느낌인가, 불쾌한 느낌인가, 아니면 중간의 느낌인가? 평일 저녁과 주말 동안 이 수련을 반복한다. 수련을 마친 후에 아래 열기구 그림을 보자.

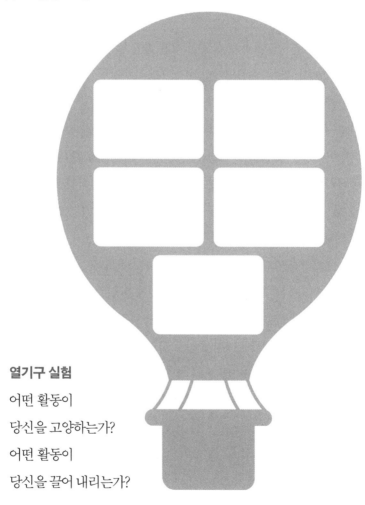

열기구 실험

어떤 활동이
당신을 고양하는가?
어떤 활동이
당신을 끌어 내리는가?

열기구에 표시된 상자에 고양감과 에너지를 느꼈던 경험을 적어 본다. 상자가 부족하면 얼마든지 상자를 더 그려 넣거나 기록장에 직접 그려도 좋다. 정답이나 오답은 없으며, 각각의 기록은 저마다 개인적인 경험이라는 점을 기억하라. 예를 들어, 어떤 사람은 요리를 하거나 가족과 시간을 보내는 활동이 즐거울 수 있지만 어떤 사람은 그렇지 않을 수 있다. 나에게 '기분 좋은' 일이란 다른 누구도 아닌 바로 '나'를 기분 좋게 하는 일이다.

다 적었다면, 이제 각 활동의 어떤 점이 당신을 기분 좋게 만드는지 생각해 본다. 활동 자체가 아니라면 그것은 무엇일까? 특정 사람이나 반려동물 또는 장소와 연결된 느낌일 수도 있고, 자신을 돌보거나 기본적인 욕구를 충족하거나 과제를 완수했을 때 드는 성공감이나 성취감, 창의력이나 표현력일 수도 있다. 아니면 좋아하는 일을 했을 때 얻는 힘과 통제력 또는 손재주가 있다는 느낌, 간단한 신체 움직임과 운동으로 인해 생겨나는 무언가일 수도 있다. 다음 단계로 넘어가기 전에 잠시 이것에 대해 생각해 본다.

준비가 되었다면, 나를 짓누르고 에너지를 고갈시키며 긴장감을 느끼게 하거나 다른 방식으로 괴롭히는 일들을 열기구 그림 바깥쪽에 적어 본다. 진정으로 살아 있다기보다 그저 생존해 있을 뿐이라는 느낌을 주는 일들을 적어 본다. 그리고 잠시 시간을 내어 이런 활동들이 왜 그런 감정을 일으키는지 생각해 본다. 활동 자체가 아니라면 그것은 무엇일까? 사람과의 관계 때문인가? 아니면 특정 장소나 상황 또는 각본 때문인가? 통제력 부족, 선택권, 시간 등 다른 요인들이 복잡하게 얽혀 있을 수도 있다. 이것들은 열기구를 떠오르게 한 요인과 정반대인가? 아니면 전혀 연관성이 없는가? 이 요인들에 집중할 때 어떤 기분이 드는가?

이 연습의 목적은 큰 결정을 내리거나 삶을 근본적으로 변화시키도록 충격을 주려는 게 아니라 기분을 고양하는 일과 끌어 내리는 일 사이의 균형을 잡는 데 있다. 균형이 완벽할 필요는 없다. 기분을 좋게 하는 취미 하나가 긴 목록의 부정적인 취미보다 더 중요할 수 있다. 어떤 날은 기분이 서서히 가라앉는가 하면, 어떤 날은 하늘을 향해 날아오르는 게 지극히 정상적인 현상이다. 중요한 건 열기구가 전반적으로 안정적인 고도를 유지하면서 불시착하지 않도록 삶의 균형을 폭넓게 유지하는 것이다.

열기구가 불시착하지 않게 예방하는 데는 세 가지 방법이 있다. 하나는 바구니의 무게를 줄이는 것, 또 하나는 열기구 풍선에 바람을 빵빵하게 불어넣는 것, 마지막 하나는 보다 현실적으로 이 둘을 함께 사용하는 방법이다.

이 모든 것을 염두에 둔 채 생각해 보자. 열기구 바구니의 무게를 줄이려면 어떻게 해야 할까? 혹 과로하고 있거나 너무 바쁘지 않은가? 그밖에 어떻게 하면 바구니의 무게를 줄일 수 있을까? 기분을 끌어 내리는 일을 대하는 태도에 변화를 줄 수도 있고, 더 많은 시간과 공간을 마련해 일하는 동안 스트레스를 덜 받고 덜 서두르는 수도 있다. 아니면 일의 우선순위를 재평가해 그중 어떤 일은 아예 하지 않아도 좋다는 사실을 깨달을 수도 있다. 만약 일의 우선순위를 재평가하기로 했다면, 열기구 풍선에 바람이 빵빵하게 들어 있을 때 바구니를 감당하기가 더 쉽다는 점을 기억하라. 자신의 열기구를 떠오르게 하는 일들을 무심코 포기한 적은 없었는가? 1단계에서 작성한 목록을 다시 확인해 보는 것도 좋다. 그러는 동안 전반적인 기분에 주의를 기울여 보라. 기분이 선택에 어떤 영향을 미치는가? 기분이 처질 때 특히 하기 힘든 활동이 있는가? 그런 일들은 잠시 제쳐 두어도 좋다. 이번 주에 기분을 좋게 만드는, 훨씬 하기 쉽다고 느끼는 활동이 있는가? 우울하거나 기분이 처진 상태에서는 시작하기 전까지 동기 부여가 잘되지 않을 수 있다. 그럴 때는 즐길 수 있을지 확신이 들기 전에 먼저 그 활동을 시작해 볼 필요도 있다.

항상 명심해야 할 점은 고양감이 없으면 열기구와 마찬가지로 언제든 불시착할 위험이 있다는 것이다. 이를 번아웃이라고 부른다. 하지만 또한 열기구가 그렇듯이, 몇 번의 짧은 고양감만으로도 거기에서 벗어나기에 충분할 수 있다.

이 수련에서도 구체적인 방법은 지시하지 않는다. 당신은 이미 '단독 비행'을 하면서 스스로 결정을 내리는 데 필요한 기술을 가졌다. '하루 돌아보기'는 이를 돕기 위한 명상이다.

이번 주에는 지난주에 했던 명상 중 하나를 매일 함께 수련해야 한다는 점을 기억하라. 매일 같은 명상을 해도 좋고 마음 가는 대로 골라도 좋다. 항상 그렇게 느껴지진 않겠지만, 당신은 이미 필요한 기술을 모두 갖추고 있다.

하루 돌아보기 명상

활력을 주는 활동과 바닥나게 하는 활동
이 수련은 지난 24시간 동안 일어난 일을 돌아보는 명상이다. 당신이 무엇을 가장 즐겼는지, 무엇을 가장 즐기지 못했는지 돌아본다. 이 수련을 규칙적으로 하면 하루의 매 순간을 더 큰 균형감과 통찰, 연민의 마음으로 맞이할 수 있다.

중심 잡기

1. 앉거나 누울 장소를 고른 다음, 발의 감각이나 몸이 바닥에 닿는 느낌, 손이나 호흡의 감각으로 주의를 가져간다. 만약 호흡에 집중한다면 들숨과 날숨, 그 사이의 빈 틈을 관찰해 본다. 이어서 앉거나 누워 있는 자신의 몸 전체로 주의를 확장해 본다.

24시간 돌아보기

2. 준비가 되었다면, 지난 24시간 동안 일어난 일을 마음에 떠올려 본다. 크고 작은 일, 중요하고 사소한 일 등 어떤 것이라도 좋다. 당신이 만난 사람, 갔던 장소, 여행도 좋다. 그때 어떤 일이 일어났는가? 만약 한 장소에 머물렀다면, 거기서 무엇을 했으며 무엇을 보았는가?

가장 즐긴 일

3. 자신에게 이렇게 물어본다. '오늘 나는 무엇을 가장 즐겼지? 어떤 일이 나에게 활력을 주었지? 어떤 일에서 나는 기운을 얻었지?'

삶에 더 큰 풍요를 창조하기

4. 이제 이런 질문을 던져 본다. '나의 내일에 더 큰 풍요를 창조하려면 지금과 다르게 어떻게 해야 할까? 삶의 무게를 가볍게 만드는 활동, 내가 좋아하고 즐기는 활동을 하려면 어떻게 해야 할까?' 이 질문에 아무런 답도 떠오르지 않아도

좋다. 나중에 다시 생각해 보면 된다. 그런 다음 호흡의 감각이나 다른 신체 부위의 감각으로 주의를 돌리고, 자리에 앉거나 누운 상태에서 마음의 중심을 잡는다.

가장 즐기지 못한 일

5. 하루를 돌아보면서 힘들었던 순간도 떠올랐을 것이다. 자신에게 이렇게 물어본다. '지난 하루 동안 내가 가장 즐기지 못한 일은 무엇이지? 어떤 일이 마음을 무겁게 짓눌렀지? 어떤 일로 에너지를 빼앗겼지?' 그 순간들이 자연스럽게 마음에 떠오르도록 놓아둔다. 그것들이 잠시 마음에 머물게 한 뒤 당신이 어떤 반응을 보이는지 지켜본다. 떠오르는 생각, 느낌, 신체감각 등을 알아차린다. 그 느낌을 좋아하지 않아도 괜찮다는 점을 기억한다. 마음을 열고 있는 그대로 그 느낌이 존재하도록 허용한다.

지혜롭게 대처하는 법

6. 자신에게 이렇게 물어본다. '다음번에 이런 순간이 찾아오면 어떻게 지혜롭게 대처할 수 있을까?' 이때 자신을 친절하게 대해야 함을 잊지 않는다. 아무런 방법이 떠오르지 않아도 좋다. 지금까지와 다른 방식으로 대처할 수 있다는 데 단지 마음을 열어 두는 것만으로도 마음 패턴이 바뀔 수 있다.

마무리

7. 이제 자리에 앉거나 누운 채로 몸에서 느껴지는 호흡으로

주의를 돌린다. 그리고 하루 중 가장 즐겼던 일, 풍요와 활력을 얻고 살아 있음을 느꼈던 일 한 가지를 다시 한번 마음에 떠올린다.

준비가 되었다면, 천천히 수련을 마무리한다.

목욕, 산책, 조용히 혼자서 시간 보내기, 친구 만나기, 음악 감상, 혼자 또는 사랑하는 사람과 함께 춤추기, 건강에 좋은 식품을 쇼핑하며 맛과 향을 음미하기 등 어떤 것이라도 좋다. 이번 주에는 당신의 영혼을 풍요롭게 해 주고, 열기구가 떠오르게 하며, 삶의 균형을 맞춰 주는 작은 일들에 집중해 본다. 이를 통해 미처 모르는 사이에 삶에서 빠져나가 버린 작은 기쁨들을 즐기고 음미할 수 있다.

젬마가 삶에서 놓치고 있던 것은 하루를 마무리하는 편안한 목욕이었다. "목욕은 무척 사소한 활동이지만 언제나 나에게 주는 귀한 선물처럼 느껴졌어요. 내 열기구를 끌어 내리는 일과 끌어 올리는 일을 목록으로 작성했더니, 삶의 균형이 완전히 틀어져 있다는 걸 알게 되었어요. 하지만 기분을 짓누르는 일들에 대해 단기적으로 내가 할 수 있는 일은 많지 않았죠. 그래서 기분을 고양하는 작은 일부터 해 보기로 했어요. 우선 목욕부터 하기로 했어요. 정말 간단한 활동이죠. 나는 근육이 뭉치고 긴장된 상태로 욕조에 들어갔어요. 걱정과 비난을 한가득 품은 채로요. 내 안의 비판가는 시간을 낭비하고 있다며 경고했죠. 느긋하게 목욕이나 하고 있을 때가 아니라 서둘러 샤워를 끝내고 일할 시간을 더 많이 가져야 한다고 끊임없이 속삭였어요. 그 조언을 거의 받아들이려는 찰나,

이 프로그램을 시작할 때 했던 약속이 떠올랐어요. 무슨 일이 있어도 끝까지 프로그램을 마치자는, 그리고 프로그램의 지침을 충실히 따르자는 다짐이었어요. 길어야 8주인데, 적어도 시도해 본다고 해서 잃을 건 없다고 스스로에게 말했었죠. 그 허가증으로 내 안의 비판가를 부드럽게 밀어내고 욕조에 들어갈 수 있었어요. 30분 동안 느긋하게 목욕하면서 모든 어려움이 눈 녹듯 사라지는 마법 같은 경험을 했어요. 그렇게 며칠을 목욕한 뒤에는 거품 입욕제를 목욕물에 넣기 시작했어요. 그 후로는 잠도 아주 푹 잤어요!"

자신을 친절하게 대하는 허가증을 갖는 건 매우 중요하다. 특히 당신이 아주 바쁘거나, 너무 열심히 일하거나, 세상의 모든 일이 당신 어깨에 달려 있다고 믿는다면 더욱 그렇다. 이번 주 수련이 사소해 보일지 모르지만 실은 전체 프로그램의 성공에 핵심적인 요소이다. 우리가 당신에게 마음챙김 기법을 가르칠 수는 있지만, 진짜 명상은 당신이 삶을 실제로 어떻게 살아가는가이다. 이는 우리에게 삶은 매우 짧으며, 잘 산 삶이란 작은 순간들을 잘 살아가는 일의 연속임을 일깨워 준다. 이 사실을 깨닫는다면 삶이 더욱 명료해질 것이다. 또한 삶을 매일매일 진정으로 살아가고 경험해야 함을 알게 될 것이다. 미루는 습관은 이를 가로막는 보이지 않는 장벽이다. 이것이 눈에 보이지 않는 이유는 미루기를 통해 여러 과제를 조정하고 견주면서 삶을 최적으로 조직하고 있다고 착각하기 때문이다. 당신은 여러 과제를 끊임없이 비교하고 미루면서 완벽한 순간이 찾아오기를 기다릴 테지만 그런 순간은 결코 찾아오지 않는다.

미루는 습관이 단단히 자리를 잡아 당신의 시간을 잡아먹지 않도록 해야 한다. 그러려면 특정 활동을 선택할 때 그것이 즐거움을 위한 활동이든 해야만 하는 일이든 상관없이, 막연히 하겠다는 의도가 아닌 구체적인 시간을 설정하는 게 중요하다. 이때 처리해야 할 다른 우선 사항과 마감일을 미리 고려해서 마지막 순간에 일정을 재조정하는 일이 없도록 해야 한다. 직접 해 보면 지금껏 당신이 너무 많은 일을 떠안고 있었음을 알게 될지도 모른다. 만약 그렇다면, 우선순위를 조정해 어떤 일은 연기하고 또 어떤 일은 아예 포기할 수 있어야 한다. 한꺼번에 모든 것을 하기가 버겁다면 작은 단계로 나누어도 좋다. 예를 들어 한 번에 모든 서랍장을 정리하기보다 하나만 정리한다든지, 에세이의 한 편이 아니라 한 단락만 완성해 본다든지, 받은 편지함에 들어 있는 모든 이메일에 답장하기보다 하나만 답을 해 보는 것이다. 만약 우울한 상태라면 과제에 쏟는 시간을 제한한다. 10분 정도만 할 수 있어도 좋다. 시작하는 것만으로도 마음이 한결 편안해질 것이다. 우울하지 않더라도 타이머를 설정해 30~40분마다 한 번씩 휴식을 취하는 게 좋다. 만약 피곤함을 느낀다면, 이는 밤늦게까지 일하는 습관이 생겨서 수면 시간이 한두 시간 줄어서일 수 있다. 그렇다면 낮에 30분 이내로 한두 차례 낮잠을 자거나, 핸드폰을 보이지 않는 곳에 치워 두고 일찍 잠자리에 듦으로써 부족한 잠을 보충할 수 있다. 수면 부족이 미치는 부정적인 영향은 이전의 습관을 돌아보고 난 뒤에야 비로소 깨닫게 되는 경우가 많다.

일상의 마음챙김 수련 2: 말하기와 듣기에 대한 마음챙김

삶의 모든 영역에 마음챙김을 가져가길 원하는가? 그렇다면 가장 좋은 방법은 말하기와 듣기에 대한 마음챙김을 계발하는 것이다. 왜냐하면 우리는 하루 중 많은 시간을 다른 사람과 대화하는 데 쓰기 때문이다.

지금부터 몇 시간 동안, 직장이나 가정 또는 살고 있는 도시와 마을을 돌아다니는 동안 다른 사람과 대화를 나누는 순간에 주의를 기울여 본다. 상대방의 말을 들을 때 동의하거나 반대하지 않고, 또 할 말을 미리 계획하지 않으면서 진심으로 상대방의 말에 귀 기울여 본다. 말을 할 때는 지금 하려는 말이 정말 필요한 말인지 스스로에게 물어본다.

이런 식의 대화는 여기에 없는 제삼자에 관해 이야기할 때 특히 실천하기 어렵다. 살다 보면 자리에 없는 다른 사람에 대해 이야기할 때가 있다. 이때는 그 사람이 지금 내가 하는 말을 듣고 있다고 상상하면 도움이 된다. 제삼자가 지금 당신이 하는 말을 듣고 사랑과 배려를 느낄까 아니면 신랄함과 배척을 느낄까? 당신의 말은 사실인가? 사실이라도 지금 꼭 필요한 말인가? 필요한 말이라도 친절한 표현인가? 이처럼 모든 대화에서 과장하지 않고 필요한 말을 친절하게 표현하며, 잠시 멈춰서 상대방의 말을 귀 기울여 들어 보라.

이렇게 하면 일상의 모든 영역에서 마음챙김을 계발할 수 있다. 또한 그 과정에서 깊은 지혜와 연민의 삶, 즉 자신과 타인에 대한 친절로 가득한 삶을 살아가는 법을 배울 수 있다.

프랭키는 열기구 연습을 통해 하루에 양념을 더하는 중요한 통찰을 얻었다. "지금껏 나를 성장시키는 활동에 소홀했음을 알았어요. 부드러움과 친절, 내려놓음의 태도가 더 큰 만족감을 준다는 사실도요. 나를 바닥나게 만드는 활동이 무엇인지 살펴보자 소셜미디어와 뉴스 같은 '외부 요인'이 즉각 떠올랐어요. 좀 더 자세히 들여다보니, 내가 바꿀 수 없는 일과 나를 짜증 나게 만드는 것들에 대한 우울함이 삶의 활력을 빼앗고 있음을 알 수 있었어요. 미디어를 통해 그런 것들이 내 삶 속으로 들어오고 있었어요."

프랭키는 소셜미디어와 뉴스를 모두 끊기로 했다. "나는 뉴스 중독자예요. 신문사에서 일했던 터라 뉴스의 신속함에 열광하죠. 하지만 뉴스가 인간에 대한 삐뚤어진 시각을 심어 준다는 사실을 알았어요. 뉴스에 나오는 사건은 대개 아주 별나거나 흔하지 않은 일들이라 내게 벌어질 가능성은 거의 없다는 걸 알았죠. 또 물음표로 끝나는 뉴스 헤드라인은 대개 '아니오'라는 답이 정해져 있다는 것도요. 예를 들어 '당신의 앵무새는 초능력자?' 같은 타블로이드판 헤드라인을 생각해 보세요. 답을 알고 있음에도 거기에 끌려가곤 했어요. 내 의지력이 강하지 못하단 걸 알기에 일주일 동안 미디어를 끊는 '미디어 다이어트'에 돌입했어요. 특히 소셜미디어는 더 철저히 끊었어요. 소셜미디어에는 심리적 중독을 일으키는 알고리즘이 있으니까요."

곧 프랭키는 소셜미디어가 차지하고 있던 삶의 한가운데에 생긴 공백을 보았다. 그래서 '행동 선택' 수련으로 자신의 하루에 양념을 더하기로 했다. '행동 선택' 수련은 그녀가 마음을 안정시키고 삶에 감사하며 주변 사람에게 고마움을 전하는 작은 쉼표가 되어 주었다. 소셜미디어에 빠지기보다 자기 삶을 있는 그대로 즐기기로 했다. 약간의 양념만으로도 음식 맛을 바꿀 수 있듯이 삶의 변화를 일으키는 데도 많은 것이 필요치 않았다.

프랭키는 오랫동안 보지 못한 친한 친구를 만나기로 했다. "내가 그

친구를 얼마나 보고 싶어 했는지 알았어요. 정말 즐거웠어요. '누구'를 만나느냐가 중요하다는 걸 알게 되었죠. 이때 말하기와 듣기 명상이 크게 도움이 됐어요. 친구와 함께한 날들에 대해 말하고 들으면서 자칫 예전의 습관에 빠져들 뻔했지만, 그러지 않고 우리가 마지막으로 만났던 3년 전부터 지금까지 친구의 삶이 어떻게 바뀌었는지 관심을 갖고 들어보기로 했어요. 그건 마치 친구를 완전히 새롭게 알아가는 일과 같았어요. 물론 예전에도 좋은 친구였지만, 지금은 나에게 들려줄 재미있는 경험을 많이 가진 친구가 되었죠. 그러다 우리가 함께 아는 어떤 사람에 관한 잡담이 시작되었는데, 곧 그 대화가 우리 두 사람에게 그다지 즐겁지 않을 것 같다는 생각이 들었어요. 그래서 잠시 침묵하다가, 우리가 함께한 지난날에 관해 웃으며 이야기 나누면서 즐거운 시간을 보냈어요."

엠마 역시 이번 주에 가슴과 마음에서 커다란 변화를 경험했다. 그녀는 삶이 완전히 통제를 벗어난 듯했고 매주 느낌 색조 수련을 지속하기가 어려웠다고 인정했다. 하지만 명상 선생님의 도움으로 판단하지 않으면서 할 수 있는 한 수련을 계속했다. 그러던 어느 날, 영원히 계속될 것만 같던 투쟁이 달라지기 시작했다. 엠마는 기록장에 다음과 같이 적었다.

3일 차 되던 날 무언가 변하기 시작했다. 머리로 생각하는 것과는 달랐다. 내면 깊은 곳에 널따란 공간이 생긴 듯했다. 내가 괜찮을 거라는 사실을 마음속 깊은 곳에서 알게 되었다. 그러자 주변 상황을 바라보는 관점이 바뀌었다. 주변의 분주하고 혼란스러운 일을 바라보는 방식이 달라졌고, 반감을 다루는 방식에도 변화가 생겼다. 여전히 나는 지친 상태이지만 그다지 힘겹다고 느끼지 않는다. 예전처럼 옥죄어 있다는 느낌도 없다. 한결 가볍고 편안해졌다. 마치 모든 걸 품어 안을 만한 넉넉한 공간이 내 안에 생긴 것 같다. '이걸 좋아하지 않아도 괜찮아'라고 말하는 것만으로도 안 좋은 일들이 (그리고 좋은 일들도) 그저 존재하도록 허용할 수 있게 되었다. 더 이상 삶에서 일어나는 안 좋은 일에 맞서 싸우지 않는다. 좋은 일이 계속되기만을 갈망하지도 않는다. 나는 삶에서 도망치지 않는 법을 배웠다. 내가 경험한 변화의 정체란 바로, 좋은 일이든 나쁜 일이든 그것과 함께하면서 놓아두고 내려놓는 일이다. 섣부른 말일 수도 있지만 옴짝달싹 못 한 채 삶에 매여 있기보다 이편이 훨씬 낫다. 삶이 내게 어떤 일을 던지더라도 나는 괜찮을 거라는 걸, 이제 알고 있다.

12장

8주 차: 모험은 계속된다

웨다나는 마음챙김에서 흔히 간과되는 요소다. 매우 근본적인 성격을 지 녔음에도 마음챙김 수업에서 종종 웨다나를 중요하게 다루지 않는 이유 는 '느낌 색조'를 현대 사회에 적용하는 일이 다소 모호해 보이고 8주간 의 프로그램에서 가르치는 데 한계가 있기 때문이다. 그러나 신경과학의 최신 발견은 이런 사정을 완전히 뒤바꾸고 있다. 최신 신경과학의 발견 에 따르면, 느낌 색조는 우리가 세상을 이해하는 방식과 괴로움에 얽혀 드는 방식에 핵심적인 역할을 한다. 이제 느낌 색조는 마음챙김의 변두 리에 머물지 않고 중앙 무대로 등장하고 있다. 이는 마음챙김을 탄생시 킨 초기불교 전통과 일치한다. 놀랍게도 2,500년 전의 사상과 수련법이 21세기를 살아가는 우리에게 필요한 평화를 발견하도록 돕고 있다. 웨다 나는 포스트모던 시대에 적합할 뿐 아니라 꼭 필요한 명상법이다.

흔히 진정한 명상은 삶을 살아가는 방식이라고 말한다. 이는 특히 웨다나 명상에 적용되는 말이다. 왜냐하면 느낌 색조에 대한 알아차림을 통해 의식적으로, 일정한 의도를 지니고 살 수 있기 때문이다. 그럴 때 삶이 명상이 되고 명상이 삶이 된다. 의식적인 의도를 지닐 때 우리는 있는 그대로의 세상, 상상보다 훨씬 더 미묘하고 변화무쌍하며 아름다운 세상을 마주할 수 있다. 이를 통해 내면의 폭풍우가 우리를 집어삼키기 전에 그것을 진정시키고, 정제되지 않은 자동반사적인 감정이 아닌 지혜의 바탕 위에서 행동할 수 있다. 이제 당신은 이 모든 것을 하는 데 필요한 기술을 갖추게 되었다. 아직 배워야 할 게 많겠지만 이 책을 쓴 우리가 가르쳐 줄 수 있는 건 여기까지다. 앞으로는 당신이 자신의 스승이 되어 스스로를 안내해야 한다. 이번 장은 이를 위한 것이다. 여기서는 지금까지 배운 내용을 하나로 통합하고 당신만의 여행을 준비하도록 도울 것이다. 그러려면 먼저 당신이 어디까지 왔는지 확인할 필요가 있다. 그런 다음 웨다나를 어떻게 삶에 적용할 것인지 결정하면 된다.

세상을 유연하게 헤쳐 나가려면 보고 듣고 맛보고 냄새 맡고 접촉하는 모든 것에 대해 뇌가 끊임없이 예측을 내려야 한다. 우리는 자신에게 입력되는 감각 데이터로 이 예측을 매 순간 업데이트한다. 그런데 만약 입력되는 감각 데이터에서 예측한 바와 다른 점이 발견되지 않으면, 우리는 외부에서 오는 실제 데이터가 아닌 머릿속에서 실행하는 '예측' 밖에 경험하지 못한다. 이런 예측은 단기 기억장치 또는 초고속 메모리인 캐시에 저장된 감각 데이터에 기반해 있으며, 느낌 색조 역시 이 예측의 근본적인 일면이다. 데이터와 느낌 색조는 캐시 속에서 불가분의 관계로 엮여 있다. 이것이 바로 우리가 '머릿속에 빠져 사는' 이유이다. 인간의 기본 모드 또는 디폴트 옵션이라고 할 수 있다.

따라서 우리가 감정적 사고라는 오래된 습관에 반복해서 이끌리는 것은 당연한 일이다. 가장 강렬한 느낌 색조, 즉 가장 불쾌한 느낌 색조는 긴급하게 행동할 것을 요구한다. 이런 느낌 색조는 별다른 노력 없이도 쉽게 마음의 캐시에 들어온다. 이때 시뮬레이션을 업데이트할 정확한 데이터가 입력되지 않으면 자신이 구축한 정신 모형 안에서만 계속 살아가게 된다. 실제로 삶을 어떻게 살아야 하는지, 다시 말해 살아 있음의 경험에 어떻게 직접 연결될 수 있는지 점차 잊어버리고 만다.

여기서 끝나지 않는다. 느낌 색조가 즐거움과 불쾌함이라는 스펙트럼의 어디에 위치하느냐에 따라 우리의 행동 방향과 긴급함이 결정된다. 느낌 색조를 분명하게 보지 못하면 그것이 우리의 버튼을 눌러 자동반사 충동을 일으킨다. 자동반사 충동을 일으킬 때 우리는 자신이 싫어하는 것에 저항하고 좋아하는 것을 갈망한다. 때로는 실망을 피하기 위해 긍정적인 활동을 억누른다. 우리는 쉽게 느낌 색조를 놓친다. 그러나 느낌 색조는 자기 자신과 인간관계에 큰 해를 입힐 수 있는 티핑 포인트이다. 이다음 단계가 어떻게 진행되는지는 이제 당신도 알 것이다. 자동반사 충동에 따라 생각, 느낌, 감각, 이미지, 감정이 연쇄적으로 일어난다. 이는 마치 사진의 연속촬영과 같아서, 실제 세계의 데이터로부터 계속해서 멀어지면서 점점 더 부정확하고 심지어 위조에 가까운 상황을 만들어 버린다. 그런 와중에 우리 몸은 연속촬영에서 떠올린 최악의 상상에 근거해 행동을 준비한다. 장면마다 최악의 시나리오에 대비해 반응을 준비한다. 우리는 행동을 통해 세상을 이해하기에 이 모든 것이 다시 예측에 반영된다. 우리는 모든 생각·느낌·감정·감각, 즉 경험 가능한 모든 것을 마음과 몸에서 미리 시연하는 행동을 통해 떠올리고 이해한다. 그러니 그토록 스트레스를 받고 지치는 것도 이상하지 않다.

비록 마음의 밑바닥에 깔린 웨다나에 대해 우리가 할 수 있는 일은 별로 없지만 속도를 늦추고 장면을 하나씩 들여다볼 수는 있다. 순간순간의 장면을 활용해 느낌 색조와 뒤이어 일어나는 자동반사 충동 사이의 연결고리를 해제할 수 있다. 그렇게 함으로써 시간이 지남에 따라 길고 긴 이 오랜 악순환을 자연스럽게 선순환으로 바꿀 수 있다.

1주 차에 우리는 일상생활에서 불가피하게 일어나는 주의산만의 요소들에 휩쓸리지 않도록 몸과 마음의 중심을 든든히 다지는 법을 배웠다. 호흡이 주의를 매어 두는 훌륭한 대상이 될 수 있다는 점도 알았다. 그러나 호흡 외에 다른 대상도 주의의 초점으로 사용할 수 있다. 발이 바닥에 닿는 감각, 앉거나 누워 있는 몸이 바닥과 닿는 감각, 손이 무릎이나 허벅지에 닿아 있는 감각 등이 그것이다.

2주 차에는 마음이 다른 곳으로 방황할 때, 즉각 처음에 정한 대상으로 주의를 돌리는 대신 이를 어떻게 다루어야 할지 알아보았다. 오랫동안 마음챙김을 수련한 사람도 마음이 방황할 때면 좌절감을 느낀다. 이 정도 수련을 했으면 지금보다 더 잘해야 한다고 느끼면서 다른 명상가나 미디어에 소개된 명상가의 이미지, 마음챙김 지도자들을 보며 명상에 통달한 이들을 부러워한다. '저토록 평온한 모습이라니!'라고 하면서 자기 내면에서 일어나는 솔직한 느낌과 다른 사람의 외면을 비교한다. 이는 전혀 도움이 되지 않는다. 그래서 대신 감사와 경이로 마음을 대하면서, 마음이 방황하는 모든 순간을 새롭고 더 넓고 친절한 관점으로 바라보는 연습을 해 보았다. 이렇게 하면 큰 변화가 일어난다. 마음이 방황할수록 자신의 익숙한 일면에 더 큰 감사와 사랑을 보낼 수 있기 때문이다. 더불어 일상의 감각을 알아차림의 중앙 무대로 가져오는 연습도 해 보았다. 이를 통해 각각의 감각이 해당 감각뿐 아니라 그 감각에 대한 느낌도 함께 가져온다는 사실을 살펴보았다. 이제 우리는 그것이 즐거운지 불쾌한지 또는 즐겁지도 불쾌하지도 않은 중간의 느낌인지 직관적으로 알게 되었다.

여기에 더해 3주 차에는 생각이 일어날 때, 감정은 물론 느낌 색조가 함께 따라온다는 사실을 보았다. 이 발견에는 주목할 만한 점이 있다. 마음과 몸에는 언제나 많은 일이 일어나고 있으며, 생각·감각·감정은 매우 복잡해서 그것에 대해 지나치게 분석적인 태도를 취하기 쉽다는 점이다. 우리는 잔뜩 긴장한 채 그것들의 '진짜' 의미를 파헤치고 이해하려 애쓴다. 그러나 느낌 색조에는 즐거운 느낌, 불쾌한 느낌, 중간의 느낌이라는 세 가지 측면만이 존재한다. 느낌 색조가 이렇게 단순하다는 사실을 아는 것만으로도 마음이 한결 편안해질 수 있다. 그래서 3주 차에 우리는 느낌 색조를 판단하거나 분석하지 않고 그것의 미묘한 성질에 초점을 맞추는 연습을 해 보았다.

4주 차에는 이 기술을 더 발전시켜 있는 그대로 놓아두는 연습을 해 보았다. 우리는 자신에게 부드럽게 이렇게 말해 보았다. '이걸 좋아하지 않아도 괜찮아.' '이걸 좋아해도 괜찮아.' 이렇게 함으로써 몸과 마음이 자연의 일부이며, 우리의 반응 역시 자연스럽고 지극히 정상적인 현상임을 떠올릴 수 있었다. 또한 의도적으로 감사하는 연습을 통해 우리 모두가 불쾌한 것에 대해 자연스럽고 보편적인 편견을 가지고 있음도 알게 되었다. 이는 평소 우리가 정신을 풍요롭게 해 주는 수많은 사소한 기쁨들에 얼마나 무관심한지를 잘 보여 준다. 일상의 작은 기쁨을 알아보지 못한다는 건 놀라운 일이지만, 그보다 더 놀라운 일은 그것들이 우리가 발견해 주기를 기다리며 늘 거기에 존재하고 있다는 사실이다. 마치 오랫동안 잊고 지냈지만 다시 만나면 너무도 반가워할 친구처럼 그것들은 우리를 기다리고 있다.

5주 차에는 심리학과 신경과학에서 새롭게 발견한 중요한 사실, 즉 우리 행동은 정교한 지각 과정이나 외부세계에서 입력되는 원 데이터의 최종 처리 단계로서 일어나지 않는다는 사실을 살펴보았다. 오히려 행동은 최초 지각의 순간에 우리가 세상을 이해하는 데 중심적인 역할을 한다. 주변에서 무슨 일이 일어나는지 지각하려면 우선 뇌에서 특정 행동을 시뮬레이션하고 예행 연습을 해야 한다. 뇌가 특정 행동을 예행 연습하지 않는다면 상대의 말을 이해할 수도, 생각을 떠올릴 수도, 지난 일을 기억할 수도, 계획을 세울 수도 없다. 이는 군대를 동원하기 위해 먼저 전투를 준비하고, 기동훈련을 하고, 실사격 연습을 하는 것과 비슷하다. 우리는 매일 매 순간 일어나는 모든 생각과 느낌, 감각과 감정에 대해 이렇게 훈련하고 연습한다. 그러니 종종 지친 기분이 드는 게 당연하다. 이와 관련해 '지금 당장 뭔가를 할 필요는 없어'라고 말하는 것이 얼마나 큰 이로움을 가져다주는지 살펴보았다. 이는 현명한 대응을 할 필요가 없다는 말이 아니다. 다만 특정 활동에 대비해 뇌가 분주하게 움직이는 건 대부분의 경우 부적절할 수 있다는 의미이다. 특히 명상 중에는 대개 행동이 필요치 않다. '지금 당장 뭔가를 할 필요는 없어'라는 말은 그 자체로 안도감을 준다. 마음속 군대가 훈련을 멈추면서 휴식과 평화의 감각이 찾아온다. 이 평온함은 하루의 나머지 시간에도 영향을 미쳐서 많은 경우 아무 행동도 취하지 않는 것이 가장 현명한 방법이라는 사실을 알게 된다.

6주 차에는 이 모든 새로운 기술을 한데 모아 힘겨운 감정을 마주했다. 자기 자신과 친구가 되어 힘겨운 감정이 마음과 가슴에 존재하도록 허용하는 연습을 해 보았다. 몸 어느 부위에서 힘겨운 감정이 나타나는지 확인한 다음, 만약 불쾌한 느낌이 들면 '지금 이 상태를 좋아하지 않아도 괜찮아'라고 말한 뒤 '지금 당장 뭔가를 할 필요는 없어'라고 조용히 속삭임으로써 각각의 감정이 가진 느낌 색조를 알아보았다. 나아가 몸에서 힘겨움이 나타날 때 그것을 밀쳐 내기보다(밀쳐 내면 불쾌한 느낌을 더 악화시킬 뿐이다) 그에 필요한 공간을 만들어 주었다.

7주 차에는 피곤하거나 다른 일에 골몰해 있을 때, 어떤 식으로 영혼에 양분을 공급하고 삶을 풍요롭게 만드는 작은 일들과의 접촉을 잃게 되는지 살펴보았다. 이 작은 일들이 삶에서 빠져나간 자리에는 영혼을 갉아먹고 삶의 질을 떨어뜨리는 일들만이 남게 된다. 심지어 기분이 저조할 때는 한때 즐거움을 주던 활동을 생각하는 것만으로도 회피를 일으킬 수 있기에 실제 상황은 이보다 훨씬 나빠질 수 있다. 점점 더 그런 활동들을 밀쳐 내려 하고, 그것들이 가져다주는 즐거움을 상상하기조차 어려워지는 것이다. 이를 분명하게 인식하고 자신을 비난하지 않는 것만으로도 정말 큰 카타르시스를 느낄 수 있다. 이제 당신은 지금껏 당연시했던 일상의 작은 아름다움과 기쁨을 알아보는 매일의 수련을 통해 조금씩 삶을 되찾을 수 있게 되었다.

마침내 우리는 8주 차에 접어들었다. 이번 주에는 지금까지 수련하면서 있었던 일, 즉 프로그램을 진행하면서 겪었던 어려움과 기쁨 그리고 새롭게 알게 된 사실들을 돌아본다. 이를 토대로 앞으로의 삶을 어떤 방향으로 이끌어 갈 것인지 스스로 판단해 보는 시간을 가져 볼 것이다. 잠시 자신의 명상 자리에 앉아 다음 질문에 대해 생각해 보자. 느긋하게 시간을 갖고 생각해 보라.

- 이 책의 프로그램을 실행하는 동안 바랐던 것은 무엇인가?
- 이 책의 프로그램에서 배운 것은 무엇인가?
- 어려웠던 점은 무엇인가? 잘되지 않았던 부분은 무엇인가?

- 그런 부분을 어떻게 다루었는가?

서두를 필요는 없다. 스스로 생각하기에 준비가 되었다면, 잠시 자리에 앉아 호흡과 몸에 집중하면서 '나의 중심 찾기' 명상 안내를 들으며 다음 질문에 대해 생각해 본다.

- 더 탐색해 보고 싶은 것이 있는가?
- 나를 방해하는 요소는 무엇이며, 그것을 어떻게 다룰 것인가?
- 나를 가장 효과적으로 지지해 주는 것은 무엇인가?

이 시점에 당신은 웨다나가 가진 잠재력에 흥분되는 한편 어떤 선택을 내려야 할지 몰라 움츠러들 수 있다. 어디서부터 시작해야 할까? 당신에게 가장 큰 지지가 되는 것은 무엇인가?

많은 사람이 명상 수련을 지속하는 데 규칙성과 구조, 추진력이 중요하다는 사실을 알게 되었다. 따라서 현실적으로 매일 얼마나 많은 시간을 명상 수련에 쓸 수 있는지 정하라. 과도한 시간을 설정하지 않되 최소한의 시간은 투자해야 한다. 일주일에 5~6일 정도, 하루 20~30분 정도면 적당하다. 그럴 수 없다면 하루 10분 정도만 해도 괜찮다. 마음챙김은 평생에 걸친 노력이며, 그 효과는 수개월 아니 수년에 걸쳐 조금씩 커진다. 한 번에 몰아서 하다가 지쳐 떨어지기보다 규칙적인 실천이 더욱 중요하다.

그렇다면 무엇을 수련해야 하는가? 수련 자체가 당신에게 가르침을 줄 것이다. 어떤 날은 '나의 중심 찾기' 명상으로 마음의 중심을 잡아야 한다고 느낄 수 있고, 또 어떤 날은 '매 순간의 느낌 색조 명상'으로 지금 당장 뭔가를 할 필요는 없음을 자신에게 상기시켜야 할 수도 있다. 그때그때 필요에 따라 수련해 나가되, 이왕이면 일정한 구조를 가지고 진행하면 도움이 된다. 뒤쪽에 나오는 '1년 수련 계획표'를 참고하면 매월 어떻게 수련하는 게 좋을지에 대한 아이디어를 얻을 수 있다. 거기에 나오는 제안들은 여러 사람에게 두루 도움이 되었던 내용을 토대로 만들었다. 우리가 가르친 많은 학생이 동일한 주제와 목적을 지닌 수련을 일주일 넘게 연습하는 게 도움이 되었다고 말한다. 그러므로 한 달 동안 한 가지 수련을 지속적으로 수련하길 권한다. 이런 전념을 통해 두 가지 이로움을 얻을 수 있다. 첫째, 매일 어떤 수련을 해야 할지 선택할 필요가 없다. 매일 새로운 선택을 내려야 한다면 압박감을 느낄 테고, 그러다 보면 선택을 뒤로 미룰 수 있다. 그러면 수련 시간 자체가 줄어든다. 둘째, 매일 같은 수련을 반복하면 하루하루 어떤 변화가 일어나는지 확인하기 용이하다. 변화는 미묘하거나 클 수 있다. 또한 외부의 날씨뿐 아니라 몸과 마음에서 일어나는 '내면의 날씨' 등 다양한 원인과 조건에 의해서도 발생한다. 내면의 날씨는 그날 또는 전날 무엇을 했는지, 누구를 만났는지, 어떤 기쁨과 슬픔을 겪었는지, 어떤 프로젝트에 시달렸는지, 어떤 일을 완수했는지에 따라 얼마든지 바뀔 수 있다. 만약 충분한 시간 동안 꾸준히 수련해 나간다면 매일 일어나는 이런 변화를 더 분명하게 관찰할 수 있을 것이다.

안내 명상이나 최소 지침 명상 등 책에서 소개하는 음성을 자유롭게 활용하라. 음성을 듣지 않고 혼자 하고 싶을 때는 종소리만 담긴 타이머 트랙을 사용하면 된다. 늘 스스로가 안내자 되어야 한다는 강박감을 버려라. 이 책을 쓴 우리 두 저자도 종종 안내 명상을 들으면서 수련한다. 가정에서 작은 의식[retreat]을 진행하면서 안내 음성에 따라 명상을

272

수련하는 일은 커다란 치유력을 선사한다.

때로는 명상을 미루고 있는 자신을 발견할지도 모른다. 당신은 이를 '뒤로 미루는 습관'이라고 인지할 것이다. 그럴 때는 '세상에서 가장 어려운 요가 동작은 매트 위에 올라서는 것'이라는 요가의 명언을 기억하라. 그래도 선뜻 명상 자리에 앉지 못한다면 단 1분 만이라도 명상 수련을 하겠다고 다짐해 보라. 딱 1분이다. 1분을 수련한 다음, 더 하고 싶은 생각이 들면 안내 음성을 들으며 할 수 있는 데까지 계속하면 된다.

이 장의 서두에서 했던 말을 기억하는가? 기존의 마음챙김 수업에서는 8주라는 제한된 시간 때문에 웨다나(느낌 색조)를 간략히 다루고 있음을 언급했다. 이 책에서도 같은 딜레마에 부딪혔다. 즉, 웨다나 수업에 꼭 필요하지는 않다는 이유로 생략한, 그러나 커다란 만족감을 주는 한 가지 요소가 있다. 바로 '습관 내려놓기'다. 습관 내려놓기는 당신을 얽매고 있는 습관의 끈을 느슨하게 만들기 위해 고안된 방법이다. 간단하고 즐거운 이 수련을 진행하면서 자신의 느낌 색조에 주의를 기울이면 큰 효과를 얻을 수 있다. 습관 내려놓기는 당신이 수련하는 명상의 이로움이 삶에 단단히 자리 잡게 하는 작은 촉매제 역할을 한다. 아래 상자에 습관 내려놓기의 목록을 적어 두었으니, 매달 한두 가지를 선택해 실천해 보기 바란다.

습관 내려놓기

매달 아래 활동 가운데 한두 가지를 골라 실천하면서 그때의 느낌 색조를 관찰해 본다.

273

- 이번 달에는 실내외에서 걸을 때 평소보다 5% 느린 속도로 걷는다.
- 걷거나 출퇴근하는 길에 누구를 마주치든, 그들 역시 나와 마찬가지로 행복하고 편안한 삶, 고통에서 벗어난 삶을 살고 싶어 한다는 점을 떠올리며 마음속으로 '당신이 잘 지내기를'이라고 빌어 준다.
- TV를 보거나 일할 때, 그리고 밤에 충전할 때 스마트폰을 눈에 보이지 않는 곳에 치워 둔다. 스마트폰이 눈에 보이면 집중력과 실행력이 20% 저하된다.[1]
- 이번 달에 매주 하루는 전자기기를 사용하지 않는 날을 정한다. 가능하면 그날 하루는 이메일, 웹 검색, 컴퓨터, 휴대전화기를 일절 사용하지 않는다.
- 이번 달에는 이메일에 답장하는 시간을 30분 이내로 제한한다. 또는 답장하는 데 쓸 시간을 미리 정해 둔다. 타이머를 켜 놓고 시간을 지키는 연습을 한다.
- 이번 달에는 일주일에 한 번 한 시간씩, 자신과의 약속 시간을 잡는다. 달력에 날짜를 체크하고 자신의 이름과 하고 싶은 일을 적는다. 크고 작은 어떤 일이라도 좋다. 아무 일도 하지 않아도 괜찮다.
- 이메일에 '저녁 7시에서 아침 7시 사이에는 답장이 어렵습니다'라는 메시지를 추가한다.
- 오랫동안 잊고 지낸 즐거운 활동을 한다(음악 감상, 좋아하는 시 읽기, 가고 싶었던 장소 찾아가기 등).
- 아무리 사소한 일이라도 지금껏 미뤄 왔던 일을 추진한다.

- 한동안 연락이 끊긴 지인에게 안부 카드를 보낸다.
- 지금 전념하고 있는 일에 방해가 되는 새로운 일에 대해 단호하게 '아니오'라고 말하는 연습을 해 본다.
- 한때 배우고 싶었던 기술(기타 연주, 도자기 제작, 그림, 스포츠 등)을 한 가지 골라 첫걸음을 떼 본다. 새로운 배움에 마음을 여는 것은 행복의 다섯 가지 요소 중 하나이다.
- 더 많은 습관 내려놓기 목록은 다음 사이트에서 확인할 수 있다. franticworld.com/releasers

감정적 격동과 피로가 보내는 경고 신호

살다 보면 압도감을 느낄 때가 있다. 그럴 때면 수련이 생각대로 되지 않고 길을 잃고 혼자인 듯한 느낌이 든다. 마치 뒤로 미끄러지는 듯하고, 예전에 이루었던 향상을 다시는 되찾지 못할 것 같은 느낌마저 든다. 사는 게 힘들다 못해 완전히 무너지는 듯 느껴질 수도 있다.

이런 순간을 어떻게 알아차릴 수 있을까? 생각보다 쉽지 않다. 왜냐하면 그것들은 나름대로 설득력 있는 모습으로 나타나기 때문이다. 이런 순간을 알아차릴 수 있는 몇 가지 징후는 다음과 같다(단, 각자의 이야기는 저마다 다르다). 말이 없어지거나 문과 서랍을 세게 닫는다. 잠을 제대로 못 자거나 너무 많이 잔다. 탈진과 피로를 자주 겪는다. 한때 좋아하던 활동이 예전만큼 즐겁지 않다. 또 다른 힌트도 있다. '절대'가 포함된 생각과 말을 자주 떠올리는 것이다. 예를 들어 '언제나, 결코, 누구도, 모든

275

사람이, 어떤 것도, 완전히, 모든 것이' 같은 단어가 이에 해당한다. 이런 종류의 언어는 부정적인 단어보다 감정적 괴로움을 나타내는 더 확실한 징후이다.[2] 스트레스와 번아웃, 우울에 가까워졌다는 경고이자 자신을 더 부드럽게 대해야 할 때라는 신호이다. 자신에게 양분을 공급할 방법을 찾고, 지금 가장 적절한 행동이 무엇인지 냉철하게 살펴야 할 때임을 알려 주는 메시지이다.

느낌 색조에 대한 마음챙김을 수련하면 잠시나마 뒤로 물러나 큰 그림을 보는 능력을 키울 수 있다. 심리학자들은 이를 탈중심화[decen-tering] 또는 탈동일시[disidentifying]라고 부르는데, 많은 치료법이 강력한 효과를 발휘하는 기제가 바로 이것이다.[3]

온 삶이 당신을 끌어 내리고 사슬로 꽁꽁 묶어 버릴 때, 어떻게 하면 삶의 중심을 다잡을 수 있을까?

한 차례 숨을 쉰다. 그렇다. 단지 한 번 숨을 쉬면서 특정한 느낌이 느껴지는 몸 부위에 집중한다. 즐거운 느낌, 불쾌한 느낌, 중립적인 느낌 등 무엇이든 관찰한다. 만약 불쾌한 느낌이 든다면 자신에게 이렇게 말해 준다. '이 느낌을 좋아하지 않아도 괜찮아. 지금 당장 뭔가를 할 필요는 없어.' 그런 다음 가슴의 고요함 속으로 편안하게 이완해 들어간다. 적절하다고 느끼는 순간이 오면 한 번의 작은 발걸음을 앞으로 내딛는다.

1년 수련 계획표

지금부터 소개하는 월별 수련은 단지 제안 사항일 뿐이며, 스스로 명상할 수 있도록 돕기 위해 다양한 주제를 담고 있다. 수련에 필요한 에너지와 열정이 일시적으로 약해졌다고 느낄 때, 여기에 있는 안내 사항을 참고해 명상을 수련하면 도움이 될 것이다.

첫째 달

먼저 '나의 중심 찾기' 명상을 한 다음, 발이나 신체 부위가 바닥에 닿는 느낌, 손이나 호흡으로 주의를 옮겨 간다. (각각의 주의집중의 닻에 일주일씩 머물거나 한 달 동안 한두 개의 닻에 계속 머물러 본다.) 원한다면 명상 안내 음성 1.2와 1.4를 듣는다.

둘째 달

간단히 '나의 중심 찾기' 명상을 한 뒤 몸 전체에 대한 마음챙김을 한다. 마음이 방황하면 잠시 멈추어 마음에 대한 고마움을 계발한다(명상 2.2와 2.4). 일주일에 최소 1회, '매일 아침 깨어나는 순간, 나의 중심 찾기' 명상을 수련한다(명상 1.6).

셋째 달

간단히 호흡과 몸에서 '나의 중심 찾기' 명상을 한 뒤 소리에 대한 마음챙김으로 옮겨 간다. 그런 다음 생각과 느낌에 대한 마음챙김으로 이동한다. 몸과 마음에서 일어나는 어떤 느낌이라도 그 느낌 색조를 관찰하는 명상을 한다(명상 3.2와 3.4). 일주일에 최소 한 번은 '일상생활의 느낌 색조 알아차리기' 수련을 한다(명상 5.5).

넷째 달

(원한다면 한 주에 하나씩) 발, 다리, 몸 전체, 주변 공간에 주의를 집중하면서 걷기 명상 4.2와 4.4를 한다. 또는 마음챙김 스트레칭을 한다(명상 4.5). 감각이나 생각의 즐겁거나 불쾌한 느낌을 관찰할 때면 '이걸 좋아해도/좋아하지 않아도 괜찮아'라고 스스로 떠올린다. 일주일에 최소 한 번은 '열 손가락 감사 연습'이나(명상 4.6) '일상의 마음챙김 수련: 감사하기'를 실천한다(명상 4.8).

다섯째 달

'나의 중심 찾기' 명상으로 호흡이나 몸에 주의를 집중한 뒤 소리에 대한 마음챙김, 다음으로 생각과 느낌에 대한 마음챙김으로 옮겨 간다. 의식에 떠오르는 모든 것을 친절의 마음으로 부드럽게 품어 안으면서 열린 알아차림으로 마무리한다. 매번의 날숨에 몸과 마음에서 일어나는 느낌 색조를 관찰하면서 부드럽게 '이 느낌을 좋아해도/좋아하지 않아도 괜찮아', '지금 당장 뭔가를 할 필요는 없어'라고 스스로 떠올린다(명상 5.2와 5.4). 일주일에 최소 한 번은 '일상생활의 느낌 색조 알아차리기' 수련을 한다(명상 5.5).

여섯째 달

첫째 주: 친절 명상(명상 6.1)

둘째 주: 나의 중심 찾기 명상(첫째 달에 했듯이 명상 1.2와 1.4)

셋째 주: 어려움 살펴보기 명상(명상 6.4)

넷째 주: 나의 중심 찾기 명상(명상 1.2와 1.4)

일주일에 최소 한 번은 '어려움에 다가서기' 수련을 한다(명상 6.6).

일곱째 달

'나의 중심 찾기' 명상으로 호흡이나 몸에 주의를 집중한 뒤 소리에 대한 마음챙김, 다음으로 생각과 느낌에 대한 마음챙김으로 옮겨 간다. 의식에 떠오르는 모든 것을 친절의 마음으로 부드럽게 품어 안으면서 열린 알아차림으로 마무리한다. 매번의 날숨에 몸과 마음에서 일어나는 느낌 색조를 관찰하면서 부드럽게 '이 느낌을 좋아해도/좋아하지 않아도 괜찮아', '지금 당장 뭔가를 할 필요는 없어'라고 스스로 떠올린다(명상 5.2와 5.4). 일주일에 최소 한 번은 '하루 돌아보기 명상'을 한다(명상 7.1 또는 7.2).

여덟째 달

'나의 중심 찾기' 명상으로 발이나 신체 부위가 바닥과 닿는 지점, 손이나 호흡에 주의를 집중한다. 그런 다음 각 주의 한 주 내내 그 대상에 계속해서 주의를 머물게 한다. 또는 한 달 내내 하나 또는 두 개의 대상에 계속해서 주의를 머문다(명상 1.2와 1.4). 일주일에 최소 한 번은 '일상생활의 느낌 색조 알아차리기' 수련을 한다(명상 5.5).

아홉째 달

첫째 주: 친절 명상(명상 6.1)

둘째 주와 셋째 주: 어려움 살펴보기 명상(명상 6.4)

넷째 주: 나의 중심 찾기 명상(명상 1.2와 1.4)

일주일에 최소 한 번은 '어려움에 다가서기' 수련을 한다(명상 6.6).

열째 달

마음챙김 스트레칭(명상 4.5)이나 걷기 명상(명상 4.1과 4.4)을 한다. 간단히 '나의 중심 찾기' 명상을 한 뒤 움직이는 몸 전체에 대한 마음챙김을 수련한다. 자신에게 일어나는 감각과 생각의 느낌 색조를 관찰하고 이름을 붙인 뒤에 이렇게 말한다. '이 느낌을 좋아해도/좋아하지 않아도 괜찮아', '지금 당장 뭔가를 할 필요는 없어.' 일주일에 최소 한 번은 '말하기와 듣기에 대한 마음챙김'을 수련한다(명상 7.3).

열한째 달

'나의 중심 찾기' 명상으로 호흡이나 몸에 주의를 집중한 뒤 소리에 대한 마음챙김, 다음으로 생각과 느낌에 대한 마음챙김으로 옮겨 간다. 의식에 떠오르는 모든 것을 친절의 마음으로 부드럽게 품어 안으면서 열린 알아차림으로 마무리한다. 매번의 날숨에 몸과 마음에서 일어나는 느낌 색조를 관찰하면서 부드럽게 '이 느낌을 좋아해도/좋아하지 않아도 괜찮아', '지금 당장 뭔가를 할 필요는 없어'라고 스스로 떠올린다(명상 5.2와 5.4). 일주일에 최소 한 번은 '일상의 마음챙김 수련: 행동 선택(249쪽)'을 실천한다.

열두째 달

이번 달에는 친절 명상(명상 6.1)이 기본 옵션이다. 지난 1년간 도움이 되었던 수련이나 더 탐색해 보고 싶은 수련이 있다면 함께 수련한다. 일주일에 최소 한 번은 '하루 돌아보기 명상'을 수련한다(명상 7.1 또는 7.2).

참고 자료

책

마음챙김 가이드

Williams, M., & Penman, D., *Mindfulness: A Practical Guide to Finding Peace in a Frantic World* (London, Piatkus 2011). Published in US as *Mindfulness: An Eight-Week Plan for Finding Peace in a Frantic World* (Rodale, 2011). 한국어판: 『8주, 나를 비우는 시간』(불광출판사, 2013).

Williams, J. M. G., Teasdale, J. D., Segal, Z. V. & Kabat-Zinn, J., *The Mindful Way Through Depression: Freeing Yourself from Chronic Unhappiness* (Guilford Press, 2007). 한국어판: 『마음챙김으로 우울을 지나는 법』(마음친구, 2020).

Teasdale, J. D., Williams, J. M. G. & Segal, Z. V., *The Mindful Way Workbook* (Guilford Press, 2013). 한국어판: 『8주 마음챙김(MBCT) 워크북』(불광출판사, 2017).

Penman, D., *The Art of Breathing: The secret to living mindfully. Just don't breathe a word of it...* (HQ, 2020). 미국에서는 다음 제목으로 출간: *The Art of Breathing: How to Become at Peace with Yourself and the World* (Hampton Roads, 2022).

284

통증과 만성질환

Burch, V. & Penman, D., *Mindfulness for Health: A Practical Guide to Relieving Pain, Reducing Stress and Restoring Wellbeing* (Piatkus, 2013). 미국에서는 다음 제목으로 출간: *You Are Not Your Pain: Using Mindfulness to Relieve Pain, Reduce Stress, and Restore Well- Being: An Eight-Week Program* (Flatiron, 2015). 한국어판: 『기적의 명상 치료』(불광출판사, 2015, 절판).

창조성과 의사결정

Penman, D., *Mindfulness for a More Creative Life: Calm Your Busy Mind, Enhance Your Creativity and Find a Happier Way of Living* (Piatkus, 2021).

치료사를 위한 MBCT 매뉴얼

Segal, Z. V., Williams, J. M. G. & Teasdale, J. D., *Mindfulness-Based Cognitive Therapy for Depression* (second edition, Guilford Press, 2013). 한국어판: 『우울증 재발 방지를 위한 마음챙김 기반 인지치료』(학지사, 2018).

감정, 느낌, 체화된 마음

Barrett L.F. *How Emotions Are Made: The Secret Life of the Brain* (Macmillan, 2017). 한국어판: 『감정은 어떻게 만들어지는가?』(생각연구소, 2017).

Damasio, A., *The Strange Order of Things: Life, Feeling and the Making of Cultures* (Penguin, 2017). 한국어판: 『느낌의 진화』(아르테, 2019).

Clark, A., *Surfing Uncertainty: Prediction, Action and the Embodied Mind* (OUP, 2016).

웹사이트

마음챙김

www.franticworld.com

이 책과 이전 책 『8주, 나를 비우는 시간』이 함께 제공되는 웹사이트. 여기에는 자신의 경험에 대해 이야기하고 다른 사람들로부터 배울 수 있는 포럼이 포함돼 있다. 도움이 될 만한 다른 명상과 책에 대한 링크가 있으며 예정된 강연과 이벤트 및 수련회를 소개한다.

www.mbct.co.uk 및 www.oxfordmindfulness.org

옥스퍼드대학교에 본부를 둔 웹사이트. MBCT에 대한 개괄적 소개와 교육 훈련에 관한 정보를 안내한다.

www.oxfordmindfulness.org/learn-mindfulness/resources

이 책의 저자 마크 윌리엄스가 안내하는 '마음챙김에 기반한 인지치료(MBCT)' 명상 수련.

www.bangor.ac.uk/mindfulness

마음챙김에 기반한 의료 접근법에 관한 교육(석사 학위)으로, 마크 윌리엄스가 옥스퍼드대학교로 옮기기 전 근무한 뱅거대학교에서 제공.

bamba.org.uk

영국의 마음챙김 기반 접근법 협회. 마음챙김 수행자, 교사, 트레이너 및 연구자로 구성된 포괄적 커뮤니티.

www.mindfulnesscds.com

존 카밧진이 녹음한 명상 수련 테이프와 CD.

www.brown.edu/public-health/mindfulness/home

로드아일랜드 프로비던스 브라운대학교의 마음챙김 센터.

불교 배경

www.gaiahouse.co.uk

(MBCT와 MBSR에서 가르치는 마음챙김 수행법과 가장 유사한) 통찰명상 전통의
수행 센터.

www.dharma.org

통찰명상 전통을 경험할 수 있는 수행 센터에 관한 정보.

www.dharmaseed.org

(주로 집중 수행처에서 행하는) 통찰명상 지도자들의 강연을 검색할 수 있는
대규모 라이브러리. 마음챙김 수련의 기본 측면인 웨다나를 설명하는 강
연을 검색해 보라.

자기 돌보기

감정이 버거울 때면 언제든 5장(1주 차)을 다시 읽어 보라. 감정의 폭풍우 한가
운데서 이를 악물고 명상할 필요는 없다. 버거운 감정이 지속된다면 친구나
마음챙김 명상 지도자에게 도움을 청하거나 주치의 혹은 상담사와 상담한다.
이 방법이 어렵다면 도움을 받을 수 있는 자료를 찾아보라. 정신건강재단에
서 좋은 정보를 얻을 수 있다(www.mentalhealth.org.uk에서 'How to get help' 검색). 자
선 단체인 'Mind'에서는 정보 및 안내 서비스를 제공하고 있다(www.mind.org.
uk). 정신건강 위기에 처한 사람들을 위한 전화상담 서비스 SANEline(www.
sane.org.uk)도 있다. 마음챙김의 안전성에 관한 정보와 토론은 다음을 참조하라
(oxfordmindfulness.org/news/is-mindfulness-safe).

명상 센터

www.dharma.org.au
    (MBCT 및 MBSR에서 가르치는 마음챙김 수행법과 가장 유사한) 통찰명상 전통을
    따르는 수행 센터에 관한 정보를 이 웹사이트에서 찾을 수 있다.

그 밖의 온라인 사이트

www.openground.com.au
    호주 전역의 MBSR 과정 및 교육 훈련에 관한 정보.

mindfulnessinaustralia.com
    호주에서 마음챙김을 수련하고 촉진하기 위한 과정.

www.canberramindfulnesscentre.com.au
    캔버라의 MBSR 과정 및 교육.

mindfulnessworksaustralia.com.au
    호주 전역의 마음챙김 수련과 추가 교육 훈련에 관한 안내.

mindfulnessworks.co.nz
    뉴질랜드 전역의 마음챙김 수련과 추가 교육 훈련에 관한 안내.

명상 안내 음성

이 책의 8주 프로그램에서 가르치는 명상의 번호와 이름을 정리해 안내한다. 모든 안내 음성은 다음 QR코드에 접속해 내려받을 수 있다.

1주차

명상 1.1: 나의 중심 찾기 명상 (10분)

명상 1.2: 나의 중심 찾기 명상 (20분)

명상 1.3: 나의 중심 찾기 명상 (30분)

명상 1.4: 나의 중심 찾기 명상 (최소 지침)

명상 1.5: 종소리만 있는 타이밍 트랙 (5분마다 종소리)

명상 1.6: 일상의 마음챙김 수련: 매일 아침 깨어나는 순간, 나의 중심 찾기 (3분)

2주차

명상 2.1: 잠시 멈추기 명상 (10분)

명상 2.2: 잠시 멈추기 명상 (20분)

명상 2.3: 잠시 멈추기 명상 (30분)

명상 2.4: 잠시 멈추기 명상 (최소 지침)

종소리 (5분마다 종소리)

3주차

명상 3.1: 느낌 색조 명상 (10분)

명상 3.2: 느낌 색조 명상 (20분)

명상 3.3: 느낌 색조 명상 (30분)

명상 3.4: 느낌 색조 명상 (최소 지침)

명상 3.5: 일상의 마음챙김 수련: 하루의 느낌 색조 돌아보기

종소리 (5분마다 종소리)

4주차

명상 4.1: 마음챙김 걷기 (10분)

명상 4.2: 마음챙김 걷기 (20분)

명상 4.3: 마음챙김 걷기 (30분)

명상 4.4: 마음챙김 걷기 (최소 지침)

명상 4.5: 마음챙김 스트레칭

명상 4.6: 열 손가락 감사 연습

명상 4.7: 열 손가락 감사 연습 (최소 지침)

명상 4.8: 일상의 마음챙김 수련: 감사하기

명상 4.9: 잠이 오지 않을 때 하는 명상 (8분)

종소리 (5분마다 종소리)

5주차

명상 5.1: 매 순간의 느낌 색조 명상 (10분)

명상 5.2: 매 순간의 느낌 색조 명상 (20분)

명상 5.3: 매 순간의 느낌 색조 명상 (30분)

명상 5.4: 매 순간의 느낌 색조 명상 (최소 지침)

명상 5.5: 일상의 마음챙김 수련: 일상생활의 느낌 색조 알아차리기 (4분)

종소리 (5분마다 종소리)

6주차

명상 6.1: 친절 명상 (15분)

명상 6.2: 친절 명상 (최소 지침)

명상 6.3: 어려움 살펴보기 명상 (10분)

명상 6.4: 어려움 살펴보기 명상 (20분)

명상 6.5: 어려움 살펴보기 명상 (최소 지침)

명상 6.6: 일상의 마음챙김 수련: 어려움에 다가서기

종소리 (5분마다 종소리)

7주차

명상 7.1: 하루 돌아보기 명상

명상 7.2: 하루 돌아보기 명상 (최소 지침)

명상 7.3: 일상의 마음챙김 수련: 말하기와 듣기에 대한 마음챙김 (2분 30초)

미주

1장

1. 다음에서 인용: pp. 19-20 *Into the Silent Land* by Martin Laird (저자의 인용 승낙).

2. Segal, Z. V., Williams, J. M. G. & Teasdale, J. D., *Mindfulness-based Cognitive Therapy for Depression* (second edition, Guilford Press, 2013); Teasdale, J. D., Williams, J. M. G. & Segal, Z. V., *The Mindful Way Workbook: An Eight-Week Program to Free Yourself from Depression and Emotional Distress* (Guilford Press, 2014).

3. 산스크리트어인 웨다나(vedana)는 빠알리어에서도 사용되었다. 빠알리어는 인도 대륙에서 사용되었던 후기 언어로 불교의 가르침을 가장 먼저 전하고 기록한 언어다. 자세한 정보는 3장 2번 주석 참조.

2장

1. Gloria Mark와 동료들의 다음 연구를 참조: Mark, G., Gonzalez, V. M. & Harris, J., (2005) 'No Task Left Behind? Examining the Nature of Fragmented Work Proceedings of the Conference on Human Factors in Computing Systems', CHI 2005, Portland, Oregon, USA, April

2-7 2005 doi:10.1145/1054972.1055017; Mark, G., adith, D. & Klocke, U. (2010), 'The Cost of Interrupted ork: More speed and Stress. Proceedings of the 2008 Conference on Human Factors in Computing Systems', CHI 2008, 2008, Florence, Italy, 5-10 April 2008, doi:10.1145/1357054.1357072

2. 다음을 참조: Ruby Wax, *A Mindfulness Guide for the Frazzled* (Penguin, 2016) and *A Mindfulness Guide for Survival* (Welbeck, 2021).

3. Lisa Feldman Barrett, How Emotions Are Made: The Secret Life of the Brain (Pan Books, 2017).

4. 이 접근 방식에 관한 리뷰는 다음을 참조: Andy Clark, *Surfing Uncertainty: Prediction, Action and the Embodied Mind* (Oxford University Press, 2016), Lawrence Barsalou (2008), 'Grounded cognition', *Annual Review of Psychology*, 59, pp. 617-45 and Lisa Feldman Barrett, *How Emotions Are Made: The Secret Life of the Brain* (Pan Books, 2017) and Manjaly, Z. M. & Iglesias, S. (2020), 'A computational theory of mindfulness based cognitive therapy from the "Bayesian brain" perspective', *Frontiers in Psychiatry*, 11, p.404.

5. 다음 책의 그림 4.1 참조: Feldman Barrett, L., *How Emotions Are Made* (Pan Books, 2017, p. 61).

3장

1. Arthur P. Shimamura (2015), 'Muybridge in motion: travels in art, psychology and neurology', *History of Photography*, vol.26, pp.341 - 50.

2. 웨다나는 처음에 '감각[sensation]' 또는 '느낌[feeling]'으로 번역되었지만 초기불교 학자들은 웨다나가 몸·마음과 접촉하는 모든 대상에 들어 있는 정서적 특성을 의미한다고 밝혔다. Peacock, J. & Batchelor, M. (2018), 'Vedana: What is in a "Feeling?" *Contemporary Buddhism*, 19(1) pp.

1-6; Weber, A. M. (2018) 'Hedonic hotspots, hedonic potholes: Vedana revisited', *Contemporary Buddhism*, 19, pp.7 - 30; Williams, J. M. G., Baer, R., Batchelor, M., et al., (2022), 'What next after MBSR/MBCT: an open trial of an eight-week follow-on program exploring mindfulness of feeling tone (vedana)', *Mindfulness* doi.org/10.1007/s12671-022-01929-0 정서적 색조에 대한 관심은 심리학뿐 아니라 철학에서도 일어나고 있다. 예를 들어 다음을 참조: Barlassina, L. & Hayward, M. K. (2019) 'More of me! Less of me!: Reflexive Imperativism about Affective Phenomenal Character', *Mind*, 128, p.512, October 2019.

3. 다음 강연에서 인용: Joseph Goldstein (2005) 'Feelings: The Gateway to Liberation', 2005년 10월 19일 통찰명상협회(Insight Meditation Society) https://dharmaseed.org/talks/player/36199.html

4. Damasio, A., *The Strange Order of Things* (Vintage, Penguin, 2018).

5. 낸시 바대크(Nancy Bardacke)와 그녀의 동료들이 '마음챙김에 기반한 분만 [mindfulness-based childbirth]' 영역에서 이룬 주요 발견. 그들은 많은 여성이 분만 시, 바로 직전 경험한 최고점 진통과 그다음 진통에 대한 두려움에 빠져서 진통이 줄어드는 순간을 알아보지 못한다고 말한다. 다음을 참조: Bardacke, N., *Mindful Birthing: Training the Mind, Body and Heart for Childbirth and Beyond* (Bravo Ltd, 2012).

6. Lisa Feldman Barrett, *How Emotions Are Made* (Macmillan, 2017, p. 56).

7. 위와 같은 책 p. 121.

5장

1. Baer, R., Crane, C., Miller, E. & Kuyken, W. (2019), 'Doing no harm in mindfulness-based programs: conceptual issues and empirical findings', Clinical *Psychology Review*, 71, pp.101-14, https://doi.org/10.1016/j.cpr.2019.01.001

2. 이 부분에 관한 데이비드 트렐리븐(David Treleaven)의 조언과 2018년 출간된 그의 다음 책에 감사를 표한다. *Trauma Sensitive Mindfulness: Practices for Safe and Transformative Healing* (W. W. Norton).

3. Singh, N. N., Singh, J., Singh, A. D. A., Singh, A. N. A. & Winton, A. S. W. (2011), 'Meditation on the soles of the feet for anger management: A trainer's manual', Raleigh, NC: Fernleaf(www.fernleafpub.com). 옥스퍼드 마음챙김 센터에서 교도소 내 수감자들을 대상으로 실시한 프로그램에서 수감자들이 커다란 스트레스를 받을 때, 특히 말다툼이나 싸움을 벌이려는 순간에 자신의 기분을 다루는 간단한 방법으로 큰 효과를 본다는 사실을 발견했다.

4. 이 영역을 개척한 심리학자 니르바이 싱(Nirbhay Singh)은 학생들에게 '발바닥[Soles of the Feet] 기법을 성공적으로 가르쳤다. Selver, J. C. & Singh, N. N., *Mindfulness in the Classroom: An evidence-based program to reduce disruptive behavior and increase academic engagement* (Oakland, CA, New Harbinger, 2020); 자폐 청소년에 관한 적용 사례는 다음을 참조: Singh, N. N., Lancioni, G. E., Manikam, R., Winton, A. S. W., Singh, A. N. A., Singh, J. & Singh, A. D. A (2011), 'A mindfulness-based strategy self-management of aggressive behavior in adolescents. with autism', *Research in Autism Spectrum Disorders*, 5, pp. 1153-8; 학습 장애를 가진 성인에 대한 적용 사례는 다음을 참조: Singh, N. N., Lancioni, G. E., Winton, A. S. W., Adkins, A. D., Singh, J. & Singh, A. N. (2007), 'Mindfulness training assists individuals with moderate mental retardation to maintain their community placements', *Behavior Modification*, 31, pp. 800-14; 알츠하이머병이 있는 노인에 관한 적용 사례는 다음을 참조: Singh, N.N., Lancioni, G. E., Medvedev, O. N., Sreenivas, S., Myers, R. E. & Hwang, Y. (2018), 'Meditation on the Soles of the Feet Practice Provides Some Control of Aggression for Individuals with Alzheimer's Disease', *Mindfulness*, 2018년 12월 온라인 출판, doi:10.1007/s12671-018-1075-0; 학교 마음챙김 프로그램(the Mindfulness in Schools Program)에서도 학생들에게 바닥에 닿는 발의 느낌이나 의자에 닿는 엉덩이의 느낌을 느껴 보라는 유사한 방식을 사용한다. 학생들은 이 방식에 FOFBOC(feet on floor, butt on chair; 바닥에 닿는 발, 의자에 닿는 엉덩이)라는 별칭을 붙였다. 다

음을 참조: www.mindfulnessinschools.org

5. R. S. Thomas, 'The Bright Field', *Collected Poems* (Phoenix, 1993, p.302)

6. 의지[willingness]와 능력[capacity]을 구분해 준 Willoughby Britton에게 감사를 표한다(2018년 7월 13일 암스테르담에서 열린 마음챙김 국제회의).

6장

1. Feldman Barrett, L., *How Emotions Are Made* (Pan Books, 2017, p.58).

2. 도움이 되는 구절을 제시해 준 명상 지도자 아잔 수메도(Ajahn Samedho)에게 감사한다.

3. Lippelt, D. P., Hommel, B. & Colzato, L. S. (2014), 'Focused attention, open monitoring and loving kindness meditation: effects on attention, conflict monitoring, and creativity – A review', *Frontiers in Psychology*, 5, article no. 1083, doi: 10.3389/fpsyg.2014.01083

4. Kerr, C., Sacchet, M. D., Lazar, S. W., Moore, C.I. & Jones, S.R., 'Mindfulness starts with the body: somatosensory attention and top-down modulation of cortical alpha rhythms in mindfulness meditation', *Frontiers in Human Neuroscience*, 7., article no. 12., doi: 10.3389/fnhum.2013.00012

5. Roiser et al. (2012), 'Cognitive mechanisms of treatment in depression', *Neuropharmacology*, 37, pp. 117–36.

6. Pasto, L. & Burack J. (2002), 'Visual filtering and focusing among persons with schizophrenia, major depressive disorder and no psychiatric history', *Canadian Journal of Behavioural Science*, 34, pp. 239–49.

7. Dietl, T., et al (2001), 'Enhanced long-latency somatosensory potentials in MDD', *Journal of Psychiatric Research*, 35, pp. 43–8.

8. Kemp et al. (2009), 'Fronto-temporal alteration within the first 200ms during an attentional task distinguished MDD, non- clinical participants with depressed mood and healthy controls', *Human Brain Mapping*, 30, pp.602-14

9. Hasenkamp, W., Wilson-Mendenhall, C. D., Duncan, E. & Barsalou, L. W. (2012), 'Mind wandering and attention during focused meditation: a fine-grained temporal analysis of fluctuating cognitive states', *Neuroimage*, 59, pp. 750-60, doi: 10.1016/j.neuroimage.2011.07.008

10. e.g. Tang, Y. Y., Qilin, L., Gen, X., Stein, E. A., Yang, Y. & Posner, M. I. (2010), 'Short-term meditation induces white matter changes in the anterior cingulate', *Proc. Nat. Acad. Sci. U.S.A.* 107, pp. 15649-52, doi: 10.1073/pnas.1011043107

11. Mrazek, Michael D., Franklin, Michael S., Phillips, Dawa Tarchin, Baird, Benjamin & Schooler, Jonathan W. (2013), 'Mindfulness training improves working memory capacity and GRE performance while reducing mind wandering', *Psychological Science*, 24(5), pp. 776-81.

7장

1. 불쾌함을 표현하는 데 사용하는 단어가 다른 사람과 다를 수 있고, 처한 상황에 따라 그때그때 달라질 수도 있다. 하지만 감정을 구분하는 법을 익히면 감정을 자각하는 능력이 커지면서 전반적인 안녕감이 향상된다. Eckland, N. S. & Berenbaum, H. (2021), 'Emotional awareness in daily life: exploring its potential role in repetitive thinking and healthy coping', *Behavior Therapy*, https://doi.org/10.1016/j.beth.2020.04.010; Starr, L. R., Hershenberg, R., Shaw, Z. A., Li, Y. I. & Santee, A. C. (2020), 'The perils of murky emotions: emotion differentiation moderates the prospective relationship between naturalistic stress exposure and adolescent depression', *Emotion*, 20 (6); Liu, D. Y., Gilbert, K. E. & Thompson, R. J.

(2020), 'Emotion differentiation moderates the effects of rumination on depression: a longitudinal study', *Emotion*, 20(7), pp. 1234-43.

2. 만약 당신에게 이명이 있다면 조용한 방에서 소리에 집중하기가 어려울 것이다. 이때는 명상하는 동안 소리가 아닌 다른 대상을 찾아도 좋다(신체감각에 집중한다든지 눈을 뜨고 바깥의 사물을 바라보면서 이때 일어나는 즐겁거나 불쾌한 느낌을 마음에 새긴다). 단, 이명이 있더라도 잠시 그것과 함께 머물러 보면 불쾌한 느낌이 일어나는 원인에 관한 새로운 사실이 드러날 수 있다. 즉, 불쾌한 느낌을 일으키는 원인은 이명 자체일 수도 있고, 그 소리 때문에 느끼는 (그럴 만한) 좌절감이나 그 밖의 감정과 생각일 수도 있다.

3. Torre, J. B. and Lieberman, M.D. (2018), 'Putting feelings into words: affect labeling as implicit emotion regulation', *Emotion Review*, 10, pp. 116-24.

4. Kircanski, K., Lieberman, M. D. & Craske, M.G. (2012), 'Feelings into words: contributions of language to exposure therapy', *Psychological Science*, 21 (10), pp. 1086-091; Lieberman, M. D., Eisenberger, N. I., Crockett, M. J., Tom, S. M., Pfeifer, J. H. & Way, B. M. (2007), 'Putting feelings into words: affect labeling disrupts amygdala activity to affective stimuli', *Psychological Science*, 18:421-8, doi:10.1111/j.1467-9280.2007.01916.x. [PubMed: 17576282]; Lieberman, M. D., Inagaki, T. K., Tabibnia, G. and Crockett, M. J. (2011), 'Subjective responses to emotional stimuli during labeling, reappraisal, and distraction', *Emotion*, 3:468-80, doi:10.1037/a0023503. [PubMed: 21534661]

5. Creswell, J. D., Way, B. M., Eisenberger, N. I. & Lieberman, M. D. (2007), 'Neural correlates of dispositional mindfulness during affect labeling', *Psychosomatic Medicine*, 69(6), pp. 560-65.

6. 최초의 연구는 다음이 수행: Loftus, E. F. & Palmer, J. C. (1974), 'Reconstruction of automobile destruction: an example of the interaction between language and memory', *Journal of Verbal Learning and Verbal Behavior*, 13, pp. 585-9. 이 연구에 대한 훌륭한 요약은 다음에서 찾을 수 있다: https://www.simplypsychology.org/loftus-palmer.html#:-:text=Loftus

1. 루벤대학교(University of Leuven)의 심리학자 필립 래스(Filip Raes)와 동료들은 사람들에게 행복과 흥분, 열광을 느낄 때 어떻게 반응하는지 묻는 질문지를 사용했다. 그들은 긍정적인 기분을 느낄 때 스스로 이렇게 말하는 사람들은 심각한 우울증에 빠질 위험이 더 크다는 사실을 발견했다. '이 느낌은 오래가지 않을 거야', '잘못될지 모르는 일들이 자꾸 떠올라', '나는 이렇게 좋은 느낌을 느낄 자격이 없어.' Raes, F., Smets, J., Nelis. S. & Schoofs, H. (2012), 'Dampening of positive affect prospectively predicts depressive symptoms in non-clinical samples', *Cognition & Emotion*, 26(1), pp. 75-82. 질문지는 다음을 참조: Feldman, G. C., Joorman, J., & Johnson, S. L. (2008), 'Responses to positive affect: a self-report measure of rumination and dampening', *Cognitive Therapy & Research*, 32(4), pp. 507-525.

2. 이를 상위 감정 또는 메타 감정[meta-emotions]이라고 한다(예를 들어 화를 낸 데 대해 죄책감을 느끼는 등 자신의 감정에 관한 감정을 말한다). 이것은 더 큰 우울을 일으킬 수 있으므로 잘 살피는 것이 중요하다. Bailen, N. H., Wu, H. & Thompson, R. J. (2019), 'Meta-emotions in daily life: associations with emotional awareness and depression', *Emotion*, 19(5), pp. 776-87.

3. 1979년 존 카밧진(Jon Kabat-Zinn)이 매사추세츠 의료센터에서 만성통증 환자들에게 마음챙김을 소개해야겠다고 결심하게 만든 통찰이다. 만성통증 환자들을 상대로 가장 먼저 하는 정식 수련은 바디 스캔(Body Scan)이다. 이것은 참가자들에게 자신의 몸을 알아차리게 하는 수련법으로, 언뜻 보기에 만성통증 환자들이 필요로 하는 것과는 정반대의 것처럼 보인다. 왜냐하면 만성통증 환자들은 이미 자신의 통증을 '너무 잘' 알아차리고 있기 때문이다. 그러나 존 카밧진은 통증이라는 신체감각에는 통증과 연관된 생각과 감정이 매듭처럼 얽혀 있음을 보았다. 만성통증 환자들이 가혹한 판단과 감정을 있는 그대로 알아보고, 그것을 알아차림이라는 넓은 공간에서 품어 안으며 몸에 친절한 알아차림을 가져가자 통증 감각과 한데 얽혀 있는 생각과 감정의 매듭이 풀리기 시작했다. 다음을 참조: Jon Kabat-Zinn *Full Catastophe Living: Using the Wisdom of*

Your Body and Mind to Face Stress, Pain and Illness (second edition, Bantam Books, 2013).

4. Birch, V. & Penman, D., *Mindfulness for Health: A practical guide to relieving pain, reducing stress and restoring well- being* (Piatkus, 2013); see also Gordon., A. & Ziv, A., The Way Out: *The revolutionary scientifically proven approach to heal chronic pain* (Vermilion, 2021).

5. Nancy Bardacke, *Mindful Birthing: Training the mind, body and heart for childbirth and beyond* (HarperOne, 2012).

6. 증거 리뷰는 다음을 참조: Warriner, S., Crane, C., Dymond, M. & Krusche, A. (2018), 'An evaluation of mindfulness-based childbirth and parenting courses for pregnant women and prospective fathers/partners within the UK NHS (MBCP-4-NHS)', *Midwifery*, 64, pp. 1-10; see also Veringas I. K., de Bruin, E. I., van Steensel, F. J. A., & Bogels, S. M. (2022), 'Fear of childbirth, non-urgent obstetric interventions, and newborn outcomes: a randomized controlled trial comparing Mindfulness-Based Childbirth *and Parenting with enhanced care as usual', Birth, 49(1), 40-51. https://*doi.org/10.1111/birt.12571

7. Rachman, S. & BeSilva, P. de (1978), 'Abnormal and normal obsessions', Behaviour Research & Therapy, 16, pp. 233-48. 이 논문의 저자들은 다른 사람이 알면 부끄러워지는 생각과 충동이 정상이라는 사실을 발견했다. 이런 생각과 충동에는 누군가를 신체적·언어적으로 공격하고 싶은 충동, 다른 사람에게 느끼는 성적 충동, 열차가 달려오는 철길에 뛰어들고 싶은 충동, 누군가에게 무례하고 받아들이기 힘든 말을 내뱉는 일 등이 포함된다. 평균적으로 사람들은 한 주의 특정 시점에 1~3개의 이런 생각과 충동이 마음에 지나가는 것을 인지한다고 보고되었다.

8. 정신과 의사이자 마음챙김 지도자인 저드슨 브루어(Judson Brewer)는 중독으로 힘들어하는 사람들에게 느낌 색조에 대한 마음챙김이 도움이 될 수 있음을 보여 주었다. 예를 들어 담배에 중독된 사람들에게 담배를 피울 때 담배 자체의 맛에 집중하게 했다. 그러자 많은 참가자가 실제로는 담배 맛을 '좋아하지 않는다'라는 사실을 처음으로 알았다고 말했다. 그의 팀은 중독에 도움이 되는 책을 출판하고 애플리케이션을 개발했다.

그 효과성에 대한 충분한 증거가 존재한다. 다음을 참조하라. Brewer, J., *The Craving Mind: From Cigarettes to Smartphones to Love - Why we get hooked and how we can break bad habits* (Yale University Press, 2018).

9. Hanson, R., *Hardwiring Happiness: How to reshape your brain and your life* (Rider, 2014).

9장

1. *Northern Lights*는 미국과 캐나다, 그 밖의 몇몇 국가에서는 *The Golden Compass*라는 제목으로 출간되었다.

2. Pullman, P., 'Poco a poco: The fundamental particles of narrative', in *Daemon Voices: On Stories and Storytelling* (David Fickling Books, 2017).

3. Pullman, P., 'Poco a poco: The fundamental particles of narrative', in *Daemon Voices: On Stories and Storytelling* (David Fickling Books, 2017, page 208).

4. Tipper, S. (2010), 'From observation to action simulation: the role of attention, eye-gaze, emotion, and body state', *Quarterly Journal of Experimental Psychology*, 63 (11), pp. 2081-2105.

5. Tucker, M. & Ellis, R. (1998), 'On the relations between seen objects and components of potential actions', *Journal of Experimental Psychology: Human Perception and Performance*, 24, pp. 830-46.

6. 다음을 참조: Barsalou, L. W., Simmons, W. K., Barbey, A. & Wilson, C. D. (2003), 'Grounding conceptual knowledge in modality-specific systems', *Trends in Cognitive Sciences*, 7, pp. 84-91; and Barsalou, L. W. (2008), 'Grounded cognition', *Annual Review of Psychology*, 59, 617-45.

7. Pulvermüller, F. (2005), 'Brain mechanisms linking language and action', *Nature Reviews Neuroscience*, 6 (7) pp. 576-82.

8. 이 분야가 감정 문제에 대한 우리의 이해에 미친 영향에 관한 리뷰는 다음을 참조: Gjelsvik, B., Lovic, D. & Williams, J. M. G. (2018), 'Embodied cognition and emotional disorders: embodiment and abstraction in understanding depression', *Journal of Experimental Psychopathology*, July-September, pp. 1-41, doi: 10.5127/pr.035714

9. Schuch, S., Bayliss, A. P., Klein, C. & Tipper, S. P. (2010), 'Attention modulates motor system activation during action observation: evidence for inhibitory rebound', *Experimental Brain Research*, 205(2), pp. 235-49, https://doi.org/10.1007/s00221-010-2358-4

10. 영상을 보는 동안 일어난 뇌 활동 직후에, 반대 방향으로 변화가 일어나 참가자가 실제로 그 행동을 멈추었다.

11. Barsalou, L. W., Situated *Simulation in the Human Conceptual System* (Elsevier, 2003).

12. Blakemore, S. J. & Decety, J. (2001), 'From the perception of action to the understanding of intention', *Nature Reviews Neuroscience*, 2, pp. 561-7.

13. Elgendi, M., et al. (2018), 'Subliminal Priming – State of the Art and Future Perspectives', *Behavioral Sciences*, 8, 54.

14. 나아가 자극 단어 바로 다음에 자극 단어가 있던 자리에 '패턴 위장[pattern mask]'이라는 뒤죽박죽 단어가 나타나게 했다. 이는 실험 참가자들이 자극 단어가 무엇인지 눈치채지 못하도록 하기 위함이었다.

15. Fazio, R. H., Sanbonmatsu, D. M., Powell, M. C. & Kardes, F. R. (1986), 'On the automatic activation of attitudes', *Journal of Personality and Social Psychology*, 50, pp. 229-38.

16. Feldman Barrett, L., *How Emotions Are Made: The Secret Life of the Brain* (MacMillan, 2017); see pp. 118-27 and Appendix D, p. 313ff.

17. Crane, C., Jandric, D., Barnhofer, T. & Williams, J. M. G. (2010), 'Dispositional mindfulness, meditation and conditional goal setting', *Mindfulness*, 1, pp. 204-14.

10장

1. Robert N. Buck, *Weather Flying* (A & C Black, 1970).

2. Buck, Robert O. Preface to 5th edition of *Weather Flying*. Robert N. Buck and Robert O. Buck (McGraw Hill, 2013), page xv.

3. 마크 윌리엄스와 그의 동료 존 티즈데일(John Teasdale), 진델 시걸(Zindel Segal)이 MBCT를 개발하던 시기 마음챙김 센터(Centre for Mindfulness)를 방문했을 때의 일이다. 그들이 쓴 다음 책에 소개: Segal Z. V., Williams, J. M. G. & Teasdale, J. D. *Mindfulness-based Cognitive Therapy for Depression* (2002), second edition, Guilford Press, 2013, 53 3 and 57-8.

4. 이 안내를 해 준 명상 지도자 크리스티나 펠드먼(Christina Feldman)에게 감사를 표한다.

5. Lim, D., Condon, P. & DeSteno, D. (2015), 'Mindfulness and compassion: an examination of mechanism and scalability', *PloS one*, 10(2), e0118221, https://doi.org/10.1371/journal.pone.0118221

6. Meland, A., Hoebeke, E., Pensgaard, A. M., Fonne, V., Wagstaff, A. & Jensen, C. G. (2021), 'A Sense of Fellowship: Mindfulness improves experienced interpersonal benefits and prosociality in a military aviation unit', *International Journal of Aerospace Psychology*, doi: 10.1080/24721840.2020.1865818; Donald, J. N., Sahdra, B. K., van Zanden, B., Duineveld, J. J., Atkins, P. W. B., Marshall, S. L. & Ciarrochi, J. (2019), 'Does your mindfulness benefit others? A systematic review and meta-analysis of the link between mindfulness and prosocial behaviour', *British Journal of Psychology*, 110, pp. 101-25.

1. Steel, P. (2007), 'The nature of procrastination: a meta-analytic and theoretical review of quintessential self-regulatory failure', *Psychological Bulletin*, 133(1), pp. 65-94, doi:10.1037/0033-2909.133.1.65; Prem, R., Scheel, T. E., Weigelt, O., Hoffmann, K. & Korunka, C. (2018), 'Procrastination in daily working life: a diary study on within-person processes that link work characteristics to workplace procrastination', *Frontiers in Psychology*, 9:1087, doi:10.3389/fpsyg.2018.01087

2. 실험 참가자들에게 주의산만 요인을 무시하면서 특정 과제를 수행하도록 요청할 경우, 참가자들은 주의산만 요인으로 사용한 자극을 이후에 덜 유쾌하게 (사람 얼굴 사진을 사용했을 경우에는 그 얼굴을 덜 신뢰하는 것으로) 평가하는 것으로 나타났다. Raymond, J. E., Fenske, M. J. & Westoby, N. (2005), 'Emotional Devaluation of Distracting Patterns and Faces: A Consequence of Attentional Inhibition During Visual Search?' *Journal of Experimental Psychology: Human Perception and Performance*, 31(6), pp. 1404-15, https://doi.org/10.1037/0096-1523.31.6.1404

3. 위 1번을 참조.

4. Ferrari, J., Johnson, J. & McCown, W., *Procrastination and Task Avoidance-Theory, Research and Treatment* (Springer Science+Business Media, 1995), doi: 10.1007/978-1-4899-0227-6

5. Bhalla, M. & Proffitt, D. R. (1999), 'Visual-motor recalibration in geographical slant perception', *Journal of Experimental Psychology: Human Perception and Performance*, 25(4), pp. 1076-96.

6. 이 수련을 7주 차에 사용하도록 허락해 준 *The Mindfulness Key*(2012)의 저자, 상급 마음챙김 지도자이자 우리의 동료인 사라 실버튼(Sarah Silverton)에게 감사를 표한다.

1. 다음을 참조: 'The mere presence of your smartphone reduces brain power' at https://www.sciencedaily.com/ releases/2017/06/170623133039.htm

2. Al-Mosaiwi, M. & Johnstone, T. (2018), 'In an absolute state: elevated use of absolutist words is a marker specific to anxiety, depression, and suicidal ideation', *Clinical Psychological Science*, 6, pp. 529-42.

3. 일반 인지치료든 마음챙김에 기반한 인지치료든 웨다나(느낌 색조) 수련 이든, 특정 치료법이 향후 우울증 재발을 줄이는 데 효과가 있으려면 탈 중심화와 탈동일시를 계발해야 한다. 다음을 참조: Farb, N., Anderson, A., Ravindran, A., Hawley, L... Irving, I., Mancuso, E., Gulamani,., Williams, G., Ferguson, A. & Segal, Z. V. (2018), 'Prevention of relapse/recurrence in major depressive disorder with either mindfulness-based cognitive therapy or cognitive therapy', *Journal of Consulting and Clinical Psychology*, 86(2), PP. 200-4.

감사의 말

많은 사람의 도움과 지지가 없었다면 이 책과 책에 담긴 프로그램은 세상에 나오지 못했을 것이다. 과학에 관한 조언과 안내를 제공해 준 다음 동료들에게 감사를 표한다. 앨런 배들리, 팀 달글리시, 바니 던, 마틴 아이머, 일레인 폭스, 베르글요트 젤스빅, 더크 헤르만스, 필립 래스, 스티브 티퍼가 그들이다. 또한 초기불교에 대한 조언과 지도를 해 준 존 피콕, 캐서린 맥기, 마틴 배철러, 헬렌 마, 크리스 컬런의 도움이 없었다면 이 책과 프로그램은 세상의 빛을 보지 못했을 것이다. 또한 경험에 담긴 정서적 색조를 탐구하는 최신 철학을 안내해 준 로버트 윌리엄스에게도 고마움을 전한다.

이 책에 소개한 명상이 어떻게 마음챙김 수련을 심화하고 지속시킬 수 있는지 최초로 본격적인 탐구를 시작한 것은 헬렌 마와의 작업을 통해서이다. 그녀는 홍콩에서 MBCT 기초 코스의 일부로 제공한 집중교육에서 이 책의 공저자인 마크 윌리엄스와 함께 몇 년 동안 공동 지도를 수행해 왔다. 이 책에 소개한 최종 프로그램의 형식과 언어는 많은 부분 헬렌 마의 지혜와 친절에 커다란 영향을 받았다.

이 책에 소개한 프로그램이 명상 수련회의 주류로 진입하는 과정에서 휘틀리 마음챙김 네트워크(Wheatley Mindfulness Network)라는 단체가 기꺼이 6회기 프로그램의 초기 버전을 실행해 주었다. 이에 다음 분들에게 감사를 드린다. 로저 베테스, 젠 예이츠, 크리스틴 베인브릿지, 톰고스, 로니 그로스, 줄리언 그로스, 앤 가이다, 노버트 가이다, 일레인 파슨스, 타냐 베르만, 프랜시스 심슨, 캐롤라인 샌츠, 셀리아 몬태규, 밥 웹스터, 리즈 배리, 토니 배리, 줄리엣 베일, 힐러리 라이트, 팻 제프스, 폴리 제프스.

이 프로그램을 만드는 초기 단계에서 다음 분들이 프로그램 초안에 대한 피드백을 제공해 주었다. 레베카 크레인, 에린 옹, 헬렌 마, 크리스 컬렌, 앤디 피, 멜라니 페넬, 요하네스 미칼락, 토마스 하이덴라이히. 또 데이비드 트렐리븐은 많은 사람이 과거에 직면한 트라우마를 고려하는 수업을 개발하도록 도움을 준 현명한 조언을 아끼지 않았다. 레베카 크레인과 북웨일스에 위치한 로웬 마음챙김 그룹(Rowen Mindfulness Group), 홍콩과 중국의 동료들은 프로그램 초기 단계의 명상을 기꺼이 실행하면서 피드백을 제공해 주었고, 그것은 우리가 최종 프로그램을 만드는 데 큰 도움이 되었다.

또한 기꺼이 선행 프로그램을 실시하며 피드백을 제공해 준 남아프리카 마음챙김 협회[Institute for Mindfulness South Africa, IMISA]의 지도자들과 트레이너들에게 감사드린다. 매튜 왓킨, 바버라 거버, 아네케 바나드, 크레이그 헬렌, 다니엘 클렘프, 데니스 워시칸스키, 파티마 벅스, 아시카 필레이, 제니 커비, 줄리 딘-윌리엄스, 린다 칸토, 맨디 존슨, 니코브링크, RJ 치펀돌, 사이먼 화이츠먼, 데비 그러스드, 루크 윤지, 케이트 레인버거.

그중에서도 IMISA 트레이너인 매튜 왓킨, 맨디 존슨, 린다 칸토는 에린 옹(뉴질랜드), 앤디 피(영국)와 함께 자발적 참여자들에게 8주 전체 프로그램을 지도하면서 공개 연구 실험을 통해 프로그램 평가를 실시했다. 그 연구는 엠마 멜디콧, 캐스 드 윌드, 루시 래들리, 로라 테일러로 구성된 옥스퍼드대학교의 연구팀이 아니었다면 불가능했을 것이다. 이들은 루스 베어, 존 피코크, 크리스 컬렌과 함께 논문 작성의 핵심 멤버로서 연구 윤리 승낙에서부터 데이터 파일 정리, 데이터 분석에 이르기까지 연구 실험의 처음부터 끝까지 우리와 함께해 주었다. 남아프리카공화국, 뉴질랜드, 영국에서 연구 실험에 참여해 준 분들에게도 감사드린다. 그들은 코로나19 팬데믹의 한가운데서도 8주간의 시간 동안 자신이 경험한 바를 우리에게 자세히 전해 주었다. 그들의 경험을 자료로 우리는 많은 사람에게 도움이 될 이 책을 쓸 수 있었다.

이 프로그램의 확산에 지속적으로 기여한 옥스퍼드 마음챙김 센터(Oxford Mindfulness Centre, OMC)의 지도자와 직원들에게도 감사를 표한다. 윌렘 쿠이켄, 앨리슨 이앤구, 피터 이앤구, 클레어 켈리, 샤론 해들리가 그들이다. 그리고 현재 이 프로그램을 지도하고 있는 OMC의 모든 훌륭한 지도자와 트레이너들에게도 고마움을 전한다. OMC는 우리가 2021년에 이 프로그램의 온라인 시험 버전을 만들도록 큰 도움을 주었다. 또한 82개국에서 온 프로그램 참가자들은 우리에게 유용한 피드백을 제공해 주었다.

책을 집필함에 사라 실버튼은 우리가 그녀의 7주 차 수련을 사용하도록 허락해 주었다. 그녀에게 감사를 전한다. 또 자신들의 이야기와 경험을 책에 사용하도록 허락해 준 팻 심슨과 베스 맥케이에게도 고마움을 전한다. 두 사람의 이야기와 경험은, 이 책의 다른 모든 이야기와 경험과 마찬가지로 익명성을 유지하기 위해 조금 각색했음을 밝힌다. 텍스트의 초고를 읽고 비평해 준 젠 윌리엄스에게도 감사를 전한다.

또 커티스 브라운의 세일라 크롤리, ICM 파트너스의 크리스 달, 피아트쿠스의 조 봄, 질리언 스튜어트, 매트 크로시, 홀리 할리, 아셰트의 나나 투마시, 나탈리 바우티스타에게도 커다란 감사를 표한다.

마지막으로 우리 두 사람은 책을 쓸 때 불가피하게 따르는 어려움에 빠져 있는 동안 배우자인 필리스와 벨라, 자녀들인 로브, 젠, 애니, 사샤, 루카가 보여 준 사랑과 인내, 지지에 커다란 빚을 졌다.

나를 완성하는
더 깊은 마음챙김

신경과학에 근거한 마음챙김 명상의 완결판

2024년 12월 31일 초판 1쇄 발행

지은이 마크 윌리엄스, 대니 펜맨 • 옮긴이 이재석
발행인 박상근(至弘) • 편집인 류지호 • 편집이사 양동민
책임편집 양민호 • 편집 김재호, 김소영, 최호승, 하다혜, 정유리
디자인 쿠담디자인 • 제작 김명환 • 마케팅 김대현, 이선호, 류지수 • 관리 윤정안
콘텐츠국 유권준, 김대우, 김희준
펴낸 곳 불광출판사 (03169) 서울시 종로구 사직로10길 17 인왕빌딩 301호
        대표전화 02) 420-3200 편집부 02) 420-3300 팩시밀리 02) 420-3400
        출판등록 제300-2009-130호(1979. 10. 10.)

ISBN 979-11-7261-100-2 (03180)

값 22,000원